日本史籍協會編

再夢紀事・丁卯日記

東京大學出版會發行

再夢紀事

緒言

一、再夢紀事二卷　侯爵松平家ノ藏本ニシテ中根雪江ノ手記スル所、序論ノ形式ヲ以テ安政五年七月以後文久二年四月ニ至ル迄ノ天下ノ形勢ヲ略記スル事數十葉、而シテ本文ヲ文久二年四月二十五日、幕府ノ松平慶永ヲ起用シテ大政ニ參與セシメシニ起シテ、同年八月ニ終ル、此期間ハ幕政改革ノ一轉機ニシテ、島津久光ノ上京ハ廷臣ノ覺醒ヲ促シ、且從來武力ヲ以テ朝廷ヲ威嚇セシ幕閣ノ有司ノ耳目ヲ聳動セシメ、終ニ大原重德ノ勅使東下トナリ尊攘ノ氣焔愈熾ニ、朝威漸ク振ハントスル時ニ會セリ、此記這般ノ消息ヲ詳述シテ殆ント餘蘊ナキヲ覺ユ。

大正十一年六月

日本史籍協會

再夢紀事乾目次

安政五年

七月

五日　松平慶永（春嶽）隠居急度慎を命ぜられ住居を霊岸島の邸に移す　三

八月

十六日　水戸藩士鵜飼幸吉（知明）勅書を奉じて京都を発し是日深更江戸小石川藩邸に着す　五

九月

十七日　老中間部詮勝（下総守）入京し所司代酒井忠義（若狭守）と謀り志士を逮捕し宮堂上の処分を奏請す己未の大獄庚申桜田の変に発展　九

万延元年

九月

四日　慶永急度慎を免ぜらる但し帰藩他人面会文書往復は遠慮することを命ぜらる　一〇

文久元年

十二月

八日　長州藩主毛利慶親（敬親、大膳大夫）直目付長井雅楽（時庸）をして公武一和、航海遠略に関する意見書を幕府に提出させる　一一

同二年

四月

十六日　薩摩藩主島津茂久（忠義、修理大夫）生父久光（和泉・三郎）上京権大納言近衛忠房に謁し時局匡救に関する建白書を提出す　二〇
是　月　長州藩中老所雇長井雅楽議奏権大納言中山忠能に謁し航海遠略に関する建白書を呈す　二五
二十五日　慶永帰藩他人面会文書往復の禁を解かれる　三七
五　月
二　日　長州藩主毛利慶親将軍上洛に関する意見書を幕府に提出す　四六
五　日　議奏中山忠能内勅を長州藩世子毛利定広（広封、長門守）に授け公武周旋に当らせる定広これに奉答しかつ伺書を呈する是日忠能重ねて朝旨を伝達し長井雅楽の建白に朝廷を誹謗する文字があるとして釈明を求める　四八
四　月
二十五日　慶永の宥免　五三

五月

七日　召により登営して将軍家茂に謁し御用筋あり折々登城して幕政に参与することを命ぜらるまた老中久世広周（大和守）より上京の朝命が下ったとして同行を勧めらる　五三
八日　登城老中水野忠精（和泉守）板倉勝静（周防守）より将軍上洛の可否に関し意見を求めらるつづいて将軍に謁し幕政改革に対する意見を言上す　五九
田安慶頼の後見職罷免に関し久世閣老と談合また会津藩主松平容保（肥後守）と会見　六五
九日　大目付駒井朝温（山城守）大久保忠寛（越中守）と談合つづいて久世閣老とも要談す　六六
十日　閣老と要談　七〇
十三日　御用部屋の評議に列することを命ぜらる慶永徳川（一橋）慶喜の登用を主張するも閣老容易に承服せず　七三
十四日　板倉閣老と激論　七八
十五日　長州藩中老所雇長井雅楽参邸し中根雪江応接す　八〇

十六日　閣老と要談退城後水戸邸訪問　八三
十七日　幕議老中久世広周の上京を拝辞するに決す　八七
十九日　関白九条尚忠退職し前左大臣近衛忠熙がこれに代る議また徳川（一橋）慶喜を水戸藩主徳川慶篤の養嗣子とする議　八八
二十一日　雪江大目付大久保忠寛と談合　八九
二十二日　三家以下諸侯有司に登城を命じ制度を簡易にし武備を充実することを達す　九〇
所司代酒井忠義罷免の議　九四
二十三日　前竜野藩主脇坂安宅（中務大輔）老中となる内藤信親（紀伊守）は辞職を請ひ久世広周も病と称し登営せず　九四
二十四日　勅使左衛門督大原重徳が幕府に伝宣する勅意書（三事策）　九五

再夢紀事　坤

文久二年

五月

二十六日　将軍上洛の幕議決定老中内藤信親罷免　九九
二十八日　幕府長州藩主毛利慶親の上京を許可　一〇一

六月

朔日　三家以下諸侯に登営を命じ幕政改革の台慮を告げて所見を徴しかつ将軍上洛して公武一和国威伸張の大本をたてることを達す　一〇三
二日　老中久世広周罷免　一〇五
三日　参議橋本実麗より将軍夫人和宮の生母観行院（橋本経子）宛の書状　一〇五
薩摩藩士堀小太郎（次郎、伊地知貞馨）参邸雪江酒井十之丞（忠温）とともに応接　一〇七
五日　堀小太郎慶永と会見、久光の使命を述べて斡旋を請う　一〇九
七日　大原勅使江戸に着し伝奏屋敷に入る　一一一
八日　慶永常磐橋邸で島津久光と会見　一一一
宰相典侍庭田嗣子和宮の使として伝奏屋敷に赴き宸翰を拝受　一一二

九　日　堀小太郎重ねて来邸　一一三
十　日　大原勅使江戸城に上り徳川（一橋）慶喜松平慶永登用の朝旨を将軍家茂に伝宣　一一六
十　三　日　大原勅使江戸城中において慶永および閣老と会し朝旨遵奉を促す　一二〇
十　七　日　佐土原藩主島津忠寛（淡路守）久光を薩摩藩主に擁立することを内願　一二二
十　九　日　慶永病に託して登営しないので大目付大久保忠寛浅野氏祐（伊賀守）閣老の命により来邸登城を促す　一二三
二十三日　幕政参与の辞意を老中脇坂安宅に洩らす　一二四
薩摩藩士中山中左衛門（尚之助、実善）参邸雪江と時事を談ず　一二五
慶永重臣を病床に召し時事を協議す　一二九
二十五日　会津藩主松平容保慶永に対し飜意を促す　一三一
二十八日　幕議徳川（一橋）慶喜を登用するに決す　一三二
晦　日　所司代酒井忠義を罷め大坂城代本荘宗秀（伯耆守）をもってこれに代える　一三三

七　月

朔　日　大目付大久保忠寛岡部長常（駿河守）来邸将軍家茂大原勅使を江戸城に迎え勅旨

遵奉を奉答した旨を語る　一三五
二　日　幕府島津久光の浪士鎮撫の功を賞し刀一口を賜う　一三五
六　日　幕府徳川慶喜をして一橋家を再相続させて家領十万石を賜いかつ将軍後見職に就任させる　一三六
七　日　慶永賓師横井小楠（平四郎、時存）を召し政局の現状を告げて意見を求める　一橋慶喜慶永の政事総裁職就任を勧める薩摩藩士山科兵部（吉井友実）また大原勅使の使として来邸就任を促す　一三七
八　日　雪江横井小楠とともに御側御用取次大久保忠寛を訪ねる　一三八
九　日　雪江大目付岡部長常を訪ね家門の家柄である慶永が譜代の奉職大老に任ぜられることに異論を唱える　一三八
　　　　慶永登城して将軍に謁し政事総裁職を仰付けられるつづいて御用部屋において閣老と会し幕政改革に関し意見を述べる帰城後慶喜と会見　一四〇
十　日　大獄連坐者を赦免することを幕議に諮る慶喜をはじめ閣老容易に賛せず　一四六
十五日　雪江使者として伝奏屋敷に赴き大原勅使に挨拶す　一四九
十六日　慶喜慶永が伝奏屋敷に大原勅使を訪問する際久光が同席することに異論起る　一五〇

十九日　雪江使者として重ねて伝奏屋敷に至る　一五二
二十三日　慶喜慶永伝奏屋敷に大原勅使を訪ねる久光また同席す勅使は和宮の待遇山陵修補大赦令等十一箇条を挙げて幕政の改革を求める　一五八
二十五日　将軍上洛問題に関し有司の間に反対論起る慶永意見書を認めて閣老に示す　一六二
二十六日　久光を藩主に擁立する運動　一六八
二十七日　雪江大目付岡部長常と将軍上洛問題を談ず長常後見職総裁職が将軍名代として上京すべきであると主張す　一六九
幕議京都守護職設置に決定　一七一
二十八日　会津藩家老横山主税（常徳）に来邸を求め守護職任命の内容を伝える　一七一
前年十二月の薩藩邸焼失は藩主参府を延期させるため堀小太郎が放火した事実発覚　一七二
二十九日　薩藩堀小太郎大久保一蔵（利通）雪江宅に会し酒井十之丞等も加わり時事を談ず　一七三
横山主税来邸内命を辞退す　一七四

八月

三日 老中脇坂安宅薩藩留守居西筑右衛門に出頭を命じ堀小太郎を処分させる 一七六
七日 島津久光を従四位上右近衛権中将に推任敍する議 一七八
長州藩主毛利慶親は滞京し世子定広は東下して朝旨貫徹に周旋する情報 一七八
八日 京都の情勢に鑑み慶永は松平容保を訪ね就任を勧説す 一七九
九日 徳川斉昭の三周忌辰に当り将軍名代を水戸瑞竜山の墓前に遣し焼香させることを伝える 一八一
十二日 大原勅使登城して慶永および閣老と会し久光官位敍任問題を諮る 一八二
十三日 松平容保長岡藩主牧野忠恭（備前守）の所司代就任を希望し内定す 一八四
十五日 前土佐藩主山内豊信（容堂）登営将軍家茂に謁す 一八五
老中脇坂安宅辞職を請う 一八五
十六日 幕府大原勅使を浜御殿に饗す 一八五
磐城平藩主安藤信正関宿藩主久世広周の老中在職中の失政を糺し隠居急度慎に処す 一八七
十七日 雪江使者として伝奏屋敷に赴き大原勅使と要件を語る 一八七
十八日 大原勅使登城して帰洛の挨拶をする幕府久光の官位敍任を拒絶 一九一

十九日　雪江岡部長常と談合　一九三
慶喜邸において慶永とともに久光と会談す　一九三
二十一日　長州藩世子毛利定広の奉勅東下　一九五
久光江戸を発し帰洛の途に就く生麦事件勃発　一九五
二十二日　毛利定広来邸勅書を幕府に伝宣することを語る　一九五
生麦事件　一九六
大原勅使江戸を去る　一九七
二十三日　生麦事件に対する幕府の措置　一九八
二十五日　長州藩士桂小五郎（木戸孝允）来邸京都の近状を語る　二〇一
二十七日　横井小楠岡部長常を訪れ将軍上洛参勤交代制をはじめ時局匡救に関する抱負を述べる　二〇三

丁卯日記目次

慶応三年

十月

十三日　在京の老中板倉勝静（伊賀守）帰国中の松平慶永に書翰を送り土佐藩建白の事情を述べて意見を求めるとともに上京を促すよって家臣酒井十之丞（直温）を上京させる旨を返書す　二一〇
十六日　京地より諸藩の重臣二条城に登り大政奉還に関し諮問された旨を報じ来る　二一三
十八日　酒井十之丞福井を発し上京の途につく　二一五
十九日　去る十五日慶永等に対し速かに上京すべき旨仰出された報に接す板倉閣老また慶永に書翰（十七日）を送り上京を促す　二一五

二十三日　尾張藩士林左門（安孫子静逸）福井に来る毛受鹿之介（洪）応接　二一七
二十八日　去る二十五日上京の再命に接した旨を報じ来る　二一七
　土佐藩士坂本竜馬（才谷梅太郎）等前藩主山内豊信（容堂）の書を携え福井に来る　二一八
　慶永重臣と上京の可否を議し公武の召命に応ずるに決す　二一八
二十九日　老中板倉勝静前尾張藩主徳川慶勝に書翰を送り来月二日出発八日着京の旨を報ず　二二一
晦　日　上京の趣旨を家臣に諭し所見を開陳させる　二二二

十一月

二　日　慶永福井を発し京都に向う　二二三
七　日　近江草津駅において尾張藩の使者林左門田中国之輔（不二麿）と会し国事建白の趣旨に関し意見を求める　二二三
八　日　入京岡崎の藩邸に入る　二二三
九　日　土佐藩士福岡藤次（孝弟）参邸前藩主山内豊信建白の真意を縷々説明する芸州藩士辻将曹（維嶽）も訪れる　二二三

十　日　雪江若年寄格永井尚志（玄蕃頭）より大政奉還前後の事情を聞く　二二六
慶永二条城に登り将軍徳川慶喜に謁す政権返上は宿論であるとの上意に感泣す　二二七
十二日　新撰組近藤勇等大政奉還は尾越二藩策動の結果であると譏謗す　二二九
十四日　藩士青山小三郎（貞）薩摩藩兵上意の風説の真偽を探る　二二九
十五日　朝廷より新政府組織の方策に関し下問される　二三〇
雪江会津藩士小野権之丞（義忠）と会し軽挙妄動することないよう諭すまた奥右筆格渋沢成一郎（喜作）に対しても幕権の維持すべからざるを説くつづいて永井尚志と時事を談ず　二三〇
十六日　福岡藤次を召し最近の政情を聞く　二三三
十七日　雪江尾張藩士田宮如雲（篤輝）を訪ねる　二三四
十九日　土佐藩士寺村左膳（道成）参邸前藩主山内豊信不日高知を発し上京する旨を語る　二三四
目付梅沢孫太郎（亮）来邸大政奉還は遠大な深慮から仰出された儀と語り越前藩の協力を求める　二三四
二十日　慶永二条城に登り将軍慶喜に謁す台慮に感激し奉公輔翼を誓う　二三八
二十一日　徳山藩世子毛利平六郎（元功）本藩家老毛利内匠（親信）支族吉川監物家老宮庄

主水（親美）等長州勢の東上　二三九
二十二日　前宇和島藩主伊達宗城に返書を送り上京を促す　二三九
二十三日　宇和島藩士須藤但馬西園寺雪江（公成）参邸所労のため上京猶予を請う宗城書翰を呈す　二四〇
二十四日　但馬雪江の両人に板倉閣老の書翰を授けこれを携えて帰藩させる　二四一
薩摩藩主島津茂久（忠義、修理大夫）入京（二十三日）藩士小松帯刀（清廉）の上京せざる理由を聞く　二四二
二十五日　土佐藩士後藤象二郎（元燁）福岡藤次神山左多衛（郡廉）慶永に謁し速に在京諸侯の会議を開き国是を定めることの必要を述べる三人はさらに雪江酒井十之丞青山小三郎と実行の方策を協議す　二四三
二十六日　雪江田宮如雲を訪ね尾張藩の協力を求める酒井十之丞は肥後邸に赴き津田山三郎（信弘）と談ずのち同藩士溝口孤雲（貞直）参邸藩主細川慶順（越中守）その弟長岡良之助（護美）に報じ上京を促した旨語る　二四四
雪江後藤象二郎より永井尚志との会見の模様を聞く　二四四
二十七日　慶永薩摩藩士大久保一蔵（利通）を招き今後の処置を尋ねる　二四五

二十八日　会津藩士手代木直右衛門（勝任）を招き軽挙妄動することのないよう諭示す　二四五
二十九日　芸州藩世子浅野茂勲（長勲、紀伊守）長州藩兵領内御手洗港に到着やむを得ず西宮に誘導せる旨奏聞す　二四六
晦日　浅野茂勲密に書を摂政二条斉敬に上り長州藩兵上坂の真意は兵庫開港延期の朝命下った際不測の変起ることが憂慮され皇居守護に当るためであると述べる　二四七

十二月

朔日　長州藩兵東上の報に接し雪江梅沢孫太郎を訪ね対策を協議す　二四八
二日　登城幕府要路と長州問題を議し若年寄戸田忠至（大和守）より議奏正親町三条実愛に入説させる　二五〇
長州藩士楫取素彦国貞直人等薩摩芸州二藩に対し藩兵東上の事情を訴え斡旋を依頼す　二五一
三日　慶永前関白近衛忠凞を訪ね前左大臣近衛忠房内大臣広幡忠礼とともに長州藩兵西宮屯集に関する善後処置を議す　二五二
四日　雪江梅沢孫太郎と時事を談ず　二五三

五　日　慶永老中板倉勝静に近衛邸会談の顚末を報ず　二五三
慶永二条城に登り将軍慶喜に謁し会津藩の妄りに堂上に入説することの不可を述べる　二五三
六　日　雪江近衛前関白邸に参上三公以下二条摂政邸に参集長州処分評議の由　二五四
土佐藩士神山左多衛来邸　二五四
七　日　左多衛よりの来書によれば前藩主山内豊信が明日入京の由　二五四
八　日　雪江酒井十之丞の両人土佐藩邸に赴き福岡藤次神山左多衛ならびに尾張藩士尾崎八右衛門（忠征）丹羽淳太郎（賢）と同道して前左近衛権中将岩倉具視邸に至る
薩摩藩士岩下佐次右衛門（方平）大久保一蔵また来り会す具視王政復古断行の内勅を拝せる旨を告げる　二五五
長州藩処分問題に関する朝議が開かれ慶永参内す朝議は藩主毛利敬親父子および末家長府徳山清末三藩主の官位を復し入京を許すことに決定　二五七
九　日　王政復古の令渙発つづいて小御所の会議が開かれ徳川慶勝松平慶永をして慶喜に対し将軍職辞退聴許辞官納地の朝旨を伝宣させることに決す　二五八
二条城内における旧幕府旗本の将士譜代諸藩の兵騒擾す尾張藩士茜部小五郎田中

国之輔越前藩士毛受鹿之助慰諭のため二条城に赴く　二六二
十　日　慶勝慶永二条城に至り朝旨を伝宣す慶喜辞官納地のことは形勢鎮静後に改めて奉答したいと述べ両人参内して復命す　二六二
十一日　慶永重ねて慶喜を訪ね旧幕兵鎮静のため大坂城に退去することを勧める　二六四
雪江十之丞会津藩士手代木直右衛門に薩摩藩兵来襲の虚報であることを説き事態の緩和に努める　二六五
十二日　慶喜会津藩主松平容保桑名藩主松平定敬を従え二条城を発し下坂す慶勝慶永は下坂を勧めた事情を奏聞弁疏す　二六五
阿波藩士蜂須賀信濃筑前藩士久野四郎兵衛肥後藩士溝口孤雲久留米藩士山村源太郎盛岡藩士西村久次郎柳河藩士十時摂津二本松藩士田辺市左衛門肥前藩士酒井平兵衛対馬府中藩士扇源左衛門新発田藩士窪田平兵衛等連署して宮中の戒厳を解き公議を以て更始一新の実を挙げることを建白す　二六六
十三日　慶永滞京中の若年寄格永井尚志に慶喜東帰の風説の真偽を尋ね国家のため徳川氏のため東帰しないで滞坂することを切論す　二六七
十四日　王政復古を諸藩に布告す　二六八

慶永辞官納地問題に関し参与岩倉具視と協議す具視辞官は貶官降等でなく前内大臣を称するのみであると語る　二六九
十五日　具視雪江後藤象二郎の両人を招き辞官納地のことは朝旨を以て慶喜に命ずるのであるとしてその試案を示す両人は領地指上の語の不当を難ず　二六九
十六日　慶勝慶永ならびに山内豊信等辞官納地のことは慶喜がこれを奏請する形式をとるべきであると主張し雪江象二郎をしてその試案を具視に提出させる　二七〇
雪江若年寄永井尚志を訪ねて奏請書案を示し意見を求める　二七一
十七日　尾張越前土佐の三藩協議し慶喜上洛して辞官納地の内意を慶勝慶永に告げ両侯書取りて奏聞し勅許下ると同時に慶喜参内する順序を定める　二七二
十八日　王政復古を締盟各国に通告する件に関し朝議を開く　二七三
雪江永井尚志田中国之輔とともに下阪　二七五
十九日　慶勝会津桑名二藩主を帰国させる議を斡旋す　二七五
大目付戸川安愛（伊豆守）挙正退奸の奏聞書を携えて入京し若年寄戸田忠至を経て捧呈しようと計る岩倉具視奏聞書を抑留し慶勝慶永豊信に命じて安愛を説得させる　二七五

雪江大坂城中において目付榎本道章（対馬守）と会見挙正退奸の表を捧呈するに決したと聞き使命を達成するを得ないで帰京す　二七八
二十日　王政復古を各国に通告することを延期す　二八〇
二十一日　雪江国之輔再び下坂　二八一
二十二日　慶永豊信をはじめ尚志象二郎藤次十之丞鹿之介等相会し慶喜が辞官納地を奏請する前議をやめ朝廷から辞官納地を仰出される形式をとることを定める　二八一
雪江国之輔大坂城中において老中板倉勝静をはじめ老中格松平正質（豊前守）若年寄並平山敬忠（図書頭）と会し局面の打開を図る勝静政府御用途を徳川氏のみに課するは不当であり全諸侯に高割で賦課させるべきであると主張す　二八三
二十三日　大目付戸川安愛目付保田鈼太郎（久成）来邸朝廷よりの召命で上京するよう配慮を望むとの慶喜書翰を呈す　二八四
朝議開かれ慶勝慶永は慶喜に対する諭書案を起草して朝裁を請う領地指上の文字が削除されたことに対し異論起る鶏鳴に及ぶも議決せず　二八五
旧幕兵伏見奉行所に屯集形勢不穏　二八六
二十四日　朝議再開されついに領地指上の文字を除いた御沙汰書を慶喜に授けることに決す　二八六

山内豊信政府の経費は列藩諸侯に課すべきことを建議す　二八九
二十五日　慶永下坂す雪江先発して板倉閣老と談ず　二八九
二十六日　慶永登城して御沙汰書を慶喜に伝達す慶勝は下坂の途中発病して附家老成瀬正肥（隼人正）を登営させる　二八九
田中国之輔荒川甚作等伏見屯集旧幕兵鎮撫のことを語る　二九〇
二十七日　慶永西本願寺掛所（津村別院）に慶勝を訪ね登城して板倉閣老と談ず　二九一
二十八日　慶永正肥重ねて登城す慶喜請書を両人に托し奏聞を請う　二九一
二十九日　雪江帰京し議定岩倉具視に大坂城中の情勢を語る　二九二
晦　日　慶永帰京ただちに正肥とともに参内して議定中山忠能に復命書を上る忠能明日奏聞する旨を告げる　二九三
肥後藩士津田山三郎（信弘）より二十五日庄内藩兵薩摩藩邸を焼討せる情報を聞く　二九四
大目付滝川具挙（播磨守）着坂　二九五
解　題　森　谷　秀　亮　二九七

再夢紀事乾

とたえしと見し浮橋をうれしくも繼て渡りし夢かたりせむと歌ひ出たるも　公の御身にかゝりたる浮雲もやう〳〵晴て再ひ世に光り出させ給ひし御勢の始にまして目覺しかりし嬉しさいさる事にて雪江も亦御許に奉仕し侍る事となりて親しく伺ひ奉りし御あらましをたゝにやミなんも口惜うなりて又しも筆を執り侍らんとするにつけても籠り居させ給ひし月日の程に移りかはりし世の有様い人口に膾炙し筆記に載たるも多かれと其中に　公の御出身なくてい得あしさりし縁故を一トわたり執り總て序のかはりに爰に記し侍るになむ

安政五年戊午七月五日　公御嚴譴を蒙らせ給ひし後ハ御謹愼の外御他事不被爲在於御家中も一向に　兩公の尊諭を奉し江戸御國共鎭靜の御趣意を固守し何等の異條もなかりしかと幕府の御嫌疑ハ釋やらて御内移りを以て海邸へ御別居等之事あり世上の浮說流言も區ゝにて上下心をやすんせさりしも畢竟ハ水府の變動の波及によれるなりけり從來水府に正奸の二黨ありて更互起伏して國難を醸せしハ昨夢紀事にも所々記せし如く一朝一夕の事ならて世人も普く知る所なれとも此度老公の御一件ㄇ就ても奸黨ハ窃に得意の時を僥倖すれとも正黨に於てハ慨歎を極め水府よりも追々出府して廟堂の餘奸雪寃等の物議沸騰して不容易形勢なる由の聞へありしか果して忠憤の餘りに堪へ兼密に人を京師に遣はし　敕を奉して奸臣を擯斥し　幕府の暴政を矯正せん事を謀りしに機密京師の方より漏泄して益内閣の譴怒を激し七月末に至り再度の降　命あり八月朔日にハ連枝の御方々御居殘りにて老公近侍の臣を悉く退け連枝の人數を以て嚴

重警固すへき旨を命せられん歟の聞へありて礫邸有志慌忙として駒邸へ馳せ集る等の騒きありしかと其事はなくて復一層の嚴命を降されたり此頃　將軍家御病氣の所御內實は此月の八日　御大漸に及はせられたり御急症なりしよしにてひそめきなからけしからぬ事を咡きあへりこれ其比御執匕なりし多喜樂眞院岡櫟仙院等禁錮せられ若老の出頭本郷丹州御側衆の石河土州抔褫職の上嚴譴ありしなとによりてなるへし斯て後は市ニ三虎を出す形勢にて大老閣老を初樞要の御役方は御城御臺所の御賄ひを食せす各自に行厨をもたせて登城し又は玉川上水懸りの井水を飲へからすなといへる説あり此時ニ乘し水府の奸黨連枝讃州侯（此侯多年本家覬覦の念あり）に結ひ內間を放つを以て內閣を初幕廷水老公嫌惡の疑心ょ暗鬼を生し攻撃の策愈密なる故黨派の訛言紛ゝとして都下の人心穩ならす右等之事件御家ニおいて毫末の御關係ある事ならねと　兩老公の御同志なる事は擧世の信認する所なれは菽麥を辨せさる衆人の矚目を如何ともする事能はす一邸大息

シて痛神の外なし然ル處八月十八日夜に入つて礫邸の有志荻新之助原田誠之介竊に雪江の曹舍に來りて告ヶらく去ル七日夜京都水府の知邸鵜飼吉衞門を近衞殿へ被召呼如此御達しありし故同人悴鵜飼幸吉及ひ兼て差登せ置たる日下部伊三次の兩人之を守護し昨夜礫邸へ到著せり依之今朝ゟ邸議の上明日は表立尊藩へ御廻達ニ相成へけれハ老公首として御擔當尾老公被仰合　叡旨　御暢達と相成候樣御周旋有之樣水老公も御依賴之旨を述へて指出せし近衞殿にて御渡ニなりし　敕書寫左の如し

先般墨夷仮條約無據次第ニ而於神奈川調印使節へ被渡候義猶又間部下總守上京被及言上之趣候得共先達而　敕答諸大名衆議被　聞召度被　仰出候詮も無之誠　皇國重大之義調印之後言上　大樹公　叡慮御伺之御趣意も不相立尤　敕答之御次第に相背輕卒之取計　大樹公賢明之所有司心得如何と　御不審被　思食候右樣之次第ニ而ハ蠻夷之儀ハ暫差置方今國內之治亂如何と更ニ深被惱　叡慮候何卒　公武

御實情を被盡御合躰永久安全之樣にと偏に　思召候三家或ハ大老上
京被　仰出候所水尾兩家愼中之趣被　聞召且又其餘宗室之向も同樣御
沙汰之由にも被　聞召及候右は何等之罪狀にや難計候得共柳營羽翼
之面々當今外夷追〻入津不容易之時節既に人心之歸向にも相拘旁被
惱　宸衷候兼而三公以下諸大名衆議被　聞召度被仰出候ハ全永世安
全　公武御合體ニ而被安　叡慮候樣被　思召候義外慮計之儀にも無
之內憂有之候而ハ殊更深被惱　宸襟彼是國家之大事候間大老閣老其
他三家三卿家門列藩外樣普代共一同群議評定有之誠忠之心を得と相
正シ國內治平公武御合體御長久之樣　德川御家を扶助有之內を整へ
外夷之侮を不受樣にと被　思召早々可至商議
敕諚之事

別紙

敕諚之趣被　仰進候右は國家之大事ハ勿論德川家を御扶助之　思召

候間會議有之御安全之樣可有勘考旨以出格之　思召被　仰出候間猶同列之方ゝ三卿家門之衆已上隱居に至迄列藩一同にも　御趣意被相心得候樣向ゝへも傳達可有之被　仰候以上　八月八日

尙ゝ老中へ之奉書も今日被出候事　私云別帋則老中へ之奉書之

近衞殿ニ而

墨夷等之調印之儀ニ付被惱　叡慮候ニ付先達而厚　勅諚も被爲在候處調判致候段益被惱　宸襟實以德川家而已ならす天下之御一大事ニ付是迄水戶中納戶[言カ]水戶前中納言尾張前中納言越前中將等ニ而精忠被盡深　御滿足被　思召候處此度之違　勅之儀ニ付尙又被惱　宸襟候不容易　思召候ニ付此度之　叡慮之趣屹度德川家之御補助有之雖爲御愼中無御斟酌　叡慮之旨厚精忠被爲盡奉安　宸襟候樣可被遊旨被爲在度旨御直被　仰含　八月十七日夜子刻　同月十七日夜著

雪江謹而拜見之上返答ニ及ひしハ先以　德川御家　御扶援之　叡慮及ひ

老寡君迄も　御依賴之御趣意無量之盛恩ニハ候へとも目今老寡君へ御傳達御坐候とも決而速ニ遵奉ハ仕る間敷と考へられ候なり其子細は尊藩にてハ段々の御手續ありて御申下し御同樣の御事候へハ御奉　敕勿論候得共弊藩に於てハ元より宗家たる幕府と共に　朝廷尊奉之旨趣本意ニ而幕府を指置私ニ　朝旨を奉し候所存ハ毛頭曾て無之事ニ而老寡君當今幕府の嚴譴により閉居謹愼の折柄ニ候得は愼中たりとも斟酌なくとの　叡旨にても幕府よりの赦免無之而ハ擔當周旋なと丶申儀ハ中々以思ひもよらさる事にて表向向御廻達ニ相成候ハ丶其段　幕府へ申立候より外何等之取計方もあるましく候半歟方今互ニ有志の心膽を叩き候得も無數之感慨も有之候得共老寡君素行の義理を推候へハ尊藩へ對候而ハ缺望之至候共弊藩之事情も亦不得止次第たる趣及談論兩人も種々及議論候ひしかと結局無是非事由ニ歸して歸り去れり翌十九日ニ至りても何の沙汰もなくて事濟たり雖然　朝廷ゟハ如前記幕府へも御降　命ありし事故同日夕閣

老太田備後守殿間部下總守殿礫邸へ往向ひにて詰問の上　敕詔御返上に相成候か　幕府へ御差出に相成候樣との事なりしに中納言殿を初一邸の志士中々承引不致して兩閣も空敷引取られたり此已來　幕府との往復大葛藤を生し幕府へ之歎願を名として水府ゟ千餘人の有志出府せんとせしを幕ゟ礫邸へ命して中途に抑留せしめし故進退谷り慷慨悲憤に堪へす脫走するあり自刄するあり已ニ大事に及はんとする勢なりし故御愼中なから老公の御諭告書によつて此條ハ寢鎭靜の姿なりしかと餘炎全く滅息せす正奸の朋黨相軋り比年の諍論止時なく庚申八月十五日老公御捐館の後ハ黨論益增長し丑年ニ及んて藩中相戰ふに至り正黨中の一派武田耕雲齋を擁して大平山に楯籠り常野兩總の攘夷黨これに依附し　幕府の追討に抗し關東の騷動を釀出するに至れり却說幕府に於てハ同年九月鯖江侯上京あり新任の所司代若州侯酒井若狹守殿と謀つて橫恣の幕威を振ひ粟田宮及三公を初正論有志の諸卿に黜罰を加へ又遍く　輦下之正議黨を捕

縛して關東に下し暴政を以て衆口を箝制し强而外面の靜謐を粉飾し於關東ハ松山侯始永井岩瀨大久保土岐淺野等名望ある正議の有司其僚屬の小吏輩迄も此度の件に關し正論の聞へある者ハ斥攘罰殛百餘人ニ及ひ己未の秋冬に羅織の獄成つて官家及水府并諸藩の志士草莽の儒醫輩僕隷の徒に至る迄重きハ斬輕きは流禁錮放逐等殆慘刑を極めたり而後衆怨の歸する處庚申三月櫻田の變となり時勢平穩ならさる故幕府懲艾する所もありしに此年十月橋公及尾水越土宇諸公の急度御愼を免せられたり然レとも外にしてハ諸蕃輻湊して頻に和親交易を要し內ニ在つてハ　朝旨を唱へて攘夷の黨頗る盛正に及はんとする勢ありて爲すへからさる叉庶幾する故　幕議　皇妹の降嫁を請ひ官武一致を表し攘夷黨の聲焔を消滅せん事を謀り　朝廷に於て此件御許容あらハ十年を期して必掃攘の功を奏せん事を矢ふて請　奏に及ひしにより十一月ニ至つて　和宮ニも御東下被爲在しかと外夷の親睦も亦愈深厚なる姿のミにて　奏聞の旨に背馳する故

天下之を憤り人心不平を抱き諸國の過激輩ハ各自に脫藩して浪士となり中國九州の同志嘯集し尊　王攘夷討幕の說を唱へ諸藩の物議も亦騷然たり就中薩長の二藩ハ一定の國論を建てたる由の聞へあり十二月八日長州侯より幕府への建白如左

近年外國ゟ種々難題之申立有之樣相窺且內地不慮之變も出來仕內外共御煩慮之御時節哉と奉恐察候勿論　廟堂御籌略外向ゟ可窺計樣も無之御歷〻之御評議御遺策可有之と者不奉考彼是以叓ヶ間敷申立候而ハ越俎之御譴責奉恐入候得共當時勢　皇國之御榮辱ニ相拘候義も可有之哉と奉考候而ハ區〻之鄙衷日夜難忘不得止無根之世論にも心を留め迂僻之議論兼〻相含居候ニ付不顧憚御內〻申立見候右世上之議論を取御政躰にも相拘候義申立候而ハ猶更恐懼之至御座候得共右鄙誠之處被聞召分不惡御取計被成下候樣奉願候右申立度旨趣ハ先年已來度〻申上候通待夷之御良策は　公武御一和　叡慮御遵奉ニ基き可

申と數年相合候鄙見ニ御座候之處過ル午年以來　公武之御間御議論齟齬之義有之様ニ於世上奉窺計種〻雑説紛興仕段〻御手煩ヲも差起し余程御配慮ニも相成候哉と奉窺候竊ニ右事〻所由を愚察仕見候處先年外國ハ和交御指許條約御取替し相成候儀ニ候得共癸丑甲寅以來奮激之人氣一旦屈挫仕偷安之人情一日之無事を貪り終ニ一統退縮之世風ニ罷成　御國躰更張之期無之様相成可申哉と氣節を負ひ慨志を抱き候者共外夷之威力ニ壓れ安を偷ミ戰を忌む俗情よりケ様相成候義と存詰猥ニ　公議之御所置を如何敷批判仕　叡慮之旨ハ鎖國之御舊規を御確守被遊候様相唱へ破約戰爭之説を主張仕壯年血氣之者ハ憤言激行をも醸成し且又彼我之形勢を考へ彼の功利技術を味ひ候者ハ開國之説を主張仕猥ニ彼を誇耀し我か固有之正氣を折き商賈貪墨之風に染漬し議論紛〻兩端ニ分れ一旦ニ攻撃之形を成し人心恟〻土朋〔崩カ〕瓦解之勢とも可申哉天下之勢合へハ強く離れハ弱し此支離解散之

人心を以て一旦有事時黠夷强虜に御當り被成候義何とも御氣遣之義と奉存候然に右鎖國開國と申候は待夷之御大體にて關係重く候得共其根本より觀候得は是等ハ枝葉之説とも可申　公武之御議論草野之可窺知事にハ無之候得共斯く枝葉之是非を以御違却之儀出來仕候筋ハ有之間敷歟と奉考候其故ハ能可守して是を攻め能攻むへくして守之候は兵家之常典鎖す事能ハされハ開くへからす不能開ハ鎖すへからす　御國躰不相立彼か凌辱輕侮を受候而ハ鎖も眞の鎖にあらす開も眞の開に無之然れハ開鎖之實ハ　御國躰之上に有之へし　御國躰相立候へハ開鎖和戰ハ時之宜ニ隨ひ守株膠柱之儀は有之間敷然ニ又　御國躰被相立候基本と申候得は大倫大義を明にし天下之議論純一人心和協之御處置ニ有之哉右物議紛々相起候本意を熟考仕候而も　公武之御間純然御合體ニ而　御國躰相立候外有之間敷種々之雜説御手煩をも差起候は其末弊ニ而可有御坐候ニ付其源を塞き其流を御治被成候

ハヽ御鎮定强而御手間被爲執候儀は有之間敷候往昔草味之世と違ひ當　御治世以來厚き御世話を以文敎大に開け倫理に明らかにて君親を可崇事ハ三尺之童子も口に藉く樣に相成候ニ付是迄とても聊無御疎事ニハ候得共天下の大經を被爲立候儀は萬ゝ御厚重ニ被爲在度候事ニ付此時勢ニあたり候而は今一際　天朝御崇奉之御取扱振世上へ相顯れ候ハヽ天下の人心感服仕右物議御鎮靜容易ニ相整　御國躰之基本も相立可申哉右基本被相立候上は是迄開港和親被差許候ハ乍恐いまた枝葉之御所置ニも可之有哉ニ付速ニ開國の御大規模を被相立御國躰儼然と相立候樣御國論被相定度御事ニ奉存候左候而御手を可被下處ハ武備益御張興にて航海之術廣く御開き人ゝ心膽を練り知識を發明する道に向ひ諸蕃之情實熟知之上彼か畏るヽニ足さる處をも知り我か恃むへき良策も相立可申右此非常之時に當つて中興之御大業を被爲立度御事ニハ候得共人心之折合方深御案勞被爲在候由過ル巳

年御沙汰之趣も有之制度御改め航海之術御開等之義ハ疾く御評決可
被爲在今更當否利害等不能申上儀に可有之其後追ヽ御沙汰之趣を奉
窺候而も乍憚御趣意筋奉深察候然處今以　御國内一統耳目一新仕候樣
御沙汰振も無之候は何と歟御深謀被爲在候事ニ可有御座其段ハ可奉
窺筋ニ無之候へ共宇内之形勢ハ年序を追て相開け候ニ付今日のこと
く　御國論御變革之機會ニ臨ミ候も自然之勢に可有之若舊習に泥ミ
時勢に押移され無據御變革相成候而は御手後れに相成候而已ならす
却而人心之折合方へも相拘り可申哉と深ヽ奉恐入候儀ニ付右御國論
速ニ御決定と相成候儀ニ御坐候右之通御合躰之御取扱顯然と相成天
下之人心奉感服　御國躰儼然之御國論被相立候ハヽ定而　叡感可被
爲在元より開鎖之體ハ御泥ミ之被爲在候之儀は有之間敷候ニ付何卒
叡慮より被爲起右御國是之旨　敕諚を以被　仰出右を御遵奉被遊
台命を以列藩へ御沙汰相成候ハヽ條理判然人心彌感服仕退縮之氣一

旦進張に相改り偷安之陋習も奮發仕　神州億兆之人心一和一團之正氣と相成前後種〻之物議も氷解仕毫も內顧之御患無之　御國威凛然五大州ニ相振候御大業も成就可仕哉と迂僻之私見に御座候右は始よ り　御廟議之上におゐて大海之涓滴とも相成度心懸候にも無之候得共數代無限　御寵命を奉戴御恩澤身に溢れ居候ニ付兼〻報効之心得に罷在不圖時勢に感發仕不顧僭妄申立候は只〻食芹之味進獻仕見度區〻之鄙誠不惡御亮察被成下不都合之義も御座候は御聞捨被成下度重疊奉願候以上

十二月　松平大膳大夫

斯て翌文久二年壬戌正月十五日坂下の變あるに及ひたり其旨趣ハ流布之書類にも載せたる如く死士等か懷にせし斬奸書に詳なり此已來ハ府下の景況益穩ならす三月に至つて窃に流傳する所の風聞書左の如くなりしを或人其虛實を長藩へ質問せしに朱書之如く附帋して答へたりとそ

下ケ札 暴政ト申文字ニは無之よし

下ケ札 鍋島家ト名指不申由

毛利侯建白之旨は兼〻申立も有之候處去ル五日登城ニ而久世侯へ面會申述候趣其大意ハ兼〻　德川家之御爲に存意建白仕段〻申立置候處餘之義ニも無之追〻天下之形勢變革仕今日之如く相成候上ハ是非大英斷無之而ハ相成申間敷一躰先年井伊殿在職之節ハ井伊殿之了簡ゟ萬事御暴政之筋ニ而已成り來候處井伊殿退沒後ハ安藤殿專權ニ而井伊殿在職之有樣ゟ甚しき御暴政ニ相成天下中人心盡く　德川家を離れ居り既ニ鍋島抔內願之趣ニ而隱居被　仰付候處右は　德川家之御暴政最早迚も不可救事と存內實ハ專ら一國富强之目論見ニ有之其外大藩共各一國〻〻を專ら守候勢皆　幕府之御仕向不宜所よりかくハ相成り　德川家之御爲誠ニ苦心之至ニ御座候處夫ハ扨置　和宮樣御下向之儀は御下向ニさへ相成候得は　將軍家直樣御上洛と申事ニ迄各方御調印も有之誓をも御立被成候程にハ無之哉然ル處其後之御樣子を拜見いたし候處ニ而は御上洛所にハ無之如何にも　京師を御踏付被

遊譯ニて萬事　天朝を欺き被遊候御輕蔑も最甚きと申此節　京師ニ於ては　天子盡く逆鱗宮堂上方一同憤激一方ならす只今に德川の御家も如何樣に歟相成可申　上ハ京師之御模樣と申下は人心之背叛と申實ニ危急累卵之御場合ニ御座候大御英斷不被爲在候而ハ相成間敷旨縷〻談論有之候處久世侯愕然之樣子ニ而其御英斷ハ如何之儀ニ候哉と承候處毛利侯默して久世侯の顏を睨ミ稍久しく答も無之候處再三承り候ニ付左樣迄ニ御聞被成度候ハヽ存意之事も御英斷ニ相成事と相見候間可申述候今日ニ處候而ハ御懿親と申人材と申是非越前守を大老ニ御引上ケ一橋殿をも御輔佐に御用被遊折〻御登　城ニ而御政事之御相談も有之其外川路佐々木之如き正議を以廢黜仕候者幷有志之者不殘御役方へ御用ひ被遊行〻此上之政事復古之御手段之外ハ有之間敷旨申述候處其勢ひ如何にもおそろしく久世侯誠に愕然ニ而答ニは誠ニ御申聞之趣御尤至極候間何分盡力可仕候乍去私壹人へ御

下ケ札 天子を挾むの口上は不申出候由

下ケ札 丸負も不申出よし

申聞ニ而は指支候間同一《マヽ》列一同へ御申聞被下候樣ニとの事ニ而内藤本多等一同列席之上前文之意味又候縷ミ申述候何れも驚入候樣子ニ而更ニ無言にて有之候ニ付毛利侯盡く憤激之有樣に而御答も無之を見れハ愚意之趣御決斷ニも相成さる事と相見候哉と被申所一同に決テ左樣之譯には無之微力ニ而何共不安心ニ存候旨答ニ及候へハ毛利侯重て彌　幕府ニおいて紀綱御一新之勢も無之　京師へ之御申譯も不被遊人心を御慰撫之御手段も無之候ハヽ最早此上ハ　天子を挾て四方へ號令仕候外ハ無之此儀ハ薩肥等申合候事も御座候間彌御決斷も無之候ハヽ右樣仕候心得ニ御坐候左樣相成候節ハ流石丸而御負ケ申心得ニも無之候間屹度御了簡被成候樣ニとの事ニ而閣老一同其雄威に恐れ早ミ申合可申旨答ニ付毛利侯被申候ハ　京師模樣御疑惑被成候は家來に永井雅樂と申者有之此者儀能心得居候間此へ御尋可被成旨申述退散致候由依而閣老一同皆顔色を變し早速永井を呼出し一

〻承候處成程毛利侯之被申述候よりも大變なる有樣にて一層苦心も相增何事やらん十二日ニ　幕命を以永井京師へ發足致し候趣下ヶ札は皆長州家へ問合候處ニて何れも虛誕之說ニは無之趣ニ御坐候（雪江云朱書の文意を按するに或人の長藩士へ問合たるを藩士ゟ主侯へ伺ひ主侯の答へられしを記したるものと考らる）

且說薩州侯の御實父島津和泉（上京の後名を三郎と賜ふ竊に備後高德ニ擬せらるると云）江戸屋敷取締りに託し三月中旬薩國を發し出府之路次四月六日播州姬路ニおゐて二百餘人之浪士和泉を待受け討幕攘夷之暴擧を謀るにより和泉之を慰諭鎭撫して大坂に留置同十六日上京し即夜近衞殿へ參上して指上る處の建白書及建議之條件左のことし

此節（私義）關東へ出府仕候趣旨表通りハ去〻年已來修理大夫儀參府兩度迄御猶豫相願候御禮且ハ屋敷燒失致し下知不仕候而は不相叶用向有之筋ニ御坐候へ共內實ハ　公武御合躰　皇威御振興暴政御變革被爲在候樣仕度所存ニ御座候尤此義ハ一朝一夕之事ニ無之去ル午年已

來幕吏共　勅諚を遵奉不仕外夷通商免許仕剰へ正議之親王三公を奉始一橋尾張水戸越前土佐宇和島其外有志之大名旗本悉く被禁錮庶人ハ死流之刑罪に取行候所より乍恐爲惱　宸襟候御模樣に傳承仕り諸國之人心致紛亂浪人共尊　王攘夷を主張致候慷慨激烈之説を以四方に交を結ひ或ハ大老を刺し或ハ夷人を戮し候より幕役共嚴命を以下知を傳へ候處彌奮發仕候近頃ニ相成殊ニ增長いたし終ニハ不容易企ニ及候哉ニ相聞へ申候右之通りにてハ　皇國一統騷亂之基と相成勤王之趣意ニ不相叶候而已ならす却而外夷之術中に陷り候義ニ而實以不可然事ニ御坐候私義家督之者ニ而も無御坐候得共三百年來德川家之鴻恩を蒙り殊に亡兄薩摩守義臨終之節國政之義ハ勿論　天朝幕府之御爲宿志を致繼述精〻盡力候樣分而遺托之趣承り居候ニ付右之次第傍觀仕候てハ不忠不孝之罪難遁と相考へ修理大夫と申談し是非關東へ出府所存之趣十分建白仕候含ニ而三月十六日國許發足當月六日

播州姫路表へ到著仕候所諸浪人共追〻上坂仕私通路に相待事を起し候趣に相聞候ニ付道中差急候事出來兼漸く去ル十日大坂表へ著仕候處尚又浪人多人數滯坂仕居紛〻之次第ニ御坐候ニ付家來之者差出し其方共實ニ勤　王之志有之候ハヽ此方上京致し可奉伺　叡慮候間暫時此地ニ潛居可致旨精〻理解爲致候處乍漸承伏仕候ニ付去ル十三日伏見表へ著仕今日參殿　叡慮奉伺且所存之處建白仕候更〻麁暴ニ事を破り候義ニハ無御坐候天下之人心安堵仕候樣御所置被爲在度存意ニ御座候間何卒不惡御聞取委細　奏聞被成下度伏而奉希上候

戌四月十六日　島津和泉

建議

一閣老久世大和守儀早〻致上京候樣屹度被仰出候而ハ如何可有御座哉

一粟田宮鷹司大閤殿近衞左府公鷹司右府公御愼解被爲在候而ハ如何可有御坐候哉

一於關東一橋殿尾張前中納言殿越前中將殿土佐隱居宇和島隱居御愼解有之如何御座候哉
一九條公并所司代退去之御所置被爲在候而ハ如何可有御坐哉
右は御罪科之有無ハ不奉存候得共天下之風評且此節難波邊處〻に致充滿居候諸浪士之說を承候處此御方〻を奉恨衆怒之歸する所ニ御座候間是等之御所置無御坐候而ハ暴發目下ニ起り人心一和と申所へ迚も至り申間敷奉存候間存意之程叩心膽奉申上候
一於關東安藤對馬守速ニ退役被　仰付候樣無御坐候而ハ人心潰亂變故之基とも可相成奉存候
一御愼解之上一橋殿御後見越前中將殿御大老職被　仰付候而ハ如何御座候哉右等之所人心一和之基本と乍恐奉存候
一前件之儀被　仰渡候ニ付而ハ乍恐　朝廷之御威勢不被爲在候而は關東之有司共急速ニ被取用之儀如何と奉存候間一二之大名へ御內　敕

を被下結局見屆候樣被　仰付候而ハ如何可有御坐哉
一越前在職候得は上京被　仰付　朝廷御遵奉之道相立邪正之辨明白ニ
罷成候樣被　仰付度奉存上候事ニ御坐候
一公武御合體上下一致之上異人之御所置天下之公論を以永世致貫徹候
明制被爲定　皇威諸蠻へ輝候樣仕度奉存候右は近頃僭踰之至固より
不免鈇鉞之罪奉恐縮候義ニ御座候得共近年之世態を觀察仕候處綱維
日ミ廢弛人心不和衰萎之極變故四出終ニ夷人之正朔を請候樣罷成候
義も難計乍恐　玉體を不被爲　安候樣ニ承り且本文之事件　叡慮之
被爲向所哉ニ風説奉伺候間到底　叡慮を奉輔佐公武御合躰人心一和
之道を御成就被成候樣被爲在候間一二件國論を交候而内ミ奉言上候
恐惶再拜
同十七日於近衞殿島津和泉へ御申渡御書附如左
浪士共蜂起不穩企有之候處島津和泉取押置候旨先以　叡感思召候別

而於　御膝元不容易儀於發起は實ニ被爲惱　宸衷候事ニ候間和泉當
地滯在鎭靜有之候樣　思召候事
右ニ付和泉ゟ御請之次第ハ
浪士共蜂起不穩企有之候處當坐之處從私取押置內分御屆申上候處
叡感被　思召候仍而御當地へ滯在鎭靜可仕旨　叡慮之趣承知仕恐入
難有仕合奉存候精ミ取鎭方可仕所存ニ御坐候乍併依時宜手ニ難及儀
も御座候ハヽ御屆申上候樣可仕候先當坐之處御請申上候以上　四月
十七日　島津和泉
却說曩に閣老の內旨を含ミ上京せし長井雅樂議奏中山大納言殿へ建白す
る所如左
近年黠虜猖獗仕候ニ付　御國威日ニ逡巡當今に至候而ハ衰微漸甚敷
皇國未曾有之御大難ハ縷述ニ不及斯る時勢ニ立至候義由て來候所有
之數百年之太平武道地ニ墜武備廢弛仕候より一旦黠虜の虛喝に驚き

輕易に條約を結ひ終に今日に至候事口惜き次第ニ候得共是以太平之余弊今更論辨仕候共其益無之余ハ廢したる武備を起し國難を未た覆らざるに救候義當今之急務候得は上　天朝幕府を奉始士庶人に至り候迄精神を凝らし興救之策を求候ハ同一般ニ候得共人心ハ面之如く策略一途ニ出不申或ハ鎖國の論を旨とし或ハ航海の儀を主張し自然人心の不和を生し時を空手ニ費候中衰微日を逐ふて加はり只今の形勢候へハ終に黠虜の術中に陷り可申も難計候右樣人心不和を生し候根源を尋候得は關東無御據御次第有之由ニ而　叡慮御決定も無之内和親交易御條約有之候由ニ付　逆鱗不一形關東之御所置御取紕し條約御破壞被遊度との御事候得共於關東ハ一旦外國へ對し御條約相濟候義を無筋に御破壞ニ相成候而は忽戰爭の門を開き即今莫大之御國難立所に至り且數百歲太平皷腹之武士を以て干城に御當被成候儀ハ御心元なく不被思召候哉速ニ御奉命無之因循無斷今日に到り判然た

る御所置も無之斯る切迫之時節右樣無斷ニ時日を費彌增傾覆ニ迫り候事ハ凡庸淺智之者ニ而も頓ニ識得仕候得は況や辟方富智之關東ニおゐて御洞見無之筋ハ有之間敷仮令御疎漏（不可讀）可有之然ルニ前段之通り御決意之御所置無之ハ鎖國之御決定有之候得は即今莫大之御國難を生し又航海之御決定有之候へハ彌增　逆鱗甚敷御國內如何樣之異變出來も難量御國內異變出來仕候而ハ所謂鷸蚌之憂眼前之事と御遠慮有之態ミ無斷ニ時宜を御待被成候ニも可有之哉訝敷奉存候元來黠夷と同等之和親を結候義開國已來未曾有之事ニ候得は假令無御據程之御次第ニ有之候とも何哉御申宥め被置第一　叡慮御伺且後來之御所置をも豫め御定め置き其餘ニ而兎も角も御沙汰可有之御事ニ候處左ハ無之輕易ニ御國体を御動被成候義素より如何之御事故　逆鱗被爲遊候も御尤千万ニて仮令御嚴責被　仰出候とも聊御申譯無之御事柄ニ候へとも深遠之　叡慮既往無御咎今日に至候も又御國內異儀を生候

而は御大事と　思召而已ニ可有之實ニ寛大不測之　叡慮蒼生之幸甚不過之難有御事ニ奉存候へハ萬死を不顧直言仕候乍恐九重深宮之玉坐時論委く　叡聞ニ不達且一時慷慨説　輦轂之下ニ輻湊仕候を以天下之公論万全之策と被上　聞食候哉頻りニ破約攘夷を以關東へ被仰出候由然れとも當今に至り破約攘夷と申儀時勢事理を深察候者ハ決而落著不仕事にて唯當時慷慨を唱候血氣輩而已愉快ニ可奉存候其子細は唯今破約ニ相成候へハ黠夷共決して承伏ハ仕間敷戰爭を忌候義ハ更ニ無之候得共戰ハ國の大事存亡之係る處に候へハ深遠謀慮無之輕易ニ可發ニ無之候夫欲戰者先其利害曲直を明ニ察し直利我ニ在て而後戰候事所謂勝筭ニ而古今名將之重とする所ニ候曲害我に在れとも憤怒ニ不堪或ハ一時之血氣に被誘無策之戰を發し敗亡ニ至候者古來歷〻數へ盡し難し然れとも當今關東ニ於て御條約相濟候義京都ニハ一圓御納得之御事ニ候得は關東ニて容易ニ御國体を御動しとの

趣を以仮令御取紀有之候とも御國內而已之御事ニ而外夷へ對し御口實ニは相成間敷其故ハ　皇國三百年來御國內之御政道ハ關東へ御委任と相見へ外國へ對し候御驅引も悉皆關東より不被爲　仰上候へハ外國共關東ハ　皇國之政府と心得候ハ最之事ニ而其政府ニて條約調印相濟し候へハ同盟之國と心得候事此又無餘義事ニ候然ルに當度ニ限り　天朝御　納得之筋を以卒然約を破り盟を背き候ハヽ彼各國三百年來之例を申立不信之名を以　皇國に與ん事必然ニ候且關東ハ武臣之棟梁ニ候處外夷へ面目を失候て浩然之氣を餒候てハ自然有事時之御用ニ相立間敷是我ニ曲を取彼に直を與ふるの拙策ニて智者之取らさる所に候偖又彼ハ航海ニ熟し利器を以數万里の海路を不日に駛行し且數十年航海を業ニ仕候國柄ニ候へハ船數ニ富ミ殊ニ近年ハ皇國之海路に熟候事故戰爭ニ相成候ハヽ要津へ出沒し府城を剽掠仕候ハ必然ニ候左候てハ海國ハ不及申海路不通之國迄隣國騷動ニ及ひ

候ハヽ自國警衛之外他事無之候半仮ニ九州を以譬候へハ纔四五艘之軍艦を以朝にハ東夕にハ西或は海濱に大砲を發し或ハ海邊之民屋を放火し淺く働ひて輕く引候ハヽ陸路之將士奔命に勞し彼を追討すへき軍艦ニ乏しく切齒扼腕而已にて手を束ヲ彼れに致さるるの外定策無之恐らくハ九州數百萬之士民僅か四五艘之夷艦ニ覊縻せられ心ハ彌武ニ候とも自國之騷動差置難し誰壹人も赤馬關を渡りて東進する事決して相成間敷秦鏡を照して見るよりも明らかに候六十餘州之内ニ於ても海路不通之國とてハ纔ニ四之一に足り不申然ルに四之三餘夷艦ニ害を受候ハヽ纔殘り之國〻も唇齒亡寒之戒を守り隣國之救ひ位ハ兎も角も兵を遠國へ遣し候義は決して相成申間布京師ハ素より日本之頭目に候へハ四支之國〻擧て保護仕候者理之當然候へとも四支之病を受候ハヽ頭目の用を爲す事能ハす此又自然之勢ひニ候是黠夷之胸筭にて彼常に言ふ日本ハ二三千之兵を以陷す可きとの妄說之

依て起る所ニ候斯時勢に相成候ハヽ京師之擁護實ニ心許なく萬一京師を黠夷の蹄に穢され候義とも有之候てハ六十餘州不戰して彼か爲に屈辱せられ候事思ふも忌々しき事ニ候猶又數百年太平皷腹之武士を以急卒に爭端を開き候ハヽ其利害三才之童も辨へ可申候然レハ曲害ハ我に在て直利ハ彼れに在り此以時勢事理を深察仕候者の輕ミしく戰爭を好ミ申さヽる所ニ候扨又鎖國と申義ハ三百年來之御掟ニて島原之一戰之後別て嚴重ニ被　仰付候御事ニ而其已前ハ夷人とも內地へ滯留差置れ且　天朝御隆盛之時ハ京師に鴻臚館を被建置候事も有之候得は全　皇國之御舊法と申にても無之候ハヽ伊勢　神宮之御誓宣ニ天日の照臨する所ハ　皇化を布き及し賜ふへきとの御事之由ニ候へハ夜國氷海ハ兎も角も天日之照臨なし給へる所ハ悉く知ろし召すへき御事にて鎖國なと申儀ハ決して　神慮ニ不相叶人の子孫たる者上下となく其祖先之志を繼き事を述るを以孝と仕候義にて往昔

神后三韓を征し給ひしも全　神祖之思召を繼かせ給へる御事にて莫大之御大孝と今以稱し奉候中古ハ未海外之事明細ならねハ三韓之外若干之國ある事を　聞食給ハす若　聞食給ハヽ御征伐三韓にて御止りハ有之間敷想像奉り候然るに尚又五大洲若干之國在る事を　聞召而已ならす彼より不憚　皇國へ來り剩へ　皇威を蔑にし奉るを鎖國にて御禦き被遊候事　神祖之御誓宣ニ御戻りに當り　神慮の程も難計誠ニ奉恐入候仮令鎖國之義を主張仕候とも守る者ハ攻るの勢ひにハ決して難及候徒らに海岸嶮岨を頼ミ鎖國仕候テハ鎖國ハ萬ゝ無覺束候然れハ當今ニおゐてハ攻取之勢ひを張候義第一御急務と奉存候へハ願ハくハ　神祖之思召を繼かせ給ひ鎖國之　叡慮思召被爲替皇威海外に振ひ五大洲之貢悉く　皇國ニ捧け來らすハ赦さすとの御國威一旦立セ玉ハヽ禍を轉し福に爲し忽黠夷之虚喝を抑へ　皇威海外ニ振ひ候期も亦不遠と奉存候然レとも太平之餘卽今　神后攻取之

御跡を踏ミ玉ハん事是亦下策ニ出可申候へハ急速ょ航海御開き彼か巢穴を探り黠夷之恐るゝに不足事を士民に知らしめ漸次　皇國之御威を以五大洲を横行候ハゝ彼自ら　皇國之可恐を知り不求して貢を皇國に捧け來らん事年を不期して可待候又破約攘夷と申儀唯今に至り關東へ被　仰出候ハ乍恐態と　御威光を御損し被遊候に當り㝡不可然哉ニ奉存候其子細ハ關東にて唯今約を破候而ハ御國之爲不宜と決定ニ相成居候樣相見へ候へハ幾度　綸命有之候共表ハ　御奉命有之候而實事御奉行ハ無之御奉行無之儀を度ミ被　仰出候へハ其度每ニ　御威光相減し歎ヶ敷奉存候然レとも時勢を以私考仕候へハ輕卒ニ御奉行無之ハ必　公武とも御國之御爲を思召候義御一般にて右樣御違却ニ相成候ハゝ定而京都ニハ關東を柔弱恐怖と　思召關東ニハ京都を御暴論と被爲厭候ニ可有之遂ニ隱微之中猜疑不和を生し千緒萬端因循苟且之根源ニ一振之目途無之口惜き次第ニ奉存候間仰願く

ハ　皇國之御爲を被　思召京都關東とも是迄御凝滯凡て御氷釋被遊改而急速ニ航海御開き御武威海外へ振ひ征夷職相立候樣之嚴　敕關東ニハ被　仰出候ハヽ關東ニ於て決して御猶豫ハ有之間敷卽時　敕命之趣を以列藩へ　台命を被下御奉行之御手段可有之左候時ハ因此遠略　天朝ニ出而　幕府奉して行之君臣之位次正布容易ニ海內一和可仕候而軍艦ニ富士氣振起仕候ハヽ一　皇國を以五大洲を壓倒仕候事掌を指より易く可有之候斯る時勢に一變仕候ハヽ則ち　神祖の御誓宣ニ叶ひ萬世不朽ニ莫大之　御大業と奉存候然るを唯今之如く隱微之中公武御不和判然たる御所置無之而ハ　御國內之衰微日を逐て甚敷蒼生生活之道を失ひ終ニ黠夷之術中に陷り噬臍之期に至り候半事十歲之外に出申間敷と口惜奉存候斯る時勢ニ候得は傍觀快と不仕日夜寢食を忘れ　御國威御更張之機會を熟考仕候處癸丑甲寅之際ニ候ハヽ鎖國も上策に出可申候得共當今ニ至候而ハ却而下策に落され候や

時を不察勢を制し不申候てハ挽回之期無之已ニ今年辛酉革命之年に當り天數も亦相應し候へハ禍を轉し福となし申も　天朝之御決議ニ可有之哉と萬死を不顧狂迷之言論進獻仕候激切屏營之至ニ不勝恐ゝ懼ゝ伏地待罪

戌四月　　長井雅樂

從來長州に開國攘夷の二黨あり侯及要路之向きハ佐　幕勤　王の開國派なる故侯の幕府ニハ之建白幷雅樂か　朝廷へ建言する處專ら開國說なり然ルに此節島津和泉多勢の勤　王家の依賴を負ひ上京して勤　王を主として掃攘を唱へ長州之攘夷黨も是ニ合從して其派之持論を主張する折柄なる故雅樂か說更ニ行はれさる而已ならす侯を併セて京師之品評宜しからさる故雅樂も空敷歸東して侯を初も漸ゝに其說を渝へ遂ニ一藩攘夷論に歸し翌年に至り雅樂か此時之建言一己之私意に出て國論を誤るに坐して可憐割腹して死するに及ひたり

（原江注朱書）雪頭當時長州ノ士人ニ聞ク所ハ雅樂ノ京師ニ入説スル主侯ノ意トスルヿナク又筆スルヿナカレト被命タレ圧正親町中納言殿ノ申サレシハ生來聞モ及ハヌヿナレハ一席ノ長談記憶シカタク又同志ニ可申談樣モナシト強テ需用セラレ故不得止雅樂カ説ノ如ク國論ヲ書取リテ指出シタリト物語レリ

野史氏云畢竟此時ニ際し三百諸侯之内ゟ薩長の二藩頭角を顯はし薩ハ先侯の貽謀を繼て　朝廷を奉し幕府を匡救し國威を挽回するを主とし長ハ幕府を佐け　天朝を奉して航海を開ひて國威を更張せん事を主としたれハ二藩の國論稍徑廷あるを以て犄角の勢互ニ嫌疑を抱きたり雖然勤　王の説ハ上國ニ遍滿し佐幕の論ハ漸〻に關東の一隅に局脊する勢となれる故長州も遂に變して純粹の攘夷家となり夫か爲に敗を取る事尠少ならす果して自國を危ふする而已ならす覃て皇國内の動亂にも及ひたり雅樂攘夷之害を預言せしの誤らさるを信すへし鐵門銅鎖の　朝廷を屑とせす一身の利害を忘れ　皇國の爲に天下口を箝して言ふに難かるの大議論を説入せしハ米國の彼理か初て浦賀に航せし膽略に倍したし《リカ》成敗ハ天なり人に在らす雅樂ハ實に豪傑の士といふへし惜むへし其命期を促さす年を假て維新の時に在らしめハ大ニ其技倆を假て時事を裨益すへきを時勢の切迫なるを以

て過激暴論の爲に其人を失ひし事雅樂に止らす歴ゝとして指屈する
に堪へす噫ゝ
右等不容易上方の風説關東へ聞ゆるからに閣老衆初も目今の幕政壓制を以維持し難きを悔悟せられし歟四月廿五日に至つて橋公尾老公我　老公土宇兩老侯の御愼悉皆　御免被　仰出たり此日閣老衆ゟ京都所司代へ先般御縁組無比之恐悦ニ付一天下別段大赦被行度　思召之旨舊冬千種少將岩倉少將を以被　仰出趣篤と相調へ可申上旨兩朝臣迄申達置候處右大赦之儀ハ彼是御差支之筋相見へ容易ニ難　仰出候處　思召之御旨も被爲在ニ付尾張前中納言殿を始先年御不興之筋ハ悉皆御宥許以後平常之通り被仰出候ニ付京地ニおゐても鷹司近衛入道殿前右大臣殿獅々王院宮御始先年辭職落飾等被　仰出當時御愼中之方ゝも　叡慮を以御愼等悉皆御宥許被遊候樣被　思召候間右之趣關白殿へ申上候樣被申達同月廿九日　赦許
左如

〔還俗依老年可任
〔所意事

〔還俗被　仰出事
右深以　思召關東へ
御沙汰被爲在自今參
內已下萬事平常之通
被相心得不及遠慮被
〔仰出候事

右同斷

〔以深　思召關東へ御
沙汰被爲在自今被免
〔永蟄居爲青蓮院宮門

鷹司入道准后

近衞入道前左大臣

鷹司入道前右大臣

獅子王院宮

跡隱居參

（原朱）乙卯

近世野史ニ此時　敕諭仮名文といへるを載せたり虛實をしらすといへと
　内已下云〻前同斷
も記して參考に備ふ
夫野人にあらさるより内安けれハ必外の患ありと方今天下二百有餘
歳至平に慣れ内遊惰に流れ外武備を忘れ甲冑朽廢れ干戈腐錆す卒然
として夷狄の患起て不能應之終に癸丑甲寅の年より有司益駕御の術
を失し事模稜多し此を以戎虜不知所恐愒求徵無饜條約を定め開市を
通せん事を乞ふ幕府因循不能拒其請以旗下小吏　奏聽　朕知其誣言
斥之翌巳年二月幕府以老吏堀田備中守及二三吏登京事情を陳し切請
不止　朕熟案古今夷狄の憂雖不少近年之如く甚ハ未有之若一旦親狎
の腥流穢漲　神州陸沈し　朕か代ニ至て初て金甌を缺ハ何を以　先
皇在天の靈に謝せんと深謀達慮の群臣に咨詢するに皆不可なる事を

白す又列藩內密忠告の者不少乃幕府に命し天下の大小名に令し肯て之を天下に示傳せす　朕深憂慮し未た所置する事あらす於是群臣八十八人奮然として奏狀し必死以て　朕か心を讚す又或曰　朕若し幕府の請に不從ハ必承久元弘の事を爲んと然れとも　朕何そ一身の事を以　祖宗の天下に易んやと卒に重て命するに前令を以てし次て幕使を返へらしむ又使を以て幣を三社に奉し戎虜國体を汚す事なく人民其生を安んせん事を祈禱す庶幾ハ弘安の先蹤を繼んと豈圖んや旬日間幕使　朕か命を不用遂ニ條約を定め通商を許し片紙を以奏曰く時勢切迫不得已事也と　朕殊ニ其侮謾非禮を雖怒未遽に此を譴責せす三家家門或ハ大老を召し其子細を尋糺せんとす然るに尾水越其餘二三の大臣藩臣を籠居せしめて又嘗て命を不奉次て前將軍薨せり又忠告する者あり曰嗣子幼弱將軍ニ任する事なく暫其爲す處を見て而後任之せよと然れとも直に其職に任し其を以て其職を盡さしめんと

す然るに將軍幼若有司柔惰　朕意に稱ふる事を不知曾て攘夷の念なし却て是と親睦し剰へ正議の士を排斥す　朕其三家三卿を召せとも不來剰へ正議の名藩臣を退隱或ハ禁錮せしめ其積鬱の餘激して變を生し外夷其虚に乘せん事を憂慮し特命を幕府水府に下し天下の大小名同心戮力幕府を輔助し內奸吏を除キ諸藩勤　王の心を慰し外黠虜を攘ひ各國覬覦の念を絕せしめんとす然るに皆　朕か意を体し其命を海內に傳示し天下一心戮力德川を輔佐し外夷征殄の議を不興却而公武不和の難を釀し　朕深く此を憂ふ其間事ミ紛ミ盡く言ふへき事難し然れとも其二三を言んに幕府如此衰弱不振夷狄如此猖獗不懲然則外患何時止て　神州正氣何時回復セん人民何時生を安せん是豪傑英雄の將にあらすんハ治る事不能と三卿の內一橋ハ其英雄なるを以て是をして其職に當らしめハ寧能く大事を成就セんと是以草莽有志の士其事ニ周旋奔馳する者あり又其間奸猾其意を快ふせんとする者

ありて事多　朕意の如くならす不日にして間部下總守登京幕府の勢を以天下の事を論する者一切に縛收して是を江戸に下し以て四大臣落飾幽居し正議の士此ニ於て盡く下總守幕議を白して曰條約押印の事ハ先役備中守の所爲にして當役之知る所にあらす卽今條約に反し通市を止る時ハ外國ニ不信を傳へ彼か怒を激し異變不測に生せん環海武備未た充實せす且大奸内ニ在り若外患起らハ内憂此に乘せん然らハ忽天下土崩瓦解如何共爲すへからさるに可至希ハ幕府の申處に從ひ姑く天下の時勢を覽せん事を必不經年シて戎慮を掃絕して　神州の正氣を回復せんと是以　朕不得止事枉て其請に任せ以て天下の時勢を見る其後庚申三月三日水府浪士井伊掃部頭を刺の事あり其所爲ハ亂暴に似たれとも其懷中の狀書を見て其意を察すれハ深く外夷跋扈を憤怒し幕府の失職を死を以て諫るに在り是　朕か嘗より所憂也又其後年墨使を刺し又東海寺の件〻皆其意斯に基つけり其余外夷の

陸梁なる對州の事二ヶ國相増しの事兵庫より陸行江府に至るの事海岸測量の事殿山を貸與の事等　朕一〻幕府に其然らさる事を責れとも幕吏奏曰是皆一時の權宜にして浪華開商延斯《期カ》の術策なりと又奏請曰外夷を掃殄するに天下一同戮力にあらすんハ爲し難し故に和宮を以將軍ニ尙し以公武一和を天下に表して後戎虜勦絶ニ可及也不然ハ公武の間を隔絶せんとする奸賊あつて外夷拒絶ニ及ひ難しと　朕念ふに　先帝遺腹の妹を以百有餘里の外に嫁し古來未曾有の武臣に尙せん事　朕か意實に忍ひさる所なり然るに幕府切ニ內外の事情を陳謝し　朕か憐を請て不止　朕之意ニ雖不忍　祖宗の天下の事にハ難代と意を決して其請を許し十年を不出必外夷掃攘の事を命し且海內大小名ニ　朕か意を傳示し武備充實セしめんとす幕吏連署奏狀し皆朕か命を聽く故ニ去冬　和宮入城の事に及へり然ルに今春に至り幕吏安藤對馬守浪士の爲に刺さる是等皆掃部頭を刺セし者と同意之者

ニして如此輩ハ死を視る事歸するか如く實に勇豪の士也嗚呼此輩をして少しく其憤鬱する處を伸へしめ諭すに丁寧誠實の言を以てして暫く其等か氣を儲へしめ他日非常の變に用ひ其をして先鋒たらしめハ堅を衝き鋭を挫するに何の難き事あらんや誠に愛むへきの士也幕府意を斯ニ不著日夜尙其餘黨を探るよし是惟に怨を天下に構へて事に於て益なし其本ニ反らすして只ヽ威力を以て制せんとせハ是を捕れハ又斯に生し天下の變止時なし終に大變を激生するに至らん是朕か深く憂慮する所なり聞く翌十六日將軍拜廟ノ事あり有司前日の變を以て拜廟の事を延引せんと謂へり然るに將軍嘗て拜廟の事を廢せすして是を行ふと　朕其寬量を愛し因て思ふ庚申三月以來九門外に守兵を置き又關白亭ニも兵士を置き或ハ參　朝に密に武士を具して非常に備ふと是等　朕か慚憂する所なり因て又思ふに往年三社へ奉幣せし以來　神州の汚穢を洒掃せん事を朝夕禱請して不怠又法樂

至今尚これを行ふ庶幾くハ以て前の志願を全ふして是を終んと去年元を改め天下と共に更始す公主已ニ尙す公武實に一和す此時に迨んて咎めさるの赦により天下に大赦し三大臣の幽閉を発し列藩臣の禁錮を赦し有志の士の連坐せる者を放ん事を速に幕府に告け以て此擧を行はしめよ是　朕所深憂也而後天下心を合セ力を一ッにし十年内を限り武備充實セしめ斷然として夷虜に諭すに利害を以てして一切に之を謝絶し若不聽ハ速に膺懲の師を擧海内全力を以て入てハ守り出てハ制せハ豈　神州の元氣を恢復せんに難き事有んや若不然して惟ニ因循姑息舊套に從て不改ハ海内弊疲の極卒にハ戎虜の術中に陥り坐しなから膝を犬羊に屈め殷鑒不遠印度の覆轍を踏ハ　朕實ニ何を以て歟　先皇在天の神靈に謝せん哉若幕府十年内を限りて　朕命に從ひ膺懲の師をなさすんハ　朕實に斷然として　神武天皇神功遺蹤に則り公卿百官と天下の牧伯を帥ひて親征せんと公卿等斯意を体

し以て　朕に報せん事を計れ

文久二壬戌年四月

五月二日長州侯再度　幕府への建白あり

外夷鎮撫　御國威更張之御所置ニ付而ハ乍憚　公武御深意御合一ニ被爲成速ニ御國是を被爲定海內和協御武威海外に輝き候樣被　仰付候外有御坐間敷と奉存候ニ付越俎之罪を不顧鄙意申上候處獻芹之微意不被爲捨置深意　御內慮被　仰聞御誠意を奉感戴微志彌增不得止於京都堂上御方ミ迄前段之旨趣內ミ申上候處恐多くも被達　天聽今般私義上京仕候ハヽ御沙汰之旨も可被爲在由　御密旨被　仰下冥加至極難有仕合ニ奉存候依之尙又熟考仕候處不得止とハ乍申私義外樣之身分として直に奉汚　天聽候段甚以奉恐入候樣之義自然列藩幷草莽之志士承り及ひ天下之公論ニ奉付候事件ハ　公儀を差越し直ニ朝廷へ申上候て不苦樣心得違自己之了簡を以每ミ上書抔仕候樣成行

候てハ識見之及所小異有之可奉惑　天聽猶又　神州之御國体ハ鎌倉以來幕府を建置　大政御委任被成置候而列藩以下直ニ奉汚　天聽候てハ其事の得失ハ論ニ遑無之幕府を輕蔑仕候筋ニ相當り御威光不相立候幕府之御威光不相立候てハ列藩各　朝廷を戴き　敕命令詔幕府を要シ終ニ群雄割據之勢を醸出し海内分裂天下之公論歸する處無之別而外夷之侮を招き　御國威深ク及衰弱可申候乍憚　將軍之御職分ハ上　朝廷を御敬戴下列藩已下ヲ御鎮壓天下之公論を被成御綱据《總括カ》候て　叡慮御尊奉禦侮之御手段被成御行届候樣可被爲在候段申上候迄も無御坐事ニ而今般　公方樣御上洛御國初之御光耀を以て列藩豫參被　仰付當時御初政ニ付天下より御更張之　思召を以御國是如何被相定候て可然哉各存意申出候樣被　仰聞列藩建白之旨趣御熟考　叡慮被成御窺　敕命　台命を以て　御國是被確定之御旨列藩へ被　仰渡候ハヽ衆心和協　御國威更張之御發端過之候儀ハ御座有間敷万一

豫參御斷申上候か或ハ　御國是御確定之御旨違背仕候者有之候ハヽ
敕諚　台命を蔑如仕候義ニ付無據嚴譴被　仰付候とも中分有之間敷
と奉存候此段篤と御評議之上御内決之旨被　仰聞被下候ハヽ私義速
ニ上京仕御旨趣之大要申上候ハヽ　重大之事件容易ニ申達
候段千万奉恐入候得共　神州安危之境此一擧ニ有之御事歟と奉考且
宸前深意之　御内慮をも被　仰聞置候義旁ニ付不得止申述候義ニ御
座候不惡聞召可被下候以上

五月二日　松平大膳大夫

野史氏云右建白中に達　天聽御密旨を被蒙たる由を被載たり其何事たる
を知らすといへとも近世野史に議奏衆ゟ長州若侯へ之御沙汰書及中山殿
ゟ長州家老浦靱負へ被渡たる御書附を載たり依之推斷考すれハ稍當時之
梗概を知るへきに似たり因に記して參考に備ふ其若侯への御沙汰といへ
るハ

其許今度通行ニ付暫く於京都滯在候樣賴　思召候儀ハ元來其家義ハ元就卿被重　朝廷候義ハ今更　御沙汰も事新候右等御由緒も有之乍ミ殊ニ　思召も被爲在候處先達而父大膳大夫戎夷跋扈御國威逡巡之義を相歎勤　王之志を主として幕府を助け至治之基本を立度趣意ニ而柳營申談之上ハ公然と公武之御間に周旋全く　叡慮之被爲向候所を幾重にも丹誠有之趣家臣永井雅樂ハ委細之事情內ミ言上國忠之段深く　御滿悅被爲在候然る處雅樂儀俄ニ歸府ニ就而ハ大膳大夫建白之趣意未致徹底　御殘念ニ　思召候所幸ニ其元上京ニ付而ハ父朝臣之深慮に隨ひ程能周旋可有之　御依賴之　思召候此段內ミ可申達との御沙汰候事

　但當時浪士蜂起鎮靜之處內ミ島津和泉へ　御沙汰被爲在候得共其藩へ屬候輩も不少之旨ニ付同樣取締竝ニ方今非常之變何時可生と難計形勢ニ付其節ハ薩州と力を合可有鎮靜之旨是又　御沙汰

被爲在候事

浦靫負へ之御書附

一國忠之段滿悅之事　一父朝臣深意に隨ふ事

右ハ永井雅樂を以大膳大夫言上戎夷跋扈御國威逡巡候を被相歎候て外藩幕府之政事ニ擕制禁と有之候處其儀ニ不拘諸有司へ說得し公然と　公武之間ニ周旋候事君臣之名分を正し先年來違　敕之廉田安大納言上京御理り可申上周旋可致との事年來御國政向關東へ御委任ニ被爲泥幕府諸有司の存意を御斟酌被爲在折角之　思召をも婉曲ニ被仰出候故　叡慮之御旨徹底不致而已ならす却而　公武之御間柄如何之義も出來致候故此後ハ何事も斷然と可被　仰出候左候ハヽ主人ハ素より雅樂も　叡慮之被爲向候所ニ隨ひ幾重ニも周旋可致との事

一建白之旨趣未徹底御殘念ニ思召候事

右ハ永井雅樂半途ニ引返しニ相成候ハ全ク於關東安藤對馬守再出已

（朱書）雅樂の敗を同藩の鎖國黨ニ取りて遂其身たり禍セしも此御不審ニよれるなるへし此建白ハ初へ載セ候所へ異なりしなるや

下事ミ幕府不正ニ付而ハ大膳大夫周旋之道相塞候ニ付而ハ右周旋も辭退之由就而ハ關東へ建白之趣意不致徹底候而忠誠も空敷相成　御國威も難相立段を　御殘念思召候事

但シ永井雅樂差出候建白之義ハ　御國威相立候御事ニて可有之哉誠ニ書取被呈候儀ニて　敕諚ハ勿論上ハ周旋より下芻蕘ニ至まて高等之說有之候ハヽ其說ニ隨ひ異議無之候旨言上候但シ右建白之中　朝廷御所置聊謗詞ニ似寄候義も　御殘念にも被爲在候得共是等ハ主人上京之上委細御辨解可被爲在候航海之義ハ第一御國中變動不容易義ニ而輕易ニ難被述　叡慮天下之衆議被　聞召候上之御事ニ可有之候　御沙汰被爲在候事

一浪士鎭靜之事

右浪士勤　王之志を以て蜂起候義被爲惱　叡慮候而ハ無之儀ハ申迄も無之候得とも　叡慮も被爲在關東よりも被　仰下候義有

之候自然暴發等有之候而ハ　叡慮之處も齟齬候ニ付唯〻　朝廷之御所分を鎭靜相待候樣ことの事

世の有樣もかゝるなり行きにて　幕府の御政道も閣老衆の力にてハ擔當に堪へ兼ねらるゝに及ひし故　朝野の衆望に副へて遂に我　老公を御撰擧の廟議にハなれるなるへし當時閣老ニ列せられしハ內藤紀伊守殿久世大和守殿松平豐前守殿水野和泉守殿板倉周防守殿なり防州尤名望あり

再夢紀事

文久二年壬戌四月廿五日午後御用番内藤紀伊守殿ゟ　當公へ之御直達如左

松平春嶽事先達而愼　御免被　仰出候節在所へ罷越候義ハ難相成且又親類其外面會又ハ文書往復等之儀は遠慮致候樣ことの　御內沙汰之趣相達候處　思召御旨も有之ニ付先年御不與之節ハ皆悉御許容被遊候間以後都而平常之通り可相心得被　仰出候此段春嶽江申聞候樣可被致候

右ニ付而之御祝事其外都而御家ニ屬たる儀ハ奉答紀事ニ讓りて玆に之を略す

○五月三日朝　當公御國表へ御發駕あり夕申刻前御用番へ知邸御呼出にて近〻　御目見被　仰付候御沙汰之旨御書附を以御達あり同六日夕右御

同所ニ而　御目見被　仰付候間明七日五ッ半時御登　城相成候樣御切紙を以御達ニ付翌七日御登　城にて下之御部屋へ御扣之處御目見後久世大和守殿御逢有之度趣御同朋を以御申出有之無程於　御座之間　御目見被仰上　御懇之上意等有之御退坐之上御部屋ニ而良久御待被成未刻過て大和殿板倉周防守殿西御椽ニ而御逢有之ニ付此度御赦宥之御禮被　仰上當公御始御一同御感泣之御次第ニ而御祝御酒宴等被爲在候儀迄も御噺ニ而御厚禮被仰上しに大和殿御申にハ無據御運ひも有之段〻長〻之御引籠にも相成り嘸御退屈に候半如何御暮し被成候哉と御深察之由ニ付　公愼被　仰付候已來ハ唯一身の保養のミ心懸召仕候側廻りも兒輩のミにて庭際の遊歩或ハ詩歌の慰ミ又ハ婦人相手に歌かるた位の事世間の事にハ一切關不致相暮し罷在候と御答之處大和殿當今の時勢定而御承知も可有之誠不容易運ひにて差當り　公武之御間柄之義ニ付種〻無量之困難有之　德川家御安危之界とも可申御大切至極ニ候已來共何分此邊御相談被下候樣

致度と御申ニ付　公刑餘不肖之身分に右樣之御賴一ト通り難有次第ハ申迄も無之候得共唯今も申上る如く閉居中ハ一身の消遣のミにて世上の義ハ謝絕罷在五ケ年已來の時勢ハ一向に不案內と申元來不學無術中ゝ以御相談相手に可罷成候覺悟ハ分寸無之候へハ左樣之義ハ決して御斷りニ及候と御申之處大和殿如何樣左樣之御義も可有之候得とも何分危急之御時節故其外共御相談相願度指向き御上洛之御評議ニ候が此義ハ如何思召候哉と御申ニ付　公存しも寄らぬ御尋にて何共御答之申上樣も無之五ケ年間婦人相手に歌かるたなとを致し居り今日初而出勤致候者へ左樣之御大事を御相談あれハとて御答出來可申樣もこれなく先ッ御上洛と申ハ何から起候事候哉又御上洛ニて如何遊し候御事ニ候哉何やら更に相分り不申譬ハ蛇の首尾を斷ち胴中計りの御噺しサッパリ解し不申候得は中ゝ可否の論所にハ無之揔体何を承候而も寐耳へ水にて一ッとして相辨へ候義は無之候得は一ツとして御相談ハ出來不申何之御役にも不相立事候得は何

邊にも夫等之義ハ御斷り申度と御申なり久世殿如何樣にも段〻委細の手續き御承知無之事候へハ仰せの趣も御尤至極ニて候此義長州抔より申立候次第も不容易則書面も有之可入御覽其外京都之事情夫〻取調候書付も有之何れも可入御覽候間御熟覽の上にて御論判可被下と被申　公書付計及一見候とて何と可仕哉元來之時勢を更ニ心得不申其上近來氣鬱不記憶ニ相成候故俄ニ承事ハ覺え候事は不出來況ンや見込ハ猶以付不申呉〻不肖不德之拙者抔重大之御相談ニ相加はり候迚御裨益可有之譯ハ無之候へハ何卒左樣之事に不相成樣相願度と仰せらる大和殿又端を改めて私義今日上京之義仰せ蒙候誠不容易御時節非力の私共ニ而ハ御用辨萬〻無覺束模樣ニ相聞へ候へハ何卒御一所ニ御上京被下候義ハ相成間敷哉と被申公さて〳〵思ひの外なる事共のミ御申聞候ものかな五年已來閉居致候者を引出され候哉否ャ種〻の御難題共當惑之外ハ無之御考へも可被成世外の閑人と心を持ち婦人相手に歲月を送り來候隱者の身分決して御斷り申

候と仰せられしかハ周防殿被申候ハ　公ハ人望に副ひ給ふ御方故ヶ樣に御依賴申候此節柄人望を得候上ならてハ何事も行はれ不申何卒大和守申上る如く御賴之趣御承引相成候樣致度との事ニ付　公拙者を人望有之段御申聞候が夫ハあるかも存し不申夫ハ仮令如何程人望あるにもいたせ是皆人より望む所ニ而我身に引受け其衆望に當るへき覺へとてハ一圓無之人の望よりは我心に問ひ候方一番愷成事にてハ無之哉と斷然御固辭ニ被及候處兩閣も良暫く默然として居られしか辭を改めて被申上候ハ我〻共色〻申上候故私共にて御賴申候樣ニ御聽取ニ相成候歟と不存候へ共全く左樣ニ而は無之此度之義ハ御大事の御場合故　將軍樣厚き思召有之何分にも諸端の御相談　將軍樣の御賴被遊事候へハ御苦勞なから何卒御承引可被下候左候へハ　將軍樣にも如何許御安悅可被思召義是非〻〻御受御坐候樣にと低頭平身に及はれ所謂平ラ賴ミ拜ミ倒しに　台慮御依賴と申御次第に相成御辭退の道も不被爲在ニ付重子て被仰候ハ段〻御沙汰之趣

家之面目身の冥加無此上難有仕合候得共無識否徳の者叨りに大政に參候義重〻恐懼之至ニ付不顧憚再三及御辭退候得共　台慮御依賴思召候と申御義を前後之次第を不辨して只管我儘を申募候樣にては鈞命を拒ミ候姿ニ而是亦恐悚不少不堪ハ勿論之事候ヘハ他日御辭退申候義を御含被置被下候ハヽ今日之處ハ一ト先ツ御請可奉申上と被仰候處兩閣も殊之外欣悦にて左樣相成候得は　將軍樣にも嘸〻御安心可被遊私共におゐても如何計か大慶安堵致候寂早御請ニ相成候ヘハ何時表向被　仰出候而も宜候哉との御談ニ付御請申上候上からハ何時ニ而も御都合次第違背ハ仕間敷と被仰候處大和殿さらハ今日直ニ被　仰出候而ハ如何と板倉殿へ御談之處早き方可然との御挨拶ニて右之通り申談候得ハ追付表向可及御〻候間左樣御心得被下度との事にて御引分れニ相成無程黑鷲御杉戶際へ御老中御列坐にて御用番水野和泉守殿より以來御用筋有之候間折〻登　城可致旨被仰出之旨御書附御渡有之別ニ明日例刻平服登　城ニ而可然事肥後守同列

宅へ吹聽以使者可被申越事　今日之義御禮勤等ニハ不及事と御演說扣ニ而申聞有之何分明日も是非御登　城御坐候樣御申聞有之由申半刻過御退出なり○同八日四時頃御登　城之處水野殿板倉殿御逢ニ而御申談之趣ハ當時京都之御模樣　公武之御間柄殊之外御六ヶ布御次第ニ有之右ニ付長州抔ゟも申立候趣と申御上洛可然と申評議も有之候然ル處二百餘年御中絕之事故取調らへも不容易右ニ付而ハ莫大之御入費見留も附兼候故御上洛之義ハ難被遊歟とも申候此義ハ如何思召候哉と被申ニ付　公御上洛ニ相成候御趣旨いまた委細之承知も不致事候得共昨日爲御見ニ相成候長州建議の趣も隨分尤之筋と申仮令何の譯ハ無之とも君臣の名分　御一代ニ御一度位ハ御上洛有之可然御事と存上候況て當時不容易御混雜之譯も有之候へハ旁以御上洛之義御至當と被存候御入費之義も定而莫大とハ存候へ共其事を先に立て御上洛難被成と有之候而ハ本末相違相成候歟と被存候　將軍家の御上洛は諸侯の參覲も御同樣ニ候處御物入ニ而御上洛難被

成と有之候而ハ諸侯の物入ニ而參勤致難と申も同然にて其分ニ御捨置被成候義難相成御次第ニ可有之候夫なハ御上洛有無の大段を御決定有之愈御上洛と申事ニ相成候上ニ而扨御入費如何と申儀ニ可相成順序ニ候未曾有困難の世態候得ハいつれに未曾有困難の御取計無之而ハ難相成御次第と存候と御答之處何れの道ニも節儉質素の風行はれ大變革なくてハ叶ひ申間敷と被申ニ付節儉も質素も勤中國家の小なるに施し見候て手覺へも有之候が中〻むまく行はれ候事にハ無之ニ付天下の大なるに至つてハ夫ハ〻〻容易の儀にハ有之間敷抔との御議論彼是御長談ニ相成ニ付大和殿な御同朋を以御廻り後の御談ニ相成候而ハ如何と御申出ニ付御引分れニ相成候由御廻りとハ閣老衆營中諸席を巡廻して御用被辨を云○未刻頃召出有之旨ニ而召出とハ御前へ御召出さるゝを云御用御取次平岡丹波守殿御案内ニ而於御座之間御逢有之上意ニよつて御敷居内へ御進之處猶再三の上意ニ而御間合四尺計之御席迄御進ミ上様ニハ御褥も不被召御脇指を御側ニ被指置御人拂にて丹波守殿一人御次ニ扣居

上様にハ時候之御挨拶被爲濟紀州ニ罷在候内御目にかゝりたる様に覺ゆると仰あり　公ハ御覺無之今日初而被存上候旨被　仰上此度の御寛典深難有思召候段御禮被　仰上候處長〻の御閉居嘸窮屈の事なりしならん御氣の毒思召抔との仰せにて扠御用の趣ハ今般　公武御間柄の儀ニ付御心配の御儀被爲在委細ハ老中ゟ可申聞候得共不容易次第候へハ何分厚致心配上京の上御一和相成候樣致度と仰せらる　公　上意之趣奉畏候夫ニ付言上仕度儀御坐候大和守被召出被下候樣被　仰上候處其通りニ　上意ニ付公ゟ丹波守へ御申聞ニ而頓而大和守御出候ニ付　公改而被　仰上候ハ公武之御一和ハ　御眞實に御崇奉被遊候御誠心より御感通ニ而御一和相成可申　叡慮之御安著と不然とハ日本國之治否ニ拘り候義と奉存候乍恐將軍樣の御職分にてハ天下を立派に御治め被遊萬民安堵仕候へハ夫に超たる　叡慮の御安悅ハ無之　公武の御間柄ハ申さすとも御一和ニ可相成候當今不容易御時節柄にも候得は深く　台慮を被運候義乍憚御肝心の御

義と奉存候夫ニ付日本國の治め方ハヶ樣成物と申動きなき國是相立不申候半而ハ難相成候處夫も兎角其時ミの執權の心ミにて遷り易り變動止時無之故愈治平致兼候も人臣の威權ハ　上の思召次第にて今日あつて明日は難計ニ付世上の受方も自ら危踏有之其人次第にて樣ミに相渝り申候又上之思召立等被爲在候へハ擧世動しかたきを致承知居候故其方へ決候義ハ堅固ニ有之候此譯ニ候へハ治るも治らぬも摠而　御一身の御上に被爲候へハ御苦勞千萬の御義と申就中ヶ樣の御時世に被爲當候而ハ開國創業の思召ニ不被爲在候半而は迚も御持怺らへ難被遊御義と奉存候夫と申も御公平の御處置ならてハ行はれ不申公平無私の　台慮を以日本國ハ不及申海外迄も御推し及ほし被遊候樣願はしくと不奉存者ハ無之何事も御誠意より出候事ならてハ千萬人心服不仕

天朝御崇奉の御義も御形迹計にてハ何の御詮も無之當今ハ近く　御臺樣も被爲入候御義候へハ此　姫宮を御待遇の御模樣且御附之婦人達御會釋

振ニ而も　御敬上之御實意さへ相貫き候へハ自然と　公武御一和も可被爲出來之處　御臺樣御下りの御形迹計にてハ　朝廷も御安慮不被爲在却而　尊勢を增し世上にても更に安堵不仕之か爲に種々と議論を來たし候事と相成候第一に此御實情次に日本國の治るへき條理の國是不相定內ハ如何に　台命にても上京之儀は御斷り申上候と被　仰上候へハ大和殿段々御威權の墜行き候樣相成候而は不相濟儀と御取合セ有之ニ付又被　仰上候は御威光ハ最早墜ち切り候て已ニ滅んとする勢かと恐入申候夫故に御中興之　台慮に不被爲在候而ハ難相適と申上候事ニ候諸大名の御爲筋を存上候所も夫々に其向き有之伺候致候大和守抔ハ御譜代の鴈の間席大名にて御譜代の存込有之又春嶽同席抔ニ而ハ國持にて國持の意氣込有之各其趣き違ひ申候是等も皆　台慮の御誠實一ト筋に感化し我も々々と忠誠を盡候樣ニ可相成は勿論の義にて已に水府前中納言殿抔ハ異說を主張被致候は心得違候得共尊　王之誠意　幕府へ之忠貞は無雙絕倫の人ニ候

處彼是の嫌疑を受け春岳如く　恩赦の期にも逢ひ不申空敷謹愼中ニ相果候義何共殘念千萬の義と歎息仕候水府の騷動ニ付而は一ト通りならさる尊勞等被爲成候も皆以寃鬱積怒より發起致候事にて暴論異說御採用無之ハ勿論候得共夫か爲に忠貞の誠意迄も御疑念と相成候樣成間違出來候而ハ迚も天下泰平ハ無覺束奉存候夫ニ准し一橋殿事も世上にては皆御敵の如く思召候樣に申居候是ハ已前春嶽初推轂の次第も御座候得共夫ハ其時の國是と存込候故の義にて方今と相成候而ハ又方今の國是可有之義にて過去之義を執着可仕道理ハ無之何分人望有之御方に候へハ御打棄なく御身柄旁御政務御相談にも被相加候はゝ天下慰望の一端にも可相成と奉存候旨其他猶國本條理御論述被成候處一ゝ御嘉納被遊御義の由右等被　仰上も餘り御長坐にも相成候故再三御退坐可被成と御促の處今少被　仰上候樣にと御求言御引留被遊御退出の節明日も又致登城候樣　上意の由〇御退坐の上大和殿被申候ハ唯今　御前ニ而之御議論一ゝ敬服の至と申內

一橋殿の御義抔ハ中〻餘人の口を開かれ候候義にハ無之處誠以難有次第と被申上由〇大和殿ゟ田安殿御內願ニ付御後見御免の上御勤勞の譯を以被敘正二位年〻金千兩ツヽ被進ニ相成候義明日被　仰出の御評議ニ付御異存無之哉との御相談ニ付「夫ハ甚御不同意ニ存候田安ハ兄弟の間柄故私情ニ而は申兼候得共如何に御役に不立候とて內願故御免切にてハ御義理合も立申間敷是迄ハ御後見にて權勢宜處一時に寂寞之次第ニ相成候而ハ於人情不好事候得は御後見ハ如何にも御免可然候得共矢張折〻登　城御相談も有之樣被　仰出度春岳か出候ゆへ田安か引候樣相成候而は偏頗ニ相成世界も治まり不申且榮枯得喪忽ちに地を易へたる不平鬱悶絕へ不申夫か爲に不測の事を釀出候義前車歷〻の事候へハ公平にて片落無之樣御取扱願はしく愚存如此と被　仰候處一〻御尤の義猶又可申談と御挨拶之由〇今日會津侯松平肥後守殿被　仰込御逢有之別段之御議論も無之以後御心易く被　仰談度との御挨拶ニ而相濟由此侯ハ尾張御末家高須侯の御男

にて尾州老當二侯の御實弟なり二十七八才計りにて善良の御方なり去ル三日以來重立候御用向可申談候間度〻登　城相談可致旨被　仰出之夫ゟ日〻御登　城ありしなり　公此日ハ暮時頃御退出なり○五月九日四時頃御登　城なり九時頃大目付駒井山城守殿大久保越中守殿御目付淺野伊賀守殿等被相願御逢有之大越殿ハ　禁裡附被相勤御容子も被心得居候故被申上しは先年戊午の度ハ搃而權謀一途にて賄賂を以仕課ふせ候策略故御入費ハ莫大の事に相成堀田殿は唯一度參　内のみ其餘ハ岩瀬川《ママ》地にて取計ひ川地の青蓮院宮にて鎖せハ三月を不待開くとも三年を不待とおどし其結局は橋公を推擧せんとの謀言行はれす却而不都合を生し取直しにも五百兩を費候如く萬端欺妄に終り候事にて間部殿ハ是ゟハ勝る方に候得共猶黠詐を免かれす夫故に　叡慮も御疑惑を生し愈指縺れ候事と相成由元來は大老迂濶にて打拂へハ夷狄ハ來ぬものと心得間部も眞の犬豕の樣に心得若州《所司代酒井若狹守》と鎖國家右等の緣由によつて京都ハ愈固陋の見に落入候由　幕

府の威權頻年弱く相成に隨ひ列藩賄賂を以 朝廷へ取入勢に有之處 公には御上京之義御請無之ハ如何之思召候哉私共兼ゝ御出身の程を奉待上候も此邊の不容易御義共を御擔當可被下歟と奉依賴候ての事にて候何故に御上京御六ヶ布候哉と一同責望有之ニ付 公仰に上京丈ヶハ勿論容易之事候得共分別も見込も無之故に六ヶ布候譬ハ旅行の如く路用なくてハ一歩も難進候唯今一文の錢なけれハ上途難致も同然なり此體にて上京せハ矢張從前の詐僞欺妄の覆轍を覆より外は無之候得は中ゝ以上京存しも寄らすと被仰「淺伊此度上京仕り京攝の次第目擊親聞の模樣にてハ薩州堀次郎表裡難計長州長井雅樂も不安心之由を被申「大越又被申ハ 叡慮之儀も色ゝ申候得共畢竟ハ何も無之が誠實にて元來御疳氣被爲在候得は度の詐妄御疳氣に觸れ候位之事にて何も多難の義にハ無之何分御上京開國の御趣意を御說破不被下候而ハ迚も難相適と被申上「公開國にも鎖國にも大本の國是不相立してハ說破の種無之何分日本國ハ是でこそ治ると世

界にて安堵する見詰さへ相立候ハヽ何時ニ而も御請も可致上京も可致候夫が出來候迄ハ　台命ても何ても御請ハ難致と仰の處「一同夫にて思召も相分り候得は御上京の事ハ最早申上間敷何でも國是へ取懸り可申候得は折角閣老方を御鞭策被下度京都の浪人ハ幸の義騷立候故ヤツト綺もかゝり申候いつ迄も騷き候程國是も早く立可申抔と被申又君側に正人なくてハ不相適事候處因循のミ御欵へ申者有之御小姓御小納の類候へはどふでも宜候へ共權要之場所故其害不少是等を速に御取除け願はしく抔被申一同にも何分國是の義篤申談老中へも相伺ひ可申と被申上「大越計海邸へ參上致度段被申由○八時過大和殿御逢ニ而昨日　御前へ御申上の次第實に感服之至候得は何卒同列一統へも御申聞被下候樣致度と被申閣老一同御逢有之ニ付昨日被　仰上候趣を以日本の國是不相立しては德川家の御威權も可及滅却段反覆御論辯有之處夫ハ如何いたし可相立哉との事ニ付公唯今拙者說を立其通り相成候得は春嶽是にて國是にハ無之眞の國是と

申ハ
天子將軍を奉初天下一統如何にも是なれハ安心と申大丈夫なる事ニ無之
而ハ不相適是迄の如く時の執權の心〻に遷り變り候樣成事にてハ夫ハ我
是と申ものにて何の益も無之のミならす却而害となる事多く候閣老若老
三奉行大小監察打揃ひ於　御前講究の上被相定可然と被仰「周防殿いつれ
節儉大變革等之義も不被　仰出しては不相適と被申「公儉約も固よりの事
候へ共號令計りにて行はれ候ものにハ無之御互ニ國家に驗ミて覺へも有
之事中〻六ケ敷拙者も變革儉約毎度やり候へ共意の如く行はれたる事な
く綿服の事なとも十餘年にて漸く一体ニ相成候位の事一藩の小なるさへ
如此候へハ天下の大なる中〻以一時に行屆可申とも不被存數年にして行
はれ可申と被　仰又別に御雜談に唯今坊主共の申合候を承候へは久世ハ
上京スルトシクシルト申候故夫は何故なるやと承候處堀田間部何レも上
京してシクシリ候へは久世も其通りなるへしと申候面白き事と承候各に

ハ是を何故と御心得被成候哉と御尋の處一同に顔を見合せ被居候內如何なるへしと被申合候得共定説無之ニ付「公是皆國是不相立して唯上京せし者の存し次第にて其他の者ハ趣意も聢と不相辨位の事故留守の間に異説起りてシクシル事ニ相成候夫故に拙者も御請不致候拙者切の事ハシクシツタ所か元ノ隱居にて何の差支も無之候得共左樣にてハ御爲に相成不申人ハ幾人代り候ても動かぬ國是相立無之而ハ關東之御威權治終一貫難致次第等御論談有之其上被　仰候ハ肥後守殿登　城罷在候處さしたる御用も無之樣子拙者儀は召出も有之各とも每ゝの御談し肥後守心中如何可有之哉拙者御相談の席へ御加へ有之候而ハ如何と御申出之處御尤至極の義私共心付不申候ハ不調らへのよし和泉殿被申上右等之御席相濟申半刻比御退出なり○此日如御內願田安殿御後見御免なり○五月十日四時比ゟ天德寺へ御參詣夫ゟ御登　城なり此比連日の御應接にて少ゝ御勝れ不被成ニ付御用も無之候ハヽ御引取被成度段閣老衆へ御申入の所暫御待被下候

樣との事ニ而午後に至り御一同御逢有之御談判の次第ハ矢張昨日の御引續にて何分國是ハ御立可被成候間御上京之義ハ御請被下候樣達而御申ニ付御請丈ゲハ可致候得共肝心の覺悟相立不申御考も可被成御互ニ召仕候家來共の內表方の者を卒然と側頭取役抔へ申付側頭取の任を責候ハヽ勤まり可申哉と御尋被成候處「周防殿夫ハ勤まり不申と被申ニ付「公拙者登　城被　仰出候より三日ならてハ立不申天下の一大事僅か三日間に會得出來可申哉近比御無体の事にて候夫故覺無之とハ申にて候急度御國是相立安心の上ならてハ決て御請出來不申と被　仰「和泉殿いつれに御改革御儉約等なくてハ難相適儀と被申ニ付　「公此改革も變革も種々段別有之事ニて故越前殿御取行ひの所ハ恭廟御時代の驕奢の流弊を矯正の御趣意に有之當今とハ時勢も致相違有之候夫さへも彼是落合兼候儀も不少と被　仰「周防殿然れハ方今と相成候而ハ撥亂反正の御趣意にも可有之哉と御申ニ付「公如何にも今時ハ守成の場にてハ無之候得ハ撥亂の勢ひなくてハ相成り

不申然すれハ變革も實に飜天倒地と申程の事なくてハ衰世の御挽回ハ甚以無覺束と被　仰しかハ「大和殿左樣にハ候得共ドゥモ本氣にハなられぬと被申一同にも同斷の由被申　「公にも同樣の旨被　仰夫故に埒明不申兎角今日を始として勃興不致してハ難相叶儀之と仰の所御一統にも明日は御役人共も呼出可及惣評積の旨被申上「和泉殿ハ何分諸事　台慮に出候半而は難相成次第と被申　「公夫は任を不當なる所へ責ると申ものにて　御英明の御樣子にハ伺候へとも何を申もいまた御年若に被爲在候へハ今日之處ハ各方　台慮に代り御勤無之而ハ更に宰輔の任に當り不申いつれの道にも取仕切り御評議有之度旨御申述此日ハ未刻過き御退出なり○五月十一日御頭痛ニ付大和守殿迄御直書を以今日御登　城御斷り被　仰遣たり○此頃ゟ廟堂ニ而頻に御上京を被促候を御斷り切にハ相成居候得とも萬一不被得止御次第に相運ひ候節御手支へ無之樣取調らへ置候樣御沙汰ニ付今日ゟ於御茶屋御家老初出勤取調らへ有之○同十二日今日も御登

十二日
此日御心得御書取出來

城無之○同十三日例刻御登　城大越殿被罷出海邸へ獨參の義ハ嫌疑に互候てハ不宜ニ付御斷り申上度段被申出其次手に御勝手向殊之外御逼迫にて眞に被成方無之御成行之段被申上ニ付　「公御勝手向も素より御大切之御儀候得共今日之急務にハ有之間敷と御申聞にて退坐之由○此日向後御用有之節ハ御用部屋へ御通りニ相成候樣被　仰出是迄ハ西湖之間御扣所ニ相成大廊下下ノ御部屋ハ御休息所なり○大和殿羽目之間にて御談の次第ハ一昨日御右筆中村又兵衞京都より罷歸り申達且所司代よりも書簡にて大和殿上京の催促有之自然御用多之故を以御斷り等に相成儀候ハヽ敕使可被指下との　御內意も有之候得とも是は所司代ニ而打消置候間廿日頃迄にハ是非出立可致との事之由上京の上にてハ橋公御後見越前公大考等之御注文出可申哉之趣申來由夫ニ付而ハ何分にも　公も御上京被下候樣頻に被相願候得共　「公にハ何を申も御出勤後纔なる御日數故何壹ッの御見込も付兼候故容易にハ難及御請と被　仰聞且於京都被　仰出儀等

有之節何事も御内定有之上ならてハ御請答にも難及譯合橋公一條抔ハ已に御內〻相聞へ候事候得(共脱カ)於此地何とか被　仰出にも相成候事歟と被　仰「大和殿橋公の御事ハ人望ハ有之候得共夫ハ內〻の御様子承知不致より起り候説にて彼卿ハ殊に權謀智術を被用候御方故大政御參預ニ而ハ御爲不可然と御役人共一統の見込にて中〻六ケ布次第之趣被申上「公內〻の儀ハ如何有之歟ハ不存候得共諸藩ハ元より草莽の士迄も希望の御方此節御相談無之てハ人心も落付不申殊ニ京都にて降　命有之上にてハ御不手際の事にも候へハ其已前ニ御取扱ニ相成候ハヽ御都合可然哉　御手元後宮抔の御模様ハ如何候哉と被　仰「大和殿人望ハ御執り被成候故歸し候譯にで畢竟御名利心甚敷被爲在御手元後宮ハ扨置御役人共一統以之外不服迚も落合不申由被申再三の御辯論と相成何分此邊の事も聢と落著不致候而ハ迚も上京難致と被　仰「大和殿ハ是非とも御上京不被下してハ難相成今日中に御請被下候樣被申御雙方の御推合ひ結局に至らすして御引別れの

由〇御用部屋へ被爲入候處和泉殿周防殿小部屋と申別御間へ御誘引にて
兩侯にも何分御上京不被下してハ相適ひ不申との事ニ付「公上京之儀は
何分見込付候上ならてハ何とも難申上決して上京を厭候譯にハ無之已ニ
家來共へ申付內ミ心支度ハ爲致候程の事候得共兎角第一の御趣意御居ハ
り無之而ハ何を目當に上京可致哉元來京師御崇奉と申儀ハ此節人口ニ膾
炙致候事にて　天朝の恩を受候事深重なる者程崇奉の筋も嚴重なるへき
ハ道理の當然にて目今の所誰人にて有之哉と被爲問「閣誰なりや心當り無
之と被答「公夫ハ乍恐　將軍樹にて普天の下タ　天恩を受るの厚き　將
軍樣に過たるハ無之候へハ御崇奉の道も又天下第一等の御崇奉無之候半
而は相濟不申其御崇奉ハ素より御誠意上より出可申事勿論之事候得共先
ミ御姿の上にても天下の具瞻感服仕候程の御義無之而ハ相成不申其御敬
上の盛大著明なるの第一ハ御上洛にて有之候數百年の廢典を被興御崇奉の
盛擧を御盡し被成候而可然則長州の建議抔も專ら其趣意と相見へ候と被

仰「閣御上洛之義ハ此頃も御沙汰有之長州抔も頻ニ希望之事候得共中ミ不容易難事なり御勝手向の御逼迫と申更に見込付兼候由を被申「公廢典を擧るには其擧けすして叶ひ難き條理を明らかにして之を決し決したる上にてハ難きを去つて易きに就かすしてハ難相成難きを先きに立る時ハ小事といへとも行はれさる事多し況ンヤ大事をやと被仰「閣必す御上洛をよからすと申にハ無之時其時にあらさるへしと存候なり三年五年の後御改革通りの御見居へも立たる上にての御義可然存候と被申　公此日本國ハ世界萬國に勝れ五千年の　皇統綿ミとして君臣の名分判然たる事明鏡を見るか如し然るを足利の末世に至り　王室以の外御衰微なりしを織豐二氏稍ミ之を尊ひ始め　神祖に至つて大ニ御崇敬ありし故　朝廷にても諸侯も叡感の餘り攝家にも超へて人臣の御取扱にハ無之程の御眷遇にて諸侯も盡く德川家ニ臣事する世界となりて天下是を至當と思ひ怪む者もなくして二百餘年の久敷を經て　幕府の威權盛榮を極められしを墨船渡來して

大ニ御武威を折られ爾後征夷の　御職任も立兼　朝廷の御不滿を生し天下の紛議を興し　幕府ハ年を逐て御不體裁之事多く外國へ被對候事件ニ付而ハ　叡慮御遵奉に至り兼候廉も出來今日と相成而ハ薩長を始め名分を論し草莽といへとも志士ハ正名を唱へ紛然たる場合に立到りたるにハ無之哉御威權の墜地ハ勿論名義の繋る處何を以御挽回何を以天下諸侯に謝せらるへき從前の舊套摠出仕御直諭位の事にて中ゝ居り合可申勢にハ無之候へハ內之御政道ハ幕私を御改革外の体面ハ御上洛之盛典を擧られ御崇奉之大義を天下に明示せられ候より外ハ有之間布と御論辯を盡されしに兩閣も御條條理ハ一ゝ御尤ニ候得共兎角不容易次第の趣を被申立公又橋公の事を御談しありしかとも是以如昨日種ゝの故障をのミ被申約る處ハ是非御改革ハ可有之候得は御上京ニ相成候樣只管被相願候得共目今の廟堂にて御見詰無之候得は御上京之儀ハ決而御請難被成と御申放しの由夫ゟ御用部屋にても一統御揃ニ而猶又御上京之儀を被相願是非今日

は御請ニ相成　台慮を被安候樣との事にて　公も强迫に御堪へ兼明日迄御考御答可被成と御申遁れの由○大越殿に御逢有之處此人ハ御上京不可然と被申橋公の事ハ御用意難仕との事の由七半時御退出なり○五月十四日今早朝雪江大久保越中守殿へ忠直節義の特操あつて朝野の衆望を負ハれし人なりけれハ公も事ゝ御相談あり彼方よりも不一方御依賴被申上たりへ御使罷出御口上之趣ハ昨日も閣老衆より頻に御上京之儀を御責望ニ付今日御返答可被成と御申延へ置にて如何に御考有之候而も御見込付兼候故今日より御引籠可被成歟又ハ御尸位にても御出勤之方可然歟との御相談なり越州殿被申候ハ兎も角も御出勤相成候樣願度との事ニ付最早閣老衆ゟ無躰之義ハ不被申樣被取計度申達罷歸り其段申上之○例刻御登城大越殿ゟ今朝被　仰下趣拜承最早御上京にハ及ふ間敷段被申上由○御用部屋ニ而周防殿ゟ亦復御上京之儀被申出ニ付　公勃然として御忿怒有之御上洛件其外事を分けて及陳述候義一ツとして御聽納の御挨拶もなく上京之儀ハ遮而及御斷猶今朝も越中迄申越候義定而御承知に可有之處

又しても御申聞候ハ拙者を何者と御覧候ての事なる哉元ゟ短才不智申迄も無之候得共何事も條理を推て及御談判候心得ニ候所御分解被成兼候哉譯もなく强而の御促迫何事ニ候哉と御詰責有之處周防殿も赧然として時事困難の餘り及失言たりと謝セられたりとそ後刻　公も亦一時怒火の發動に任セ御過言なりしを御陳謝ありしとそ○於御用部屋大越淺井も參預にて大和殿上京之義を評議有之處於彼地如何成御難題被　仰出困極に至るへき歟と種々過慮の議論のミにて結局無之由　公の御存寄如何と御談ニ付於人情左も可被爲在御義御沙汰次第に被任可然と御答之由又後宮御所風に相成候事歎息の御評議も有之ニ付是も諸侯の御住居風とて致忌憚候而も仕方無之同轍にて左もあるへきにやと御答之由○此日朔望其外御禮日には平川口より御登　城被成候樣被　仰出たり○同十五日平川口より御登　城於　御座之間　御目見被　仰上○於新部屋駒山大越被相願御逢之處大和殿上京有之候而も遂に薩州の驅役と成り可被申歟と甚不安心之次

第故上京無之樣被致度と被申上由元來大和殿ハ連〻首坐の欠員により執權之席に被進しなれとも善柔にして氣力なき人故に志士ハ大に之を睥睨せり○櫻之間御目付藤澤九太夫殿川勝縫殿介殿も御逢被相願是亦大和守殿上京危殆之趣を演達せられたり○小部屋泉防兩閣へ大小監察密啓之趣御內話之處兩閣も御同意ニ而明日可被及御議論との御談之由○此日長州長非雅樂參邸雪江及應接處演說之大略旨ハ去夏來於長州差起候國論之趣意ハ近年外國跋扈御國威踐巡之形勢ニ付方今ニ於テ之ヲ挽回するには富國强兵の政を盛んし大に航海を開ひて彼と對抗し　皇威を海外に振ひ候趣向之外有之間敷とハ決歸仕候得共先年來於　幕府外國御交際之次第京師之思召と牟𨦟し　朝幕の御間柄ニ何となく御不和を生セしに乘し輿論喧囂各黨派を樹已に　幕府の柱石を殺傷し暴激馳逐を爭ひ勤　王と稱し討　幕を唱へ外患よりも內憂切迫ニ付何分　朝幕御一和無之而ハ御武威之更張も天下之治平も不可望勢ニ付當此時ハ　將軍家諸侯を率て　御上

洛有之是迄之御不都合之御廉〻ハ夫〻御直ニ被仰譯於　御簾前列侯と共ニ今後の　御國躰如何を御議定被爲在天下之嫌疑紛冗を御撲滅追〻御內政御脩治　皇國の御武威を四表ニ被偃施候樣被爲在度と大膳大夫始一統之志願ニ付大膳大夫儀も國力を擧て周旋仕候心得候得共第一　朝廷之御摸樣如目今鎖國の御見識ニ而ハ　幕府の御威信も難被爲伸御次第ニ付先ツ　朝廷の御固陋を開き置き次て　幕府へも國論之趣建白仕度との見込ニ而乍不及雅樂儀上京の上當路の縉紳へ說入候得共數千年來とも可申鎖國見故中〻容易に御會得にも相成兼殆當惑仕候乍併主人初存立候國論貫通不仕候半而ハ不相濟儀故精神を振ひ說動仕り稍く當路の御方丈ケハ粗御合點ニも相成候哉之運ひニ相成候大膳大夫儀ハ出府已來閣老衆へ每〻悃衷申陳し且再應建議も仕り其他諸藩へも國論之當否講究相談偏ニ　幕を佐け　朝を奉し天下と心を一にして　皇威恢復を謀り聊一己の國家を利する私心ハ無之天日に矢《チカ》ひ微忠を盡し候存意之外無之處於　幕府ハ兎

角世上之紛議或ハ薩藩の持論と聊徑廷有之等旁猜疑の説を御信用ニ相成哉大膳大夫赤心更ニ貫徹不仕因循曠日不堪慨歎ニ付何分長州君臣之情義於　老公御諒察御協力御周旋被下候樣君臣共只管奉依賴候趣を以長防二州之内ニ而智辨第一と被撰たる雅樂の事なれハ國論の初發より前ニ記する雅樂の書面及ヒ君侯兩度建白之事情漏るゝ事なく落る事なく順序を逐ふて三時間計り流るゝ如く申述たり御留守中之事故御歸殿の上委細可申上と申答へ夫ゟ京攝間の情狀時事の談論に及ひたりしに約る所ハ天下之衰頽も　老公にあらすしてハ扶植の道無之故國家を擧て奉依賴旨反復して赤心を吐露せしなり元來長州ハ國力頗る雄大なりと雖共君侯良善に過き天下に横行して薩州と執を争ふの氣力に乏歟を知る故吾　老公を奇貨として其國力を假んとするハ彼藩有志輩の宿謀にして御雪寃の日を待ち過日御出勤有之哉否ャ桂小五郎雪江の許へ來りて今日雅樂か申陳たる趣意にて已來侯ゟ御懇志を被通度且御家來共も追々往來及入魂度趣等一向

依頼せし事なり雅樂か今日の來邸も小五郎ゟ先容の上なりき○此夕水府侯ゟ御同朋山方南無阿彌を以明日御退出より御來邸ニ相成候樣御賴被仰入たり○五月十六日今朝大越殿へ雪江御使被　仰付たり其御趣意ハ今日大和守殿御上京之御評議有之筈ニ付其節昨日御申立之趣猶又御主張被有之候樣被成度との一條幷御國是之御持論最早御發言ニ而も可然哉機會御相談之一條なり熟考仕り登　城之上御答ニ可被及段御請なり此御持論といへるハ近年天下之形勢御觀察あつて思召込れたる御儀ニ而御登　城以來も其端〻ハ折〻御論談被爲在候得共國是如此と御確定之御建議ハ時機御見合セ今日迄御開口無之處時勢追〻切迫ニ付大越殿ハ兼而御申合御同意之事故右御相談に及はれしなり○例刻御登　城大越殿ゟ御持論御發表可然と被申上由淺伊ゟハ京師早飛脚著　敕使御下向之沙汰之由申上之「○可省御用部屋ニ而周防殿ゟ薩州の浪人數多江府へ立入治亂可相決際ニ相成候事故　御前相願ひ申上度と駒井城州周章狼狽之由井澤作州ゟ內達有之如何

之子細候哉城州へ御尋ニ相成候樣ニと御賴ニ付新部屋へ城州御呼出御尋之處左樣之義ハ曾て無之十四日ゟ　御前相願候得共御序無之處今日越中伊賀召出ニ付罷出候との事之由○京便有之今度大原三位殿左衞門督に任セられ下向有之由右は大和殿上京段ゝ迂延ニ付島津和泉ゟ申立候事歟同人も同道之趣ニ相聞ゆる由所司代酒井若狹守殿ゟ之書面にてハ　敕使と申程之義にハ無之爲御相談下向之由申來れり大越淺伊御用部屋へ罷出大和殿上京件を初　敕使之沙汰等ニ付種ゝ御評議有之三奉行兩監察も呼出され　敕使御取扱之次第等猶又評議の上申達候樣申聞られたりとそ○公ハ國是の御持論を御發言被爲在たり其概略の御趣意ハ神州君臣の名分の正き五千年來　皇統の綿ゝたる萬國無比の盛事照ゝとして天壤無窮の大道儼然たる處　東照宮撥亂反正　王室御尊崇の御盛業を當時の　皇上叡感の餘り將軍職に任し官位人臣の極に昇セ氏の長者として牛車兵仗を賜はり兩敬に等しき特典を許して敢て臣視し給はさりしより遂に德川御家

の常例となり功勞なしといへとも將軍職を拜し三公の官位に昇り傲然として諸侯に臣事の禮を執らしめ祖先之餘光を仰ひて二百數十年來天下の富貴を私有し太平の安樂に飽たる事是皆　朝恩の忝きに出すといふ事なし然るを治安の極驕奢に長し職任を忘れ武備に懈り外國の兵威に屈して國体を汚辱し剩へ宰臣幕府の威權を弄して數々　叡慮に悖つて　敕命を奉せす無道の私政を行ふて忠良を殘害し人心の弗戾を生す天下の義勇違敕の鼓を鳴らし正名の旗を擧け勤　王討幕を公言する今日に立到れり幕府にあつて　朝廷ハ勿論天下へ對せられ何を以て此御罪責を謝せられ何を以て此御醜名を雪かるへきや速に德川氏の私政を御改良あつて兩敬の特典を奉辭し給ひ早々御上洛にて是迄の御失體を御陳謝被爲在臣事の名分を天下に明示せられ諸侯と　輦下に盟ふて　叡慮を奉し外國の交を親密にし威信を嚴明にし大ニ武備を更張して　皇國を維持し外侮を不被受樣の大策を被建候ゟ外有之間敷閣老衆御初如何御心得候哉就而も英才

にして名望ある一橋殿を京都ゟ御沙汰有之已前ニ御改革の御相談に加へられ候樣有之度と大義を明らかにし條理を推て御明辯に被及しかハ閣老初何も正大之御公論に歎服して稍昨非を了解ありし趣なりしかと目下の事務上におゐてハ御上洛の御決定も橋公の御事も　敕使御下向已前にハ御所置ニ被及兼可申哉等の御談論も有之由此持論ハ五千年の　皇統ゟ堂ゝ御説出し終始御一貫御評議毎に御主張なりし故閣中始因循家ハ窃ニ公を目して五千年と稱し奉る計りの御義なりしと○水府侯御請待ニ付御入之義閣老衆へ御談之處至極御都合ニも可相成との事ニ付暮時比御退出ゟ小石川の邸へ被爲入たり於御休息之間御閑談有之御饗應も有之四更前御歸殿なり御兇二劍被進たり右御相談之次第ハ去ル戊午の秋烈公御愼中降　敕之事代序中ニ記之ありしかと時艱ニよつて御遵奉ニも難至却而水府の動亂を生し府下へも波及せし程の件ニ相成しなり其後烈公も御下世有之藩中も今以穩かならす有之處此度前年の　敕諚ハ井伊掃部頭不都合之取計

致置ニ付改而御承奉相成候樣京都ゟ御沙汰有之たるなり右は如何御心得可被成哉との御相談ニ付當今の處にてヶ樣と事立たる筋もなく候得は何分にも三親藩の御當務　幕府を御扶け　敕意に副ひ　烈公の御忠誠如在に貫通致候樣御周旋可然近日　上樣ゟ時務御相談も可被爲在候へハ篤と御熟評被成置其節被　仰立樣御挨拶あり又開鎖の御意見如何と御尋ニ付いつれにし而も國力强盛ならすしてハ難相叶事候へハ武備嚴整經濟御引立之外ハ有之間敷と御答之由其他上方之儀なとも種〻御論談被爲在し由〇五月十七日此日は大和殿上京ハ何分見合セ可然と御評議相決し病氣ニ付延引之趣以奉書申達ニ相成由　公にハ　御使も下向之事故此表ニおゐて逢對の上可罷上と申趣意可然との御見込なりしかと衆議如前相決セし由〇駒城へ御逢廟議如斯迁延日〻御登　城之詮も無之御評議筋拤取候樣御責望の處城州ハ何分　公之御擔當ニ相成候樣致度左候ハヽ諸有司も奮發可仕と申上たり且此日　御前へ出候處難有　台慮にて實ハ御自身にハ

寒暑も眞實に御覺へ不被遊樣成世情時態に御疎き御身柄にて何事も御心不被附候へハ奥向之義ハ無遠慮手を入れ御改革取計候樣　上意被爲在由を被申上たり○同十八日御頭痛氣ニ而御登　城無之處夜ニ入水野和泉守殿ゟ知邸御呼出にて明朝ハ重き御用談有之候間何卒御出勤ニ相成候樣御達なり○同十九日御頭痛御快然不被爲在候得共押而御登　城あり御用部屋御評議ハ京都ゟ九條關白殿御義御老年と申御不快勝にて御用御差支ニ付御辭表被指上ニ付御願之通御辭職被　仰出御後職ハ近衞入道殿へ被命度御沙汰之趣御談被　仰越ニ付如何あるへきやとの御相談の由　公にハ御仁躰之義ハ曾而御承知不被爲在候得共御人望有之御方と御聞及被成候へハ御後職被　命儀素ゟ御異存無之趣被及御挨拶由此地御改革ニ付閣老初御役替之御評議有之由○大原三位殿も不快ニ付出京延引ニ相成島津和泉ハ京都引揚け蠶無之ニ付舍弟島津石見か上京を待受東下可相成哉との風聞有之由○水府藩兎角不穩趣ニ付鎭撫の爲め一橋殿を水府へ御養子

に被遣而ハ如何との御評議ニ付　公ハ夫等所謂幕私之御相談ニ而左樣なる得手勝手なる儀ハ御不同意之由を御答之由御上洛之儀を折角御主張被爲在候得共結局御入費の一件に歸し夫ゟハ先ッ御改革の方より申次第になり行き御談し寄兼候由今日御頭痛次第に甚敷御難儀ニ付御斷り早御退出被爲在たり〇五月廿日御頭痛氣ニ付御登　城無之〇同廿一日昨夕大越殿へ雪江御使罷出處夜ニ入退出無之ニ付引取今早朝罷出御使之御趣意ハ公御持論之御國是の御立方閣老衆之極意と吻合ニ相成兼候哉ニ御考御十分に御説破被成候ハヽ大徑莛を生し可申歟と御斟酌被成候如何相成可然哉との御相談なり御持論ハ　幕威を捨て　幕威を復するの御目途閣老衆ハ幕威を墜さすして復せんとの見込なり大越殿被申しハ閣老衆迚も御爲を思ひ弊政を改革せんとする趣意に相違は有間敷候得共其施行の路上に異同有之折合兼候にも可有之いつれにしても無御顧念とこ迄も御打割りの御論判に相成候ハヽ自然と御合躰ニ可相成歟と被存候由「御上洛の一件御

持論の筋にて雪江及議論たりしに是ハ大越殿少し異見有之到底御見詰無之儀を御題號に御出し被成てハ御名聞而已との説御持論ハ御見詰ハ跡の事先ッ大義名分を被立候義第一との相違に歸し論判の約る處年月の期限さへ無之ならハ被　仰出も可然との事に決したり「外國待遇之筋なとハ揔而御同論なり罷歸り申上之○今夕七時過大越殿參邸於御病床御逢あり閣老衆より御談之趣ハ明日　上樣三親藩へ御談の節尾老矦も御登城之筈ニ御談濟之處御席合等に御指支之義も有之ニ付明日之處ハ御登城不被　仰出御存寄有之候ハヽ何時ニ而も御登　城被　仰上候樣との御趣意ニ被成度との事ニ而是ハ御相談ニ被爲任御改革件も追ゝ被　仰出之御調ニ付御上洛之義も御書加へ之御評議之由猶明日御登　城の上御談被成度と之御義なりし由○同廿二日御登城有之今日御三家方溜詰同格御奏者番鴈之間詰衆布衣已上御役人一役一人登城被　仰出御三家方へハ於御座之間　上樣ゟ御直談之御儀有之相濟閣老衆一統御三家方御扣所へ被罷出　公幷會

津侯も御出席の由周防殿御開口ニ而唯今　上意之通方今不容易御時節柄ニ付御存寄も有之候ハヽ被　仰上候樣にと被申上夫レ切にて可相濟御運ひニ付　公より　上樣にも殊之外御心痛被　思召義候へハ何分にも厚御相談ニ相成候樣御取合セの處尾侯ハ事情御承知無之故御談事も御出來不被成との御挨拶ニ付　公如何にも左樣の御譯も可有御坐候へハ老中共被召呼候か又ハ何時ニ而も御登　城ニ而御尋候ハヽ逐一可申上儀と御答之由〇於御黑書院　上樣ゟ溜詰始布衣以上御役人江　上意之趣如左

近來御政事向姑息に流れ諸事虛飾を取繕ひ候より士風日ニ輕薄を增御當家之御家風取失ひ以之外の義殊に外國交際之上は別而御兵備充實ニ無之而ハ不相成就而は時宜に應し候御變革之被行御簡易之御制度質直之士風に復古致し御武威相輝候樣被遊度　思召候間一同厚相心得可被勵忠勤候

閣老衆ゟ之演達は

唯今　上意之趣誠ニ奉恐入難有御儀ニ候何れも相心得　思召之行届候様一途ニ心懸抛身命可被抽忠勤候猶追〻被　仰出候品も可有之候間心得違無之様可被致候

○此日　公より閣老衆へ御三家方始親藩の向御懇切ニ無之而ハ　幕府之御体態不相立御爲不宜趣御論談ニ被及候處時〻御馬事御銕炮抔の御相伴被命而ハ如何との御談ニ付夫ハ太平無事之時なれハ随分可然候得共今ハ御家の御安危と申程の御時節候得は則ち其筋の御相談可然御馬御鉄炮にても有之間敷と御申之處事なき御相談も六ヶ布との事ニ付此節の　勅使幷島津件抔如何と御申の處夫ハまた噂計御相談之時にハ有之間敷と被申ニ付噂にても虚説にハ無之候へハ指當り不申内か御相談と申ものいつれにも惣而御親睦の筋相立候様にと被仰談由○御上洛之義も名分大義の係る處候得は早〻懸り被　仰付御取調らへ可然と被仰立由○閣老衆ゟ　上様追〻御改革之御評議により御畜置の小鳥不殘御放しニ相成難有　思召

之旨御噺ニ付　公にも　思召之段ハ御敬服候得共畢竟御瑣事に候へハ夫を御側にて奉過稱候時ハ自然御驕慢の媒とも可相成可被遊事をさへ被遊へハ天下の富を以千二千の小鳥何計りの事なるへき兎角君側ニ正議の人有之御氣遣ひ　思召候程に有之度誰彼と申御心附ハ不被爲在候得共御人撰の上被附置可然との御談しハ閣老衆も大ニ御同意被申上由此日御目付小笠原攝津守を御小納戸頭取ニ被　仰付候ハ全く　思召ニ出候事ニ而氏ハ隨分正論の人の由之〇御側衆之内御用御取次ハ前ミゟ權勢ある要路なるに別而此節重き御用も取扱ひ候故か聲焔增長の樣に御見受被成候間以來ハ重き事件ハ閣老衆ゟ日ミなれ日に再三なれ御直ニ被爲窺候事ニなりたらハ其威權も自ら減殺して可然との御談事も是亦至極御同意なりし由〇閣老衆ゟ　公御忌掛御親類の外御外交無之樣被成度との御談ニ付御同席の御方ミ大廣間外藩諸侯へハ如是迄御交誼有之方御爲に相成候義も可有之ニ付依舊御附合被成度と御答置の由〇以來平川口ゟ御登　城ニ相成候樣

御談ニ付遠路ニ可相成御迷惑之段御咄の處御馬上或ハ御乘切御勝手次第にて宜と被申ニ付被任御談たり○所司代酒井若狹守殿ハ彦大老の撰任羽翼にて專ら　幕威更張之壓制家なる故此節勤　王の説盛ンにして甚敷人望に背き勤續きも無覺束形勢に相運ひ不日轉免にも可相成儀ニ付上方騷然の折柄故先ツ酒井雅樂頭へ京師御警衛として上京所司代御用も相心得候樣被　仰付たり此侯上京せられしかと薩長二州の武威　輦下ニ偏備セし折節なる故空敷妙滿寺の旅陣に拱手して有れとも無きか如くなりし之
○久世大和守殿家老杉山市太夫といへる者ハ先年ゟ奸曲の聞へありし者なるか近年主人の威權を弄し贓罪其他不正の事件發覺に及ひたる故大和殿ニも此頃ゟ不快と稱して引込居られしか此日辭職の內願を被指出たり
○五月廿三日御所勞ニ付御登　城無之此日脇坂淡路守殿御隱居楫水殿加判の列ニ被　仰付中務大輔と改名なり此節閣老上坐內藤紀伊守殿退役の內願あり大和殿も被引籠たり泉防兩閣は新任ニ付　台慮を以先年長く所

司代被勤夫ゟ閣老になりて以前の事共も經歷の人なる故に被　仰付たりとそ○同廿四日御斷の上午後御登　城あり中務大輔殿と初而御對談あり例の御上洛の件を嚴敷御討論に及はれしか此侯ハ京都の事情も乍古風御心得故大に御同意有し故泉防兩閣も遂ニ同議に歸セられし由○所司代も明日召下シ之奉書被指出に決し後役は松平伯耆守殿へ被　仰付御評議の所此侯ハ彥大老の頃寺社奉行にて戊午の寃獄を受理セられし事故京師の折り合如何可有之哉の懸念ニ付方今の御趣意厚御申含御指登せに相成段傳奏衆迄書通有之積の由之○今日の京報に大原左衛門督殿ハ廿二日出立來月七日出府之種ゝ風聞せる事件もありしかと橋越二條の外ハ先ッ異狀なき趣に聞ゆる由申來れりとそ　敕使持參の由にて竊ニ流傳せし　敕意書如左

朕惟ニ方今時勢夷戎恣ニ猖獗一幕吏失二措置一天下騷然萬民欲レ墜二塗炭一朕深憂レ之仰テ耻二祖宗一俯愧二蒼生一而幕吏奏曰近來國民不二協和一是以不レ能レ擧二膺懲之師ヲ一

願降嫁皇妹於大樹則公武一和而天下戮力以掃攘夷狄故許其所請焉而幕吏連署曰十年内必攘夷戎朕甚喜之抽誠祈神以待其成功昨臘　和宮入關東也使千種少將岩倉少將諭天下大赦之事且告曰國政仍舊大概委於關東至如夷戎之事則我國一大重事也係其國體者咸問朕而後定議或使二三外藩臣預聞夷戎之處置幕吏對曰　宸意事甚重難遽奉行請暫猶預既而頃日列藩有獻謀議者如薩長二藩殊親來奏事且山陽南海西國之忠士既蜂起密奏曰幕吏奸徒日多正議委地而蔑　王家睦夷戎物貨濫出國用乏耗萬民困弊之極殆至受夷戎之管轄不日而可知也矣冀擧旌旗奉鑾輿於函嶺誅幕府之姦吏或曰爲除太平浸潤游惰之弊誅京師之姦徒又曰不顧幕府下攘夷之令於五畿七道之諸藩如其衆議畢雖出于忠誠憂國之至情事甚激烈使喩薩長之輩鎭壓其他召幕府老吏久世大和守往復歷日未告唯諸而先行昨臘所喩之大赦夫大樹猶弱何失之有但幕吏因循偸安撫御失術如是則國家傾覆可立而待也朕日憂懼焉所謂偸一日之安忘

百年之大患聖賢之遺訓可鑑矣當内修文德外備武衞斷然建攘夷之功於是斟酌衆議執守中道欲使德川興祖先之功業張天下之紀綱因策三事其一曰欲令大樹率大小名上洛議治國家攘夷戎上慰　祖宗之震怒下從義臣之歸嚮啓萬民和育之基比天下於泰山之安　其二曰依豐太閤之故典使沿海之大藩五國稱五大老爲咨決國政防禦夷戎之處置則環海之武備堅固確然必有掃攘夷戎之功　其三曰令一橋刑部卿援大樹越前前中將任大老職輔佐幕府内外之政當不受左衽之辱此萬人之望恐不違朕意決于此三事是故下使於關東蓋欲使幕府選三事中之一以行也是以周詢群臣〻〻無所忌憚各啓沃心丹宜奏讜言

野史氏云此　敕書ノ眞僞共ニ保證し難しといへとも記して參考に備ふ是を眞と見做す時ハ　敕使御發遣の　叡旨を群卿に　敕問の震翰なり大原卿齎持の本紙ハ末に之を記すへし朱書一本ニ校訂ス

再夢紀事 坤

○五月廿六日御登　城如御例今日　公を御初閣老衆一同　御前へ御出ニ而愈御上洛ニ相成候樣御決評之趣中書殿ゟ申上ニ相成所　上樣にハ殊之外なる御歡ニ而當冬にも被爲在度御鋭氣ニ付　公ゟ被仰出にハ相成候共確との御見込ハ容易にハ付兼候間御布令の上御延期に相成候而ハ御不都合候得は先ツ御期限は無之御趣意のミ被仰出候樣と被　仰上ニ相成候由此節御三家方一橋殿等御召出にて御菓茶被下御話旁緩ゝ時事御話被遊候樣被爲在度と被　仰上御嘉納之由○所司代を伯耆守殿へ被　命候事會侯御不同意の儀を被發不決仍之會侯へ京都鎭撫を被命所司代の事務を兼任せらるへき歟抔との御内評も有之由○若老堀出雲守殿酒井右京亮殿ハ改革を忌嫌する因循家故轉任ニ不相成してハ難被行大目付山口丹波守殿も

同斷の由是等の人〻在職ニ而ハ難及著手趣當途の諸有司被申立別而大越殿ハ嚴敷主張の由○此日閣老上坐内藤紀伊守殿内願によつて免職なり御手自御刀を賜はり溜詰格ニ被　仰付たり○同廿七日御登城如例　今日佛國ミニストル登　營拜禮國書を捧けたり○此日周防殿ゟ又〻　公之御上京之儀を御頼有之ニ付京都へ大和殿代り周防殿上京之儀已ニ御伺中ニ候へハ御指圖の次第によつて御辭退ハ被成間敷と御答置の所中書殿ゟ和泉殿への御談にハ　公之御上京ハ執權の威勢を損し且御隱居にハ不相當之義を被論會矦上京の御内評も有之旁御引留申上度との事ニ有之由○今日御前御願ひにて君相一致ニ無之而ハ難相立次第を御列陳閣老衆を御懇親に被召仕候樣ニ被　仰上至極御嘉納の由是ハ閣老衆ゟ御依賴ありし故なりとそ○同廿八日御登城如御例○　公御上京之義ハ於御國元も一統甚御案思申上夫か爲に御家老共も出府せし趣若老衆へも御申出ニ而彌御評議延ニ相成處午後周防殿ゟ今日京報著　公御上京之義を可被　仰出哉の沙

汰有之段を申來りし由を御物語ありしとそ○會侯へ所司代被命儀已ニ伺濟にて會侯へ御内意有之ニ付家來共へ被及内談處御譜代席の勤場所故一統甚不服て難被及御請趣被申出ニ付今日閣老一統御前へ被出右之趣申上ニ相成誰をか所司代にと御評議ありしかと其人無之先ツ松平豆州抔との御評議なりし由○長州侯ハ先達而來公武の御間柄周旋之志願ニ而幕府よりも御依賴ニ付御嫡長門守殿と引換り上京の御暇被下候樣兼而内願有之此節若侯出府ニも相成候付昨夕長州知邸　造酒周防殿へ罷出猶又御暇之義及歎願且上京ニ付而ハ此表廟堂の御模樣も相心得罷登り　御不審之廉抔有之節夫〻申上度候間本日二日建白已來御評議の次第相伺度趣申達候由仍之御渡ニ可相成ヶ條書等御評議ニて御出來周防殿退出の上造酒被呼出被相渡ヶ條如左

一　大膳大夫願之通御暇被下候事　一　出京前　皇國之國是其外幕府御改正之義ニ付存寄無遠慮申上且御尋も可有之事　一　周防守多

分　京都ゟ可被爲　召候間出立暫見合セ同時之發足ニ相成候而ハ如何　一　周防守同時出立猶又　公武御合体之義周旋御賴ニも可相成哉候事　一　叡慮　御疑念之筋も有之節ハ大膳大夫の正敷心底誠直周防守猶辨解いたし長藩之意味不間違樣　奏聞致度事　右內談之趣意　一　御上洛之義ハ老中幷諸役人甚不落合之處　台慮是非早速御上洛被遊度御沙汰有之ニ付一時ニ相決し朔日比被　仰出筈以上

一　朔日比大膳大夫　御前へ被爲召昨年來之申立　御滿足思召尙又年寄共ゟ存（寄脱カ）之義可申聞旨　上意有之筈　右之趣老中ゟ申上候義にハ決而無之從　台慮ゟ之事ニ而廿八日老中被爲召於　御座之間御直ニ御沙汰之事

○政事堂を開かれ諸有司會議　上樣にも時々御臨席の御評議有之候○此日大和殿退役內願ハ御指留なり○五月廿九日御登城如御例○明日御禮後

御改革御發令御上洛等之義被　仰出有之ニ付廟堂殊之外御多端なり君側幷芙蓉之間御役替の御評議も有之由〇六月朔日御登城如御例〇御禮前尾侯ゟ御申出ニ而　公周防殿と御一處に御逢之處御上洛之御沙汰有之由候得共當節上方も不穩折柄候得は尾侯御名代ニ御上京可被成哉の御談有之ニ付此儀ハ後刻御相談も可被爲在と御答置之由〇月次御禮後於　御座之間御三家へ御直談之御義有之相濟松平大膳大夫被召出　上意之趣

昨年來段〻申聞候趣滿足いたす尚此上心付候義ハ無遠慮可申聞候

右相濟於御黑書院諸大名へ　上意之趣

近年不容易時勢ニ付今度政事向格別ニ令變革候間何も爲國家厚相心得心附之義は可申聞猶年寄共可申談候

老中ゟ申談之次第如左

今日　上意之趣誠以厚　思召國家之御慶事無此上難有事ニ候昇平殆三百年其流弊紀綱も相弛ミ武備御行屆ニ相成兼候折柄近來外國之事務頻

ニ御差湊ニ相成右御取扱振より自然天下之物情ニ差響き終ニ奉惱　叡慮候ニ至り深く恐入　思召候素ゝ　公武之御間柄聊も御隔意被爲在候御事にハ無之候得共何となく御情實通徹ニ相成兼候故より之儀ニ付速に御上洛萬端　御直ニ被　仰上度との　思召ニ而則御内ゝ被仰出ニ相成候併御上洛之義ハ寛永已來御廢典ニ相成候御式候得は萬端之取調急速ニハ御行屆ニ難相成候ニ付暫之處年寄共ゟ御猶務相願候處此度之儀は御舊例ニ不被抱《拘カ》格別御省略御行粧等萬端易簡に被遊候　思召ニ付急ゝ取調次第と被　仰出甚御急き　思召候事ニ候萬事　御誠實之思召御直ニ被　仰上　御合体御熟算之上從來之弊風御一洗御武威被遊御振張皇國を世界第一之强國と被遊候御偉業を被爲立上は　天朝の　震襟を奉安下は萬民を安堵爲致度との　思召候得は何れも厚奉得其意御政事向御變革之筋等各見込之儀も可有之候得は聊も不憚忌諱國家之御爲第一に相心得心底を盡し可被申上候猶追ゝ被　仰出義も可有之候間飽迄

も其意を體し可被抽忠誠候也
○公長州侯へ御逢にて先達而來御建白及追〻御周旋之御挨拶有之由○今晩丑半刻比英人旅宿品川東禪寺へ亂妨人有之殺傷あるに付今日營中も其調ニ而甚混雜し引續き不容易紛擾あれとも世上流布事故揔而略之○六月二日今日大和殿內願之通御役御免なり田安殿御側御用人上野山六郎左衛門御後見來不正之筋露顯爲御引込ニ相成候樣周防殿ゟ田安御家老へ御達ニ相成由○此日講武所出勤之面〻武藝　上覽有之○京報有之大和殿代り周防殿上京は不及其儀旨傳奏衆ゟ申來由○同三日一橋殿尾老侯阿州侯今日被爲召御登城あり追〻御懇ニ御相談等も可被爲在御趣意なる由阿侯ハ御斷りなりしとそ○今日　御臺樣御實母觀行院殿へ御里橋本中將殿ゟ文にて此度之　敕使は島津家の願によつて指下されし義にて　叡慮には甚御氣之毒　思召候との趣の由右御文　宮樣ゟ　上樣へ御渡ニ付表へ御持歸りにて閣老衆へ御返書御案文被　仰付候得共　公御心付にて御書面ニ

相成候へハ後證にも相成不宜候へハ御口上の御禮の方可然との被　仰上にて御書面ハ御止ニ相成候由右　宮樣ゟ御受取之節直ニ御覽被爲在候へは何とか御挨拶なくてハ御不都合乍然御趣意も御分り無之御義故篤と御披見可被遊との御事ニ而其儘表へ御持ニ相成候由　敕意ハ三ヶ條之内一ヶ條相濟候ハヽ薩州落付可申薩さへ落付候へハ別段　叡慮不被爲在との御文意ありし由

　野史氏云薩ハ衆兵を擁して入京し浪士輩の暴擧を鎭壓し一時の威力に謬り　帝帷ニ迫り强而國論の趣意を暢達セんとするの策略ハ街談巷說而已ならす如此之確證あるを以於幕府も薩の狡計を忌憚嫌惡する事尤甚しかりしなり

○今日も武藝　上覽有之　公より被　仰上しハ武事御引立之思召ハ御尤の御義候へとも此節ハ別段御用多の御折柄　上ハ御覽計にて御改革ハ閣老次第と外向より見込候樣にてハ恐入候御次第ニ候へハ　上覽ハ當分御

休にて御用のミ被爲聽候樣にと御進言ありし由○大越殿昨今東禪寺一件ニ取懸り當前之急務とハ乍申細事なり夫ゟハ大段の御改革筋之御評議拵取候樣御盡力之義を被相願ニ付其事ハ閣老へ責付可申左候ハヽ御取合セ御周旋可被成との御申合セにて夫ゟ大越殿御用部やへ被出種ミ御評議有之候御役替御評議も有之由○薩藩堀小太郎ハ此度之謀主にて三郎殿に叡旨を以和泉の名を三郎と可改旨被仰出たりとぞ是ハ窃ニ兒島三郎に擬せられしと云説あり　扈從して去月廿二日京都出立途中に追ひ拔き昨日著之由ニ而急ニ逢對之儀を申入ニ付今日雪江小屋ニおゐて酒井十之丞と一所ニ及對接たり小太郎申述る大意ハ故薩摩守殿ハ　老公無二之御知己にて天下の大事も外夷の重件も種ミ被　仰置候事之由ニ而先侯終ニ臨んて三郎殿の手を把つて國事を托セられ且　公武御合體天下一和之義を　老公へも被爲謀御周旋有之樣吳ミの御遺言有之處其砌ゟ彼是御內輪に御混雜有之御手廻り兼しに昨年來漸く御公務御從事之御運ひに相成先達而御出府の上追ミ御談も可被　仰上御積りにて大坂迄御登り

ニ相成所御承知之浪士一件ニ付　御内命も有之無據京師御滯在之處此度敕使御下向ニ御差添御出府にて　敕意貫徹候樣於關東周旋致候樣　御內命有之事之由依之段〻御奏聞之儀も有之　敕意三ヶ條之內二條ハ相減し一條相殘り有之此儀さへ御行屆に相成候得は萬端何の御子細もなく可相濟由右ニ付此件を內〻　老公へ申上小太郎ハ引返し途中迄出迎ひ　敕使幷三郎殿へも申上度候間小太郎御目通り奉願候由又三郎殿ハ七日出府ニ相成候へハ八日にハ是非御逢御願之由を申達ニ付御歸殿の上可及御聽段相答ふ夫〻京攝之事情及論談たり薩州藩士殊之外暴激一段太平之命脈を絕ち更始一新の方被成能次第にも候ハヽ何時ニ而も命脈ハ絕ち可申と勢ひにて制馭以の外手張候抔虛喝の口氣を雜へて物語れり御歸殿の上委細ニ申上之○六月四日御登城如御例○堀小太郎島津三郎殿へ御逢之義閣老衆へ御談之處御逢有之事情御聞取可然との御談の由三郎殿ハ先侯の御弟にて國住居御一門の方へ養子となられしか先侯御實子無之故三郎殿の御嫡を御

養子になされ則當薩侯是なり三郎殿ハ御實父なから御一門の家を繼かれ陪隷の格になられたれハ出府の上名義を正せハ薩州國家老之格を以御取扱至當なりといへとも目今の威力先侯の再生に等しく入京の節抔ハ大禁を犯し銃隊を率て九門内へ進入し直地に近衛殿へ推參せしかと内〻の物議のミにて　公武の諸官誰あつて其非禮を咎る者なかりし有趣《様カ》なれハ陪臣を以箝制すへき勢ひならさる故於　幕府も此御取扱筋には御評議殊之外困難なりしとそされと大越殿方へハ知邊を以三郎殿勤之節於老中開門に相成且登城相成候様將又周旋之功勞も可相立様内願ありしとそ○今日も專ら因循家便佞輩貶遷之御評議有之由○今日ゟ大小監察を初御役人揔而御用部屋へ參入して事を議するに定められしとそ○六月五日御登城前堀小太郎へ御逢有之申上たる要旨ハ　先侯の遺志を續き　公武御合躰周旋の主意右ニ付御介助相願候事○出府相願置候而の滯京無據譯とハ乍申幕府之首尾善惡關情之事○七日出府なれハ八日御逢之事是ハ御承知之旨

御答之由○出府の上閣老へ御逢被相願候可否之事是ハ御逢可然と御答之由○右相濟御登城○今日因循家の有司數輩轉遷あり御小納戸頭取田澤兵庫頭奸佞ニ付轉役之義大小監察より建言あり其他御改革之御評議殊の外煩重之由○此日於京都近衞殿關白職御内意有之○同六日御登城如御例○田澤兵庫頭外轉に決し今日　御前伺ニ相成候節中書殿申上方舊套にて罪責を曲庇し瞭然たらさりし故　公御取合セ被成大小監察建議の趣意逐一被　仰上處熟く　御了解被爲在　上意にハ兵庫儀兼ゝ御合點不被爲行擧動も有之多分丹波抔も欺れ居るならんと被　思召候由已ニ御改革御節儉の風聞にて直に諏訪平ラの御袴を上候樣成事有之との御噂にて摠而伺事も春嶽の申如く有体に申上候樣との御沙汰の由右御序に今日も武藝　上覽有之ニ付先日被　仰上御儀も被爲在候故猶又被　仰上しハ　上覽ニ罷出候御番方と申内にハ大老も有之由候へハ其者抔ハ出勤も致兼休息内願ニ而も不仕候半而ハ難適樣成事ニ相成候而ハ御引立之御趣意も却而御恕

ミ申上候者出來可申哉との御義なりしかハ中書殿夫ハ更に氣付不申事御尤至極との御取合セにて　上にも能く心附たりとの　上意にて以來御斟酌可被爲在との御沙汰なりし由中書殿御退坐の上被申候ハ　公ハ御身柄御大身と申被　仰上之次第御別段の義我ミ不可及義と殊の外感歎せられしとそ○周防殿ゟ京都ゟ之密帖被入御披見候要件ハ　叡慮唯平穩の　思召の由」中山殿の女なる皇親王の御母儀を　皇親王へ被附威權衰へ中山殿失意よりして何か陰計有之由」中山殿ゟ薩へ交通し今度之事件ニ及ふ故此邊惣而　宸襟不穩由」○御國許ゟ御家老本多飛驒松平主馬御奉行長谷部甚平御目付村田巳三郎等昨夕到著　老公御進退之義種ミ評議有之畢竟京都攘夷説被行且於　幕府御持論通り快行無之ニ付而之○七日今日　勅使御著ニ付閣老方多務御相談も難被成ニ付不及御登城旨ニ付御休息被遊○同八日今朝磐邸へ被爲入御待受如御兼約島津三郎殿へ御逢なり御對談の次第ハ先侯御遺志御繼述より始て御上京浪士一條等ニ而無御據御滯京之運ひ

と相成此度　敕使と御一所御東下等　幕府之嫌疑も無之哉如何御心配之由ニ而今後之御相談有之閣老衆へ御逢對之儀も御談ニ付中書殿ハ御内緣も有之との事故此方へ御逢可然と御挨拶の由橋公の御事ハ是非共御登庸なくてハ不相適京都の御模樣なる由等御申且於京都ハ專ら攘夷の　思召ニ而輿論も甚敷候得共此儀は識者を待さる事なから時勢俄に開國にも相運ひ兼御心痛之譯等御論談ありし由○右相濟御登城なり○今日閣老衆より　敕使御待遇之御次第御伺之所　思召を以御直請ニ相成由右御伺之節御側向襠高袴著用時風ニ走り候風儀不宜との　御沙汰有之中書殿ゟ平丹州不召《マヽ》出輕躁の義無之樣嚴敷被申聞由是ハ御改革被　仰出已來當路諸有司爲簡便襠高袴著用之向有之故なりしなり○此度　敕使持參の御封物有之今日宰相典侍傳奏屋敷へ行向ひ受取來り　和宮樣へ指上由右御開封の上ハ　御内慮も相分り可申との御事之由○六月九日今日御頭痛氣之趣を以御斷り御登城無之御國元ゟ出府の御家老甚平巳三郎等も被召出御進

退之御評議有之○今夕三郎殿御手元使として堀小太郎參邸雪江逢對御口上之趣意ハ此度　敕使へ差添東下の上精〻　敕意貫徹之義を致周旋候樣御內命も有之事候得共當節追〻御改革にて先侯の御遺志通りも已ニ行はるへき御時勢にて別段申上候程之義も無之處事ヶ間布御老中へ御出にて御存寄被　仰出候へハ又何角世評にも可相成ニ付夫も御不本意ニ付何分老公へ御縋り申上萬端御相談被成度由且京都ニおいて寂初ハ交易御斷り夷人退治と申御主意ニ候ひしかと此節と相成左樣之義ハたとひ　敕命にても難被行段ハ御斷り置候得共京都ハヶ樣成御振合故開國說ハ長井雅樂も仕損し貶黜せられ候程之義故容易にハ入兼候勢の由元來夷人御所置之義ハ根元の　公武御合躰を初萬民安堵之場へ相運ひ候上の義なるへきとの御見込之由等申述ニ付其上にての御所置方ハ如何と承りしに元來近年老中直應接之義如何にも不都合にて夫よりして取返しの難出來候事到來候へハ此格を被廢別ニ外國事務局を被設外國奉行の上に別に祿位ある人

を立(諸侯の内ゟ撰擧)此人閣老に代つて應接すへし此人ハ總而閣命を受て及應接ミミの施柄ハ閣老ニある如くニ相成候ハヽ威位も立可申歟の由」品川御殿山異人館ハ如何にも人心ニ相障り候へハ何とか被成方有之度由」兵庫開港之儀ハ殊に御好不被遊候へハ何とか相止候樣有之度由」又京都の人數ハ　公武よりの御指圖にて長州引取候事候へハ同樣引取候由畢竟先侯の遺志ハ大老の暴政を挫き候策ゟ出候事故今日となりてハ御指圖次第如何樣とも可致との趣なり○小太郎參上之義申上御逢有之右同趣申上再度三郎殿御逢被願之義を申上候なり○此日御側御用御取次藥師寺筑前守殿御役御免なり此人彥大老撰任の便佞家にて大老の腹心たりしなり此度の御改革を忌ミ顚覆せんとの密謀露顯によつてなりき

野史氏云長州已ニ勤　王の國論を發し　禁闕守護として追ミに人數を京師に上セ薩州又先侯の遺志を名として兵力を擁して上國に向ひ途中諸浪士の依賴を受けて入京し鎭撫の　内命を奉して威力を逞ふ

し専ら　敕意を奉して關東を壓し弊政を挽回して尊　王の大典を復せんとし長州ハ江戸に在つて先ツ　幕府を匡正し尊　王の事に及はんとす其情狀を異にすといへとも均しく　朝廷を奇貨とするの策なるを以て二藩の人數各千余人ツヽ　輦轂の下に群集し互ニ粗暴を極めて雌雄を爭ひ諍闘を開らくの機時を測らす剩へ各自の議論を說入して縉紳家を煽動恐嚇し加之浮浪之徒無數嘯集し攘夷討幕の暴論を主張し官家に强迫し人心洶〻として安んし難しといへとも所司代を初として幕吏の威令更に行はれす空敷手を束ねて有れとも無か如く禍難の身に及はん事を憂懼するの外なし於關東二州の人數を拂はん事を謀れとも其策の出る所を知らす　朝廷も亦朝議幕論に驚駭攪動セられ汎〻たる洋中の舟の如く東漂西流唯怒濤の勢ひに任せて楫檝を理するか如く此勤　王家の京師を退かん事を庶幾せらるといへとも又施すへきの策なく薩を鎭し長を撫し一日の安を偷むに出す二侯

も亦其眞誠に出てハ幕府或ハ　朝廷に會同して共に國是を議るへき
に二侯互ニ躱避して其面を對するを好さまるか如し　敕使を奉して
三郎の東下する實に千歳の一遇なり長州侯之を待て　敕使と共に幕
廷に會議シ曾て建言する所の國是を切瑳討論して　皇州の大策を建
へきなるを薩侯の東著する長侯ハ中山道を經て上京せり可怪の体態
なるを以薩州不快の嫌疑を懷かりし依之各藩士の互に其不條理ある
を來告して止ます是等の形勢なるを以小太郎の答る所如前記なりし
なり此時二侯兵を率て歸國し滯京の浮浪輩ハ幕威を以壓鎭せハ靜謐
目前にして改革の政治も施し易きを證すれとも二藩各私意あるを以
公道行はれす　幕府又これを行ふに力なく唯模稜の手段に困しめり
豈慨歎せさるへけんや
○六月十日今日　敕使御對顏に付早御登城あり○昨日宰相典侍か　敕使
ゟ受取來ル　和宮樣へ之　宸翰　宮樣御寫取の上可被入　台覽思召の處

御出來兼ニ付其儘を大原殿登　城已前に　御拜見被遊樣との被　仰進にて御拜見ありしに御趣意ハ先達而之如く薩慰望の　聖旨に被爲在候とそ

○本日　敕使登　營於御白書院御對顏之御式相濟夫ゟ御人拂ニ而會侯公及閣老參政伺候にて大原殿御上檀に上られ御直に言上の大意ハ夷狄猖獗已來萬民不得安堵候處先年堀田備中守上京不都合之義及言上候より事起り　公武の御間柄御行違の儀を生し爾來ニ無據今日之躰に相成候へハ何分にも夷狄掃攘萬民を安んせられ候へハ　叡慮も自ら安んせらるへく夫ニ付而は一橋殿を御後見越前ミ中將を大老となされ御政道有之候ハヽ天下太平萬民安堵可致との御趣意之由ニ而猶又　敕意御書取被指出被備　台覽夫ゟ何レも致拜見候樣大原殿被申會侯拜受候處指置れ拜見せらるへき樣なく御當惑之体ニ付　公參政ニ被命白三方を被取寄戴之られ御上檀際に被指置何も罷出頂戴拜見有之由其上にて大原殿被申候ハ右之通被　仰出候得共後見大老等之義ハ猶又於幕府本ノ厚

評《マヽ》御厚評可有之旨被申陳候
右相濟一ト通り御挨拶被申上退坐の由　敕意御書取如左
近來醜夷逞猖獗數覬覦　皇國實不容易形勢ニ付萬一於有汚國體缺
神器之事者被對　列祖之神靈是至　當今寡德之故と深被痛　宸衷候
ニ付蠻夷拒絶之　叡思ヲ奉シ固有之忠勇奮起シ速建掃攘之功上安
宸襟下救万民黠虜永絶覬覦之念不汚　神州不損國体樣と之　叡慮ニ
被爲在候事

後見大老ノヿ

○再御白書院ニ而會侯　公及閣老衆大原殿へ御逢對有之大原殿會侯へアナタハと被問ニ付松平肥後守と被答又　公へも被問ニ付御名御答之處越前ゝ中將殿ハアナタデコザルかと被申候由夫ゟ閣老衆へは各ハ被問候由應答濟一同默然ニ付　公ゟ　敕意之趣難有御次第と御禮被仰上處一同ニも段ゝ難有と被申候へハ段ゝナニガアリガタイノジヤと被答ニ付　叡慮

を難有奉存候と　公ゟ御取合せにて夫ゟ時候御挨拶一ト通りにて相濟由

野史氏云大原殿年六十二有名なる頑固の攘夷家なり先年備中殿上京の節傳奏坊城殿の關東に阿黨するを惡んて途中に刺殺さんとて走り寄て駕の簾を排けられしに人違にて其事を果されさりし程の激烈老なり此度の　勅使ハ薩と同行と云ひ前途の艱險を畏憚して堂上誰あつて及御請人なかりしに此御退隱の身なから請ふて奉　勅に及はれたり故に御待遇も一ト通りならす困難なりしハ末ニ記するか如し

○右相濟於　御前御評議有之明日は御三家御三卿へ御相談あるへきとの御事なりしとそ○今日一橋殿老當両尾侯水府侯御登城於　御座間會侯公閣老衆も御出座にて　勅諚之趣會侯ゟ被申上夫ゟ御相談ニ相成處一橋殿尾老侯ハ外國御取扱之義ハ已ニ御條約濟の上ハ御武備御嚴整ニ而從是

御開らきの外ハ有之間敷歟元來從京師不被仰越共於　幕府御所置可有之儀との御説の由尾當侯ハ首尾不都合之御説なりし由紀侯ハ御説無之水侯ハ御熟考可被仰上との御事なりし由○一橋殿へ閣老衆と御一處ニ御逢之處御身上御關係も有之故彼是御説も御扣へ目に御辭ケ間敷御様子故　公ゟ夫ハ　台慮ニ可有之被仰出候上にハ御存分可被仰立唯今其邊之御口氣ハ却而御不都合なるへくと被仰入卿も如何様是ハ不注意なりしと御陳謝之由夫ゟ御武備之御論ニて猶御書取を以可被　仰上との御儀なりし由○六月十二日御所勞之趣ニ而御登　城御斷り御家老中被召出昨日之　敕意ニ付而も猶又御進退之義種〻御評論被爲在たり○同十三日今早朝大越殿へ雪江酒井十之丞同道御使罷出御趣意ハ　敕使御應對嚴格に不相成様御心得」橋公御儀早〻御評議相成候様」被對京都御名義稱謂相立候様御評之事等ニ右等之義御心添有之候得は大越殿ゟ諸有司へ評議有之夫ゟ御用部やへ申達ニ相成御評議拵取に相成故之○御登　城如御例今日於御黒書院會

侯閣老と御一所ニ大原殿へ御會話有之確定之御談も無之由概略ハ○大原殿夷情等も粗心得居られ此節打拂抔ハ難適由被申由」 主上ハ橋越共 御承知不被爲在候得共衆人可宜と相望故宜しからんと 思召迄の事にて衆望によつて御擧用夫則 御當然なる由を被申」後見大老等之名稱ハ兎も角も御實事さへ被行候得は如何樣にても可然との御含の由何分惜ニ奉 敕之見留さへ付候得は早〻歸洛之御心得之由」關白殿若州久世等の申談不都合故萬事齟齬相成由を被申」五十七ニ而致仕當時は隱居之由被申ニ付 公及脇坂も隱居此度御推擧之一橋殿も隱居之由御物語之處兎角隱居共ハ强情なりと被及笑談近來御腹合不宜御困りの由御噺の處誰人も皆腹かわりくなれハ夫にて宜しく抔被申捴而洒落の風采の由なりしとそ○同十四日御中暑之趣を以御登 城御斷り御家老共初被召呼庿堂尾大不掉の弊 叡慮を被奉候而も御一己之御挺力にハ難被及且橋公之御義も閣老衆初嫌疑有之御評議も寄兼候御次第ニ付御進退之義種〻御評議有之○同十五日御登

城無之○同十六日同斷此日夕七時過大越殿閣老衆ゟ御使として御出　和宮樣御寫ニ相成候　宸翰御直ニ爲御見可被成との御儀候間明日は御登城相成候樣との御趣意なり且此比之御不參　御案勞　思召御内ミ御尋も被爲在候由之○同十七日御登　城有之○午後於　御前　宸翰御拜見之處外夷渡來之後世間不穩候間彌攘夷ニ相成候ハヽ萬民安堵も可致との　聖旨の由　別段宰相典侍迄右　宸翰も實ハ薩ゟ乞願候事の由兎も角も　公武の御合躰出來世上穩にさへ相成候へハ宜との　叡慮の由なりしとそ○明日大原殿登城ニ付攘夷難相成條理　公ゟ御辨解ニ相成候樣閣老衆ゟ被相願候得共御斷り御引受無之由○大奥向御人減之義御談ニ付奥御右筆之多員を難被省意味を以被考候樣事を省かすして人計減候而ハ人情怫戻を生し可申と御答之由君側御人減之義も平丹ゟハ難申上閣老衆ゟ申上ニ相成候樣との押合ニ相成有之由如何との御談ニ付是亦前同樣之趣を以御答之由○薩州末家島津淡路守殿ゟ薩當侯を世子とし三郎殿を薩侯當勤ニ被

命度内願有之候得共此義は難相整當公隱居三郎殿相續被相願候義ハ可相整との御評議の由○大越殿へ御逢攘夷之儀御辨解有之而も其跡如何相成候事歟と御質問之處其邊兼〻當惑罷在候義と被申兎角諸向因循不振之趣を歎息せられしとそ○六月十八日今日も御登　城無之又〻御家老始衆議の趣ハ是迄御家來共にてハ不容易御大任候へハ是非共御辭退可然との建議　上にハ　敕意　台慮共に重〻御才力を不被爲度甕而息の方御條理と思召御旨にて御評議團結ニ至り兼しに昨日廟堂の御模樣　敕書さへも薩の好次第と申御次第故閣老衆初も一途に奉　敕之躰にも不相運橋公の御事抔も兎角嫌疑説行はれて御評議決兼唯紛議に曠日之爲体迚も御擔當ハ難被成と御體認被遊候間御勇退之方に可被　仰決と被　仰出漸く合一之御評議となりしなり○同十九日御登　城無之今朝大越淺賀兩大監察閣老衆御使として參邸（實ニ御不快の御模樣伺察なり）御趣意ハ昨日大原殿登城の處惣体御都合宜由橋公の事彼是御談有之日〻御登城候哉と被尋ニ付日〻には無之御用

有之節登城と被答候處今日は如何掛御目度と被申ニ付今日は登城無之呼出可申哉と被申處不及其儀にハと被申由御再勤日〻御登城御政事御相談御後見御同様御心得被成候様抔と有之而ハ如何何とか御名稱も可有之哉此邊御心附の所御相談の由其他御用談被爲在○同廿日廿一日廿二日御登城無之此比中追〻御評議にて愈御家老共を以御內願可被仰立ニ決し今日知邸を脇坂殿へ被指出御家老御逢之儀を被相願候處御指急候ハヽ明朝左もなくハ四五日之後御逢可被成段御申聞之由○今日中書殿ゟ會侯始御連名御直書ニ而一日も早く御登城相成候様御申越なり又會侯ゟ別帋を以御同趣御申越なり○同廿三日今朝本多飛驒松平主馬知邸同道脇坂殿へ被罷出御逢之上　中將様御義從來御不才と申御多病にも有之御大任御堪難被成候間御政事御相談御登城之義御免相成候様御內願之趣覼縷申立候處中書殿ゟも當節柄御大切之御場合候へハ是非御登城相成候様御家來共ニおゐても御勸め申上候様懇〻切〻諭告有之御聞入れ申場へも不相運候由○

今朝雪江大越殿へ御使罷出今朝御內願被　仰立候爲御知且是迄不一ト通御入魂之御挨拶申述候處大越殿にも兼而其邊之義にも可被及歟と案勞被致候由何分唯今御引入と相成候而ハ御上洛も御改革も惣而瓦解ニ相成候間是非御登城相成候樣諭告有之其段申上之○今日島津三郎殿ゟ御所勞爲御見廻御菓子ニ御直書を添て被進たり右御書中に幕府因循にして　敕意速に貫徹セす皆自己の非力に出るよしを慚愧して愷切を極められたる御文意なり惜哉本書を失す　公も御一讀悚然たるの御樣子ニ被爲在たり此御使に來りし中山忠左衛門といへる者雪江にいへるハ先侯常にも被申且終に臨んても　越公ハ我知己なり我かなかからん後ハ　越公を見る我か如くして天下國家の事をも依賴すへしと遺言セられし事故三郎殿始薩國一同ニ　越公を仰視する事先侯に等しく死生を任セ奉る思ひをなし此度も偏に　老公を憑ミ奉りて國を出京に上り東都に下り薩一州を擧けて奉信任故三郎殿始不及なから力のあらん限りハ御手傳も可仕と思ひ入りて候

なりしかるに當府の景況廟堂の御模樣を奉拜察候處　幕府の威權全く
老公の御掌握に歸候樣にも不奉伺依舊閣老專恣の態無しとも難申　敕使
一條ニ付而も何とやら純一御尊奉にも至り兼候歟と被想像候此邊之儀は
老公の御英斷を以速に御模通りにも可相成儀と奉存候處　老公にも每ゝ
の御所勞にて此比は數日御登城も不被爲在候畢竟德川氏の天下も累卵の
勢と相成候時に當り宗室の御懿親を以天下の重望を負て其途に當らせら
れ此天下を如何被思召候哉卑賤の小臣輩におゐては何とも淵底難仕候
老公の御目的ハ何れの所に被爲在候哉伺度と詰問せし故雪江答ふらく御
申聞之次第一ゝ御尤ニ候か元來　老公に御名望に副ひ候御才德不被爲在
所謂聲聞過情にて兼ゝ御憂慚被成御座候事にて天下の大勢如此相運ひ候
を御負擔可被成御覺へ無之加之御稟賦御薄弱にて御膽力も御乏敷方今の
形勢ハ御識量に溢れ如何にも御當惑の餘り御心氣も御屛息自然御所勞勝
にも被爲成候御事ニ而曾て御度外の思召ハ無之候得共無御據御次第なる

事ハ於御家來共も恐入殘念にも存候之と申せしかハ忠左衞門席を進んて
又申ハ御答の趣一應ハ相聞へ得共夫ハ唯無御據御樣躰を御申並らへ事を
左右に寄せたる飾辭にて有志へ之御挨拶とハ難承候御不才にもあれ御弱
質にもあれ御誠心と申物可被爲在候乍恐今日迄御勤仕之御次第天下の爲
に御不才御弱質の御限りを被爲盡候樣にも不被奉存唯御一身の御利害御
進退の御上に御局脊被遊候樣に被相窺不堪憤歎候其邊何等之御譯合有之
而の御事ニ候哉と一歩を進めて說入せし故相答候ハ左樣に御傍觀に豫り
候ハ慚愧至極之義にて　老公ニおゐて御一身上に御拘ハり官途に御猶豫
ハ決而無之精〻御盡力にハ候得共已ニ御傍觀の如くに候ゆへ近來ニ至り
候而ハ只管御自分の微力に御屈度被爲在候事ニ付と申候へハ忠左衞門色
を作して又申ハ貴君ハ多年の御忠勤にて　老公帷幄の謀臣たる事ハ誰れ
しらぬ者ハ無之候其貴君にして　老公の御赤心如何と申儀を御承知なき
といふ事ハあるましき事なり段〻御申聞之趣ハ模稜御遁辭とならてハ承

り不申前にも申上る如く三郎初國を擧て奉依賴何かな相應の御手傳も仕度と存込罷在候を何の役にも立ぬ事と御下ヶ墨被成候哉　老公の御赤心是非此天下を御挽回不被遊してハ不被爲置と御身命限り思召込められ候事候ハヽ其誠心の御邪魔を致候者ハ閣老なれ諸有司なれ如何にも仕り速に取除け可申此邊が田舍者相應の御手傳にて急度思召通りに可仕候若又諸藩へ之御關係にも御坐候ハヽ是亦御指圖次第如何樣にも相働き可申相應に敢死之者も召連候得は力を以御助勢の出來候筋候へハ一歩も退き申間敷候是程ニ心膽を吐き御談論に及候事候得は何分　老公へ御進退の御赤心を御明かし被下度と詰責に及ひたれハ此比中の御內評の次第なれハ語將に塞からんとせしかとも一轉して答へしハ　老公元より御菲薄なから身命をのミ御惜ミ被成候不義怯懦にハ無之候へハ勇往決行の御赤心ハ勿論候得共夫ハ御心術上迄の事にて當途の荊棘容易に芟除すからす實に疲馬の重任と御家來共ニおゐてハ見るに忍ひす不堪之大事を慭に御擔

當ありて天下爲すへからさるに至てハ無此上御罪責ニ付唯今の處にて御勇退可然と御國元より御家老初有志輩出府いたし御討死も今日に限り申間敷と及御諫爭申上候次第にて其邊にも御當惑無之にも候ハすと是ゟ御家來共の議論に導きて漸〻に其坐を濟セしなり御登城被爲在已來諸藩の有志人傑來邸して　公武の御一和の筆陳鎖港攘夷の舌戰數〻重圍の困難ありといへとも今日の如く御將几之迄切込たる强敵にハ逢はさりしなり
野史氏云薩雄傑狡猾ハ擧世の嫌惡忌憚する處なりといへとも有志輩か先侯の遺志を奉して我　老公を憑信し奉る一路におゐてハ間然する所なくして喜ふへきの至りなりしなり雪江此信を彼有志に措くを以て彼有志も又雪江を信したり故に薩の交誼に於てハ互ニ世人に異なる所あり次に記するを見て知るへし
○今夕御頭痛强く御發熱も被爲在しかと御家老初例の面〻を御枕元に被召呼御評論ありしハ御登城御已來　上樣の御依賴と中將此度の　勅意と

中又今朝脇坂殿大越殿等の忠告或ハ薩の强迫之正論等に被對候而も御引退ハ御忍ひ被成兼候事なから如何せん廟堂の御事務更に御捗取無之　敕意さへも速に貫通しかたくして橋公の御事抔も今猶紛議するか如きハ矢張從前幕府私政の体裁御變革ニ至らす此一味ニおゐて數百年來の染習故大越殿始有司の諸有司といへとも事品ニより脱却無之所もありて　公の御獨力を以一〻破碎改良し給ん事ハ御才力に超過セし御難儀故今日の事にハ及はれしかとも　叡慮台旨及天下の有志へハ御面目も不被爲在御次第故何とかして御出勤にて思召通り御模通りニ可相成御條理ハ有之間敷歟との御講究被爲在○六月廿四日今朝大越淺賀兩大監察御來邸御病床にて御逢有り　敕使へ御返答の御書附御持參ニ而閣老衆ゟ御相談の由夫ゟ御內願の件を反覆御議論被爲在候とそ○右相濟退坐の上大越殿へ三執政ゟ密談あり是は御內願の起原於幕府御私政御放擲無之故なる事を詳辭セしめられしなり○今日之邸議ハ天下の人材を擧て幕吏に任し幕私を去る

へしといふに終れり〇同廿五日今日長谷部甚平千本藤左衛門大井彌十郎村田巳三郎等大越殿へ推參して大議論に及ひ幕私を去るへきの議ハ大越殿も同論歸著セり〇午後　御前の邸議諸幕私を去るか爲に御出勤あるへきに決セられたり〇會矦知邸小森久太郎知邸草尾精一郎か許ニ來りていへるハ　公の御所勞ハ御託言にして御辭退の御下タ構へなる由風聞せり肥後殿ハ元より不才故疾にも御辭退の心算なりしかとも當節柄故　公を依賴に登城致居候之萬一にも　公御引入に相成候時ハ一人ニ而ハ迚も難相勤唯今兩人共御引込に相成候而は世上の觀望も不穩指向き御爲にも不相成候へハ何卒不日に御出勤相願度もし又御手元なハ被　仰上兼候御筋等も被爲在候ハヽ肥後守身に代へ御取持可被致との儀を申談セしとそ〇六月廿六日今日も御快然不被爲在ニ付脇坂邸へ知邸御差出御登城暫御延引之段御斷置なり〇今日の邸議第一等の人にして第一等の事業行はるへきなれとも其第一等の人なき時ハ事業も又難しといへる難議に落たり〇

同廿七日今日も御伏枕なり○今朝周防殿公用人磯村宗左衛門參邸此夕周防殿大原殿旅館へ御出之處明夕大原殿此御方へ御出御逢對有之度由御病床にても不苦尤御料理其外一切御構無之樣との事ニ而御承知之有無被承度との事之由申達ニ付其段入御聽處御發熱の御模樣今晩方迄御考の上可被及御挨拶との御答なり○去ル廿四日兩大監察御持參ありし　敕使へ之御返答書中　公総裁御奉命之趣有之此儀は容易ニ御請ニ及はれ難き儀故御相談書ハ可有御返却との御義ニ而今朝兩執政大越殿へ持參之處大越殿被申候ハ此御書面ハ御相談之廉にハ無之御心得之爲メ入御覽候事ニ而此通りニ而已に先方へ御渡濟の由を被申たり○今晝時頃和泉殿ゟ　上樣御書御持參ニ而御相談旁御來邸有度段以御手簡御申越しなりしかと御病臥之故を以御斷りなり○此日林洞海老　命を奉して來診あり○廿八日昨夕迄御考之處御爾〻無之ニ付周防殿へ御談之上大原殿へ御入來御斷之御使者被指出たり○今朝伊東長春院法印　內命を奉して來診あり○薄暮周防

殿御直書閣老衆御連名にて御申越之趣ハ刑部卿殿御事大原殿切迫に被申聞ニ付御再勤の上輔弼同様と被仰出哉ニ御決評ニ付御相談の由の御書面ニ仍之右御返書に近來御登城も無之大原殿御面會無之事故可否之儀は何とも難被及御挨拶候得共廟議御一定ニ而御押通しニ相成候御見詰有之事候ハヽ別ニ御存寄も不被爲在段被仰遣たり○同廿九日御登城無之邸議あり○同晦日此日思召有之旨にて酒井若狹守所司代を被免後役を松平伯耆守殿へ被命たり○夜半に中書殿ゟ御直書を以明日　勅使御返答有之刑部卿殿も御後見　公政事總裁職の儀を御別紙にて大原殿へ御渡ニ可相成由を御申越なり

野史氏云此頃御登城なき故廟議の如何を聽候事を不得といへとも後日大原殿の直話に聞く所を以てすれハ橋公を登庸之件を幕議殊之外慳澁にして種〻に被相拒全權たらしむるを欲せす三郎も之を聞て不堪憤歎しか此夕両閣泉州防州大原殿の許へ參上之筈ニ付三郎大原殿と謀

つて薩ゟ三人の死士を指出し三ノ間に伏セ置き大原殿應對の結局敕意難被行場合に至らハ大原殿坐を起つて次の間へ出らるへし夫を相圖に三士両閣の坐に蹈入して違　敕の罪を鳴らし忽ち天誅に行ふへしとの牒し合セに待受られしに両閣參上の上果して大原殿の被申儀を百方抗拒ありて承引に及はれさる故寂早坐を起るへき最期の一言に彌御請無之においてハ禍害目前に各々の身上に及候か夫にても宜歟と被申しかハ両人大に避易して左樣の次第と相成候而ハ幕府の失体不容易と漸くに御請に及はれし事にて實に危急切迫の事なりしとそ橋公の英敏を閣老及諸有司の内にも畏憚する人の多かりし推て知るへし

〇七月朔日今早朝中書殿へ昨夜御廻しの別紙の内　公御奉　命之儀は御出勤中晱と御談事之儀も無之且此頃御家老共を以被仰入候義も有之御考按中之御儀故大原殿へ御渡之御書中　公御奉職之件ハ御除きに相成候樣

御返書を被遣たり　今日大原殿登城御返答如左

○此夕七時過閣老衆ゟ御使として大越殿と御同役岡部駿河守殿御同道御來邸なり於御病床御逢有之御用之次第ハ今日　敕使御登城御返答無御滯相濟由大原殿にハ今暫滯在此地之模樣見屆之上被罷歸度との事之由　公より中書殿へ之御返書其儘被入披見候處此次第にてハ困却との事にて當惑之樣子ニ付此儀はいつれに出勤の上是非爲及御請可申との御談ニ而相濟由　上樣にも其御決心にて何卒御快氣次第御登城相成候樣との御沙汰之由呉〻被申上由　公にハ其內御登城御見込通りも可被仰上段御挨拶之由刑部卿殿ニも再三嚴敷御辭退なりしかとも遂ニ可被及御請との御運ひニ相成由○同二日大原殿ゟ御使者を以御見舞御申入爲御慰藤森恭助より源烈公へ之對問書　芻言七冊御進入なり使者山科兵部と稱し來れるハ薩藩吉井仲助の更名なり○今日之邸議御出あるへきに決したり○此日薩侯

御名代御末家島津淡路守殿を　幕廷へ被召出島津三郎用向有之上京之處蒙
御内諭浪人共鎮靜相計骨折ニ而御賞詞の上御刀一腰被下趣閣老衆ゟ被申
渡たり○同三日今朝飛驒主馬両人脇坂殿へ參謁不遠御出勤可被成とハ被
決候得共いまた御全癒無之故今暫御延引之段申述處近ミ御登城にハ相成
間敷哉格別御都合にも相成趣御申聞ニ付三四日にハ御出勤に難相成趣を
申退出の由○今日大久保越中守殿御側衆御用御取次被　仰付たり○同四日
五日今夕閣老衆連署にて明六日御登城之儀被仰出ニ付御不快ニ而御登城
難被成段被及御屆たり○同六日今朝知邸大道寺七右衞門脇坂殿へ罷出御
用之次第今後の御手續等内調候處御名代ニ而ハ難相濟御廉故又ミ御奉書
出可申由此度は押而御登城有之樣御文段も相加はり可申哉の内意も有之
由なり○今日刑部卿殿へ思召を以再一ツ橋御相續十万石被進段御老中御
使を以被　仰進御登城之上於　御座之間今度　叡慮を以被　仰遣ニ付御
後見被　仰出段御直ニ　上意有之由○先達而御登城被　仰出ニ付何角と

御相談被爲任ニ付先年も御招待有之候賓師肥後横井平四郎を被爲召處幸ひ御國許へ罷出候積にて國許發足道中敦賀以南疋田驛ニ而御使に出會夫ゟ江戸表へ向き進歩今夕刻著ニ付御家老初逢對の上於御病床御逢有之今日之處御相談之儀ハ不被爲在

野史氏云此頃邸議未決之條も小楠先生を待て御進退共ニ御決著之事ニ相成有之なり

○七月七日今夕小楠堂被召出御家老初も御指加へ段〻御相談ニ相成處小楠説も是程迄切迫の御場合ニ相運ひ候事候へハ兼而御評議之通り御出勤ニ而幕府の私を被捨是迄之御非政を被改候様御十分ニ被仰立其御論之通塞により御進退を御決ニ相成可然と申上ニ付何分御登城可被遊に被決たり○橋公より御直書を以御職名御請ニ相成候様痛切に御勸誘被仰進ニ付いつれ御出勤の上可被仰談との御返答なりしとそ○大原殿より御直書持參にて山科兵部參邸せり何分御固辭と相成候而ハ　敕使の任も不相濟ニ

付御病床へ被罷出被及御討論度との御文意之由仍之明後日頃ハ御登城も可有之候へハ其上ニ而御逢可被成段御返答申出候處御登城の事さへ承候へハ御返書無之とも宜趣を申欣然として退去セり縉紳家との御書通ハ閣老衆へ御相談の上ならてハ御往復難被成御作法之趣兵部心得ニ申聞之置○同八日今朝雪江小楠堂同道大越殿へ罷出明日御登城の御案内且御持論御主張可被成思召通りをも申述夫ゟ先生も對坐ニ而時勢之談論有之先生より　諸侯參勤を述職に易へ　妻子國住居諸侯御固場御免之三策を建言有之越州も先生之卓識あつて議論之正確條理之分明なるを殊之外感服セられたり○夜ニ入明日御登城被成候樣閣老衆連署之奉書御到來なり○同九日今早朝大目付岡部駿河守殿へ雪江御使として罷出兼而御内評有之御主意を以演達の次第ハ今朝御登城の上御職名及御請候共諸御取扱御大老の御振合ひニ不相成候樣被致度左樣無之而ハ御家來共落付不申其子細は家來共一同ニ春嶽儀ハ御家門之身柄候へは御譜代衆同樣可被召仕筈ハ無

之是非家柄之廉ハ御立可被下儀と兼〻申立先達而登城已來不服之者も多分有之事候へハ唯今御大老同様抔と有之而ハ國許も及惑乱候程之事情詳悉申達處駿州も大案外之様子ニ而さてハ御家來衆におゐてハ追〻の御威勢を難有くハ不被存候事歟と被申ニ付　幕府の御依頼を受候所不本意千萬ニ而歡ひ候者ハ一人も無之と申候處如何にも御家來衆迄も御家門の意地を立られ候儀ハ御譜代衆の家來共の御役威に誇り候狀態とは格別の事にて感服にハ候得共已ニ昨夕之處ニ而揔而御大老同様の御取扱と相決し有之故一存ニ而御請合ハ難出來候得共御申聞之趣ニ而は無御據譯候へハ精〻心配ハ致見可申との事ニ付登營上り口も是迄之通りニ相願度又諸大名諸旗本其外之族諸勤事幷諸矦參勤交代三季暑寒其外役付役替等ニ付而之諸贈り物之儀ハ一切無之様被致度と申達聞屆有之駿州被申候ハ御屋敷御手遠にて御不便にも候へハ五六万石の大名屋敷御拜領ニ可相成御内評も有之との事ニ付此義ハ先日大久保淺野両君御出之節久世殿明屋敷ハ如

何と御申出之儀も有之其節家來共承り傳へ以之外慍り候而萬一左樣の被仰出御坐候而も決而御請難仕抔忿怒之義も有之趣及內話處左候而は誠ニ御不都合至極之事とも可相成抔ゝ諸事意外の事共なりと被申其上被申候ハ拙者限りの心附ニ候が清水御館ニ而ハ如何と被申ニ付御館向き手廣ニ過き持切れ申間敷被存候得共御場所ニおゐてハ誰あつて異議ハ有之間敷と申達其外萬端ニ付御老中方とハ別種ニ而御役人らしく無之樣の御取扱振り本願之趣呉ゝ申立退出せり（此被仰達貫徹し大老之御取扱にハ無之槪是迄之御振合ニ相替義無之唯御城內摠下坐營中御徒目付御先立御休息御下タ部屋御渡等之事あり諸侯初諸勤諸贈物一切無之樣大目付中ゟ一統へ御觸達有之ニ）○五半時比御登城之上於御座之間御直ニ　叡慮を以被　仰遣候ニ付政事総裁職申付クと　上意有之御拜承之御禮御請被仰上處　幾久敷と　上意被爲在由○右相濟御用部屋へ被爲入處閣老衆御揃の上にて御奉職ニ付而ハ御見込通り被仰立之御次第も御聽聞被成度との儀ニ付御申述の御大意ハ御不才ニ而御大任に御堪へ難被成儀ハ先達而ゟ逐ゝ被仰立候通の御次第候得共段ゝ不被爲得止事御

運ひにて今日と相成已ニ被及御請候上ハ是迄御老中方にて御取扱ニ相成候上を彼是と御相談被成候とハ事替り御老中方の御上までも御引受不被成候半而ハ不相成候夫ニ付而は天下安危之境とも可申御時節殊に　勅命之趣も有之惣而天下萬民致安堵樣に無之而ハ不相適事ニ候然ルを從前ハ國初已來天下の威權を擧けて德川家の幕府に歸セられたる御私を被棄御非政を改められ天下と共に天下を治められ候より外ハ有之間敷と申御議論ニ相成處中書殿幕府の私幷非政として改むへきハ何等之廉に可有之哉被承度との儀ニ付御答ありしハ　御當家幕府之儀ハ　神祖の御盛業を被爲繼御代ミ天下御威風に靡き異議無之太平を極められしに外國の交際開らけし已來追ミ幕中の御手薄なる所見へ透き候故數百年天下を幕府へ爲御任安心致居りし天下の人氣に不安心を生せしより天下ニ議論紛輿して當世に押移り候事にて其不武の衰態の外見に顯はれしハアメリカ之渡來發端にて此件ハ關東に覇府を開かれ候以後類例もなき程の天下の一大事

なりしを應接を初祕事に屬し御所置通り皆悉幕府限りの御私にて御取捌き天下の安心致し候樣に御打明ケの儀に一ッも無之和戰の義ハ諸侯へ御垂問ニ而各闔藩の衆議を凝し夫ゝ天下の御爲と存込候處を及建議候得共是も表向諸侯への御義理合一ト通り位の事ニ而夫ニ付而之御下問或ハ御採用と申廉も不相立其末の御所置ハ幕府御一己の御評議ニ成り御表發の處ハ無御據時勢とハ乍申惣而御屈辱勝に相見へ其後迚も外國關係の義ハ殊に機密ニ被成置候故如何相成候事歟と夷狄猖獗の外見を認て人心更に安著せす輿論蜂起次第に立昇り遂に　叡慮迄も不被爲安種ゝ御沙汰も被爲在候を爾ゝ御遵奉も無之外國へハ愈御親睦の姿のミ相顯はれ候ニ付
朝旨御輕蔑の筋ニ相當り愛國義勇の士心に拂戻を抱き名義名分の說起りて人心愈不穩ハ畢竟日本全國へ關係の大事を幕府一己之御裁決ニ相成
朝廷を初天下の億兆を愚蒙とし幕府閣老諸有司而已大賢にして大智ある如き形勢なる故にて是則幕府の私にハ無之哉此等の鬱憤を言行の上に發

する者あれハ忽ち幕府の勢力を恣にして上三公を黜辱し下草莽を斬戮せらるたとひ天下の爲に忠なりとも幕府の爲に不便宜なれハ罰殛躪を廻らさすして至るか如きハ幕府の非政にハ無之哉是等の縁故によつて今日の危急に迫り候事候得は私を悔ひ過ちを謝せらるゝの政治なくしてハ天下の人心服從致し難き譯候と巨細を盡して御申釋きに相成處中書殿も左樣に御明辨有之候へハ何と可申陳樣も無之如何樣私非を改良の外ハ無之と首肯せられしとそ又周防殿ハ天下と共に天下を治ると申道理ハ聞へ候得と之を事業に施す時ハ何れの地より手を下し可申との不審あり　公御答に別に方法も無之唯天下の人心に隨ひて治むる事にて天下の見て私とする所を去り非とする所を改むるの外に出す譬ハ外交の如きも　朝廷へ御伺ひ難易共に公然たる御所置に相成天下の爲とあれハ幕府の御爲によろしからぬ事も或は改め或ハ御取り棄に可相成候近く申せハ目今ハ天下と幕府との押合ひにて則公私の爭ひにて候今日相對の爭論にても一方自反

して過ちを改候得は忽ち平和に歸候も同様にて輿論の宜し所に御從ひと申事ニ相成候へハ人心忽ち安著可致候今在廷の諸臣乍憚各方を初一己の私心可有之様も無之只管御威權の衰へ御舊法の頽敗を歎き何卒して挽回せんとの忠實なる至情ハ毫も間然無之候得共其至情の事業に發候所ハ舊染の私政に外ならす候故天下の人心にハ背馳いたし候幕府へ奉する忠信の爲に天下に答ふる誠意を失ひ惣而幕府の力を以天下を治めんとする熱心のミにて天下の力を仰せて幕府を維持する念慮ハ無之候幕府へのミ厚くして天下に薄けれハ天下ハ治り不申幕府の私なきものにして天下の公なるに從ひ其人心を安んする時ハ天下幕府と一体の如く相成天下を相手とりて治んとする私の苦勞ハ有之間布と條理を推て御辨解に及はれしかハ周防殿も遂に稍く承服せられしとそ（此御應答ハ反復の御辯論にて　公より伺ひたる儘を記載せん事ハ錯綜繁重禿筆の及ひかたき而已ならす到底御奉仕御目的の御持論を以の御問答なりし故要を摘んて一貫し其綱領

を記したり）　公猶又仰ありしハ御見込は如此候得共素より御菲才の御事故御一己の御力にて行はるへき儀にハ無之候得は御同意ニ於てハ御一同ニ天下の爲に御力を盡され不肖を御輔賛有之樣被成度との御談に相成處いつれも今後ハ天下の治否に基き人心の向背を圖り御相談申上度との御協議ニ相成しとそ　夫ゟ　御前へ御召出し有之於御林息之御間御逢有之ニ付前條之次第を以反復　被仰上しかハ　上意に粗御了解ハ被遊候得とも左樣に委曲一〻に御記憶も難被遊歸する處六字か三字なるへきとの仰セニ付夫ハ如何と御窺の所六字なれハ安　叡慮爲天下なり是も三字約候ハヽ爲天下計りにても跡の三字ハ此内ニ籠り可申と被思召の由　御意ニて實ニ御感服の御開悟に被爲在由　公武御間柄の義も　和宮樣を御睦敷御大切にさへ被思召候ハヽ自然と御一和にも可相成御形容計にて御實情無之而ハ御貫通無之抔との　上意等被爲在御退坐の由○夫ゟ橋公へ御逢にて前書御持論の御見込通り被仰上所一〻御同意ニ而御異論無之由何分

幕廷之模樣更ニ御承知なく御不案內にて被成方不被爲在由追〻御談の上被及御所置度との御義ニ而御事業上の御噺も被爲在兎角御館中ニ可被任使人材無之御困り被成候由之しとそ　此度京都之御警衛幷大赦被行候儀大原殿持參の御沙汰ニ而此比中御評議殊之外困難の由御談し有之　公ハ猶御熟考可被成との御義にて御持歸り被成たり○此日大原殿ゟ御使者山科兵部を以御拜命の御歡且近〻橋公と御一所ニ御逢被成度趣御申入なり○七月十日御登城の上大赦之義ハ一日も早く御取扱ひニ相成可然趣御申出の處橋公の御說ハ第一御自身及ひ公を御始皆罪あり安島帶刀尤多罪其他も同斷當時橋公御斷獄ありても如從前なるへく櫻田一件も水府浪士不屆至極坂下も同斷現時獄中ニ在る大橋順藏尤大罪如世說陰謀同然天下の大法ニおゐて難赦大僻なる由の御論にて御同意無之ニ付夫ニ而ハ所謂幕府威權の私政に落入可申趣御談論ニ及はれしかと御同意なかりしとそ大原殿へ御出向之義も橋府の家來共の評議にて申上候所ハ御館へ御引キ付ケ

御逢可然との事之由御物語ニ付　公又夫ニ而ハ兼而の王室家にも御似合無之何分御枉駕なくてハ相適ひ申間敷との御談ハ御同意ニ而日限高家衆を以御聞調らへに及はれしとそ○大赦之義ハ閣老衆初諸有司皆不同意種ヽ異論有之大久保越州抔ハ勤　王家か朝威を假つて幕府の敵討ニ相成との説ニ而殊更不服一統ニ幕權維持盛んなる勢なる由○此日橋公御始閣老衆一同　御前へ被召出御許議有之此節橋公にも　御前ニ而閣老と御同樣御敬屈の御振合ニ付　公被　仰上しハ天下の御許《評カ》議ケ樣成窮屈なる体ニ而ハ先キ行キ仕間敷何も手を上ケ昂然と罷在候義御免ニ相成候而ハ如何と御窺の處いかにも尤なりとの　上意にて夫より御席も稍く甘き御談論の体に運ひしとそ○此日新任の所司代松平伯耆守殿へ御逢方今の見込御尋之處京師の御警衛ハ所司代の手にて力を盡し度由「御供給御逼迫を歎せし由外國御所置ハ長崎箱館を鎖し度抔との儀を開陳セられし由○同十一日御登城の上御用部やﾆ所司代御呼出ニ而一同に京師御警衛之義を御談

に相成處見込之趣猶又書取を以申上御供給之義ハ何分御差支不被爲在候樣被成上度前所司代勤中ハ極内ニ而二三千金ツヽ御手元へ指上し故表向ハ不評判ニ候得共極密ハ御勝手御都合宜譯も有之由等を被申述たりとそ○大赦之義今日も御談之處橋公御始御同意無之閣老衆にハ評定所にハ赦律といへる刑典有之候へハ評定一坐ハ其規則を執つて動かし中間敷と被中岡駿淺賀何も舊套確守御談し御行屆無之由○同十二日大赦の義ハ幕府の私權を去られ非政を被改候御信義の第一著故此頃ゟ　公も御力を被極御主張今日御登城猶更御極論ニ及はれ閣老衆ハ漸く屈服御同意被申上橋公も御自身上及ひ御實家の義を彼是御斟酌にて御抗議被爲在しハ全く御私情に御拘泥なりしを御開悟被爲在遂に赦令の御取調らへあるへきニ御決評ありしとそ此幕私の大塊を御破碎ニ及はれしハ偏ニ　公の御信義御盡力によれり○此日大原殿ゟ御使山科兵部を以當時在囚大橋順藏御赦免薩藩へ御預ニ相成水府ゟ驅込の浪士同斷「新所司代ハ戊午の寃獄管理の人

ニ而彦大老の黨與なれハ　叡慮に叶ひ申間敷趣等を御申入れあり〇七月十三日御登城有之橋公と御談シ之上　上樣御補導之義を御用御側松松《マヽ》出羽守大久保越州御呼出ニ而御談之處御手元之舊套以之外甚敷事ニ而兩人すら容易ニ　御前へハ難罷出振合にて橋公日〻之御出等ハ難事候間革弊の上ならてハ難相適其邊專ら取調中の由を被申上しとそ〇同十四日紅葉山御參詣被爲在ニ付御登城無之午後小楠堂被召出時事御講究被遊御上洛之義を盤根錯節御誠意を以御推貫き可被遊と被決〇同十五日御登城有之大赦被　仰出御取調らへ出來御書面等今日御伺濟相成由〇市尹黑川備中守御呼出大橋順藏之義御尋之處可惜一昨日病死之由此頃中病氣ニ付願之上主人へ御預ニ相成有之事之由（順藏ハ　藩の儒者にて專ら勤　王の說を唱へ水府正議黨ニも懇意なりし故《マヽ》　の嫌疑により入牢せしなり）〇　上樣今日より御發熱ニ而流行之痲疹御感染なり〇大原殿より明後十七日兩公御來臨ニ相成候樣高家衆を以被申上たり〇此日大原殿へ先日來御使者

御進物等有之爲御返禮バタビヤ新聞六合叢談ニ御交肴を被遣之御使雪江相勤處左衞門督殿御逢御直答有之明後日御入之節之義も御申眞ニ御尊奉之思召相立候樣被願度由閣老衆ニ而ハ迚も貫徹難相成と甚嫌疑之趣なり「所司代之儀も伯州ニ而ハ決而勤まり不申當町奉行も所置不得宜小吏賄賂を貪候次第等御內話ニ而此度　勅使之御取扱次第にて御尊奉の眞面目も顯はれ可申抔被申たり歸洛之路次參　宮之願被指出ニ付御指圖等彼是當月中ハ逗留にも可相成哉之趣御物語なり歸邸之上申上之〇同十六日御登城有之明日大原殿御馳走所へ(是迄傳奏屋敷と稱せしを此度如此呼ひ改めらる)兩公御入之節島津三郎殿も參合に被致度段大原殿ゟ高家衆ヲ以被申上ニ付閣老衆へ御談の上御用談席へ罷出候義無用之段橋公ゟ御斷りニ相成由是ハ三郎殿出席　勅使を擁して暴論抔を發候而ハ御面倒の次第との御相談なりし由〇同十七日今早朝大原殿ゟ御家來喜多川大膳を雪江方へ被遣大膳申聞候趣ハ今日　兩公御出之節島津三郎出席義御斷ニ付猶又御

断之御趣意相伺度と家來共を高家衆迄指出候彼是夜ニ入候得は高家衆ゟハ今朝之御達にも可相成由右は如何之御趣意に候や御内〻伺度との事之由ニ付直様出勤して申上相伺處昨日高家ゟ之申達ハ何之趣意もなく唯三郎參合候との事ニ付橋公ゟ彼樣ニ御答に相成しなり三郞へは橋公御逢も可然候得共は其段御含御登城可被成との仰セニ付其段大膳へ申聞處如何にも譯合ハ何も不申上候得共御察しも可被下と存候との事之由彼是行違にも相成候へハ今日之處体により所勞の趣にて御入り御断り被申上候半も難計候間御含相願候趣申達引取たり〇御登城有之大原殿ゟ果して御入り被相願候得共所勞之由ニ而御断り被申上由公家士岐出羽守ゟ昨日大原殿被指出之書付相達處三郞儀も御用席へ出坐被相願趣にて橋公にハ御不同意處段〻御示談の上御承知ニ相成其段御返答ニ相成處大原殿も大慶ニ而御禮被申上し由〇御上洛舟路に可被決歟と御召御軍艦御調らへ之處御修復なくては御用ニ難相成趣の由なり〇七月十八日今朝大原殿ゟ昨夜京

便ニ而被申越候　御旨も有之御談申度候間兩公樣御入之儀被相願度閣老之儀ハ御指除ニ相成候樣以書取被申出處閣老を厭除し且兩公を招來して事を議せんとの主意幕府を蔑視して不禮甚しと閣老衆初諸有司迄も大に憤激を發し議論般〻の上登城可有筈と決し　御旨も有之來ハヽ於營中御傳致有之度被成度候間登城相成候樣との御申答ニ相成由○長州知邸小幡彥七雪江迄申達候ハ京便有之伯州所司代被命件於被地不穩風聞有之ニ付其趣板倉侯へ申上候故心得に及物語よしを申たり○同十九日大原殿の一條幕廷の憤り以の外强く事情行違ひ候へハ蟻穴の禍も難測模樣の由にて公殊之外御配慮にて今早朝雪江を大原殿へ被遣たり其御趣意ハ今日高家を以昨日之御返事ニ御登城相成候樣御挨拶可有之間何分被任其意候樣被成度段謁見の上申達候處卿被申候ハ屹度廉立候　御旨ニ候得は登營勿論候得共內〻及熟談候樣との御沙汰故致登城候而ハ却而不都合と被相心得旨を被申承引相成兼候得共登城ニ相成候迚不條理には無之趣反復及討論

趣意さへ相立候ハヽ登城可致候間其儀を今一應　春嶽殿へ伺候而可申聞と被申ニ付雪江申せしハ其儀ハ心得候間唯今にも高家罷出及御挨拶候節之御再答緩急之揺き有之様ニ御取計置被下度と申談罷歸前文之次第　公へ申上處幕内之事情白地にハ難被仰聞又別ニ是故と可被立御趣意も不被爲在ニ付唯登城ニ相成候而も決而御不都合不相成様　公にて御請合被成候旨ニ而申入其上ニ而異議ニ被及候ハヽ　公御退出より御推參可被及御談との仰ニ付其段再大原殿へ申達候處其御趣意さへ相立候へハ別ニ所存無之乍併唯今高家迄及御再答候譯も有之間夫を御聞届の上御押返し登城候樣被　仰越候ハヽ可及御請との談詰ニ相成ニ付其段於封書御出勤中へ申上之○今日御登城の上大原殿ゟ公家衆を以御再答之趣御調らへの處矢張御內談の筋故御入被相願との事候得とも前條雪江ゟ申上の次第も有之ニ付御馳走所ハ御手狹ニ而御指支之譯を以强而登城相成候樣御押返し御請濟ニ相成明廿日午後登城ニ相決候由○今日田安殿御登城ニ付橋公中書殿

と御一處ニ御扣處へ御出中書殿ゟ公御後見之儀ハ已ニ御辭退ニハ相成候事候得共遂ニ御改革も被仰出候御時節繁ゝ御相談ニ相成候樣中書殿も近來之事ハ御不案内田安殿ハ御引續き御時態も御承知之御儀夫ゝ御垂示も被下度且此度橋越二公之儀ハ京都ゟ被　仰進候儀ニ而深く御辭退も有之候得共無御據御受ニ相成候義畢竟御兩卿ハいつ迄も御後見御同樣の御義候得は旁無御遠慮御相談ニ相成候樣と被申上　兩公ゟも御同樣御談ニ相成田安殿も大ニ御悅服之由田安御家老平賀駿河守御側御用人竹中半十郎も御呼出ニ而　公周防殿と御一處ニ御同趣御申聞ニ相成由○海路御上洛御用之御軍艦御修覆數月を經すしてハ不及成功旨其筋より申上ニ付猶更至急ニ出來候樣被命由○七月廿日御登城之處高家衆ゟ申上趣ハ今朝ニ相成大原殿ゟ不應存慮儀有之ニ付早ゝ歸京被致度段使者を以高家迄達有之ニ付其段早速脇坂殿迄申達處脇坂殿存慮之次第承度と高家被指越處大原殿被申候ハ昨夜も京都ゟ申來候譯有之候得共　御兩公へ御談申上候而

も迚も其詮無之間被致歸京との事之由乍併御　兩公へハ書面懸御目候而も宜其外へハ難爲見との事之由ニ付猶又橋公へも申上候樣被仰聞橋公も御聞き驚き御用部屋へ御出ニ而御一同御示談の上　兩公御出向御直對ニ而存慮御聞屆可被成趣橋公御認ニ而高家へ御渡ニ相成由（此件ハ薩藩の教唆にと幕府を蔑視し諸有司をなきものにしたる傍若無人の振舞なりと廟堂の憤怒大方ならさりし由薩藩ゟ兩三人の參謀書夜詰居由の風聞ありて虚說にもあらさりしとそ○此日薩の堀小太郎參邸幕府の因循不振を痛論して激勵愷切を極めたり○此日御勘定奉行小栗豐後守川勝丹波守より御上洛之御入費概計百五十萬金にて不容次第之由を申上しとそ○同廿一日御登城有之今日田安殿御登城ニ而橋公御始御一同へ御逢海路御上洛ハ人情の危踏所候へハ御斟酌被有之度由を御建言なりし由○大原殿ゟ　公へ御書付を以　兩公御面談之儀ハ望む所候へハ御馳走所へ御入被相願度旨又別封ニ而島津三郎殿出席相成候樣御取計之儀を被相願ニ付橋公へも御談の

上明後廿三日午後御出向可被成三郎出席も不苦段御返答相成由

野史氏云大原の　兩公御對談の節閣老の同席を忌まるゝは橋公御出身之儀を談の節閣老ハ殊之外抗拒有つて事切迫ニ及ひたりし程の議有之又島津三郎殿の脇坂矦へ對接の節脇矦の語氣幕習專らにして大ニ島津ニ不滿を抱かしめたり是等の緣故あるを橋公ハ御承知なき故大原の只管閣老を嫌疑するを甚御不平なりしなり　公も是迄ハ閣老の爲に御覆藏被爲在しかと今ト相成候事故右等之云ゝを橋公へ御吐露ありしかハ橋公も始而兼而之御疑團御氷釋にて本文之通之御返答にもなりしなり岡部駿州へも御打明けありしに此人も手を拍て無量の意味あるを了解セられしとそ畢竟大原卿ハ前にも記する如く固陋强情の激烈家にて此度の　敕使ハ一死を極めて東下セられ三百年來の幕威を取挫きて　皇威を關東に輝かさんと　敕使の權を負ひ薩州の兵力を帶ひ存分に我意を被振たり閣老を指斥する家人の如く諸有

司ニ到つてハ奴隷に等し慷慨激論罵辱口ニ任セ吾輩耳に入るに堪へさる萬〻なり乍併　叡慮の在る所なるを以特り　兩公を依賴セられたれとも橋公ハ貴族にして高遠なる故專らニ　公を要して事を遂んとセられし故　公ハ幕府との中間に立せられ屢〻御困窮ありしなり雪江使命を奉して應答する每ニ卿ハ思ふ儘に放言せらるゝ事故其儘に反命すれハ徒に幕廷の怒を激して　公武の間隔を大にする事目前なれハ卽坐にて開啓辯論卿をして稍點頭に到らしむるに多少の忍耐を持し幾許の精神を費せしなり其中におかしかりしハ卿の語塞る時ハ暫時坐を起たるゝ事あり彼參謀に咨詢セられしなり薩藩の議論亦是に亞たる大敵なりき

○此日海路の御上洛ハ御支度拵取間敷ニ付陸路急速の御調ニ相成儀　公ゟ御發議ニ而橋公閣老衆も御同意ニて明日ゟ御取懸りニ可相成との御決評の由○松伯州侯所司代の義ハ京師の聞へ不宜故被相罷會侯上京可彼爲命

歟の御評議の由○七月廿二日長州小幡彦七參邸京便有之彼地の風說ニ而ハ主人儀再ひ此表へ被召返ニ可相成由右は薩州ゟ申立の由申來ニ付昨來島又兵衞を薩邸へ遣し承合處三郎殿脇坂侯へ御逢之節右件被申出由是ハ一所ニ致周旋度との趣意の由是ハ夫切りにて此節ハ何等の申立も無之由を申セし由於廟堂右等の御沙汰の有無を伺度由之仍之曾て不承及趣を申答へたり○此日松之溜ニおいて橋公御始閣老若老衆五役寺社奉行町奉行御勘定奉行大目付御目付及ひ外國奉行一坐ニ而御殿山外國公使館引移之衆議有之といへとも不決夫に引續き大小監察より御上洛之義ハ大費至難ニ而御提擧難相成候へハ御見合右御費額を以海軍御取立ニ相成度趣即今不通之建議を發ニ付中書殿ゟ時勢不可止次第を說諭有之候得共承伏ニ至り兼周防殿迄も至難ニ同意之姿ニ而當年中にハ無覺束趣等を被申出以之外成後退ニ付　公大ニ御憤懣思召セしかと此御席ハ態と御無言に被爲在しよし○同廿三日御登城有之午後橋公御同道ニ而御馳走所へ行向ひ大原殿と御對談之御ケ

條概略一酒井若州所司代罷免後今以滯京ニ付人氣不穩ニ付在京無之樣との御談ニ付早速引拂候樣可被成と御引受之由一伯州の所司代ハ人心ニ不應との御談ニ付是ハ先年之一條ハ有之候得共相應之人物ニ候得は御趣意さへ心得候へハ勤兼申間敷との御見込ニ候得共人心ニ不應と有之候而ハ無據次第ニ付猶勘考可有之と御答之由　一　大坂御城代伯州の後役松平伊豆守ハ不適人望との事ニ付何故と御尋之處間部總州の二男なる由を被申ニ付夫式の故障にてハ難及御談と御答之由　一　和宮樣御守殿御造營相成候樣御談ニ付橋公ゟ御守殿と相成候得は御夫婦の御間柄御疎〻敷被爲成間言も行はれ易く相成不可然御手元御不自由等之義ハ如何樣にも無御差支御取計可被成と　兩公御引受の由　一　敏宮樣當時御方も御分量金も無之御流浪の御風情の由御噺ニ付御取調の上何とか可被成進と御答之由一　皇子皇女御有付キの義御談有之由　一　山陵御修覆御代拜等之儀御談ニ付是ハ至當之御沙汰ニ付早速御取調可有之と御答の由　一　和宮樣御

上京之儀田安殿ゟ關白殿へ御文通之御文段と　和宮樣橋本殿へ御逢ニ而之御口上橋本殿ゟ關白殿へ申上候趣意相違之儀は久世の謀計なるへきとの不審有之由　一　京都市中窮民御撫恤之義御談ニ付此義は篤と御取調らへ御取計ひ可被成と御答之由　一　大赦之儀被申出ニ付是ハ巳ニ被　仰出ニ相成段御答之處何故世上へ御發表無之哉との事ニ付先ッ其役筋へ被　仰出取調出來の上表向ニ相成候義と御答之由　一　兩公御大任被　仰蒙巳來御政跡の見るへきなきハ如何閣老へ御斟酌にて思召通り難被行にハ無之哉との不審ニ付天下の大なる折角御盡力ハ有之候得共不容易閣老之御斟酌等ハ聊不被爲在專ら御示談の旨御答にて二百年來の弊政を革め諸侯の困弊を救ひ萬民を安んし武備を嚴にし海軍を興され候事抔御物語の所海軍とハ何事なりやと不審ニ付夫〻御申說きにて感服有之由　卿被申しハ今日之御談ニ而ハ不及歸京候得は過日之義ハ達し直シに可致哉との御談ニ付此義ハあのまゝ御取消可被成と御引受ニ而今後ハ御不條理成儀ハ

叡慮といへとも御請ハ難被成御至當之儀ハ速に御遵奉可被成又何事によらす思召次第被　仰出ニ相成候樣御談極ニ而至極御熟和之御運ひニ有之由〇此日卿ゟ被相願島津三郎殿は御同席有之候得共別段議論等も無之諸侯御住居御手輕ニ相成候樣抔申出され候へとも是ハ諸侯の困窮を解くに至つてハ勿論の義と御答ニ相成由外ニ存寄も有之趣なりしかと今日は晩景ニ相成ニ付近日一橋御舘へ御招き御相談可被成との御約束ニ相成由御席之模樣　兩公大原殿と御上檀ニ而御對話三郞殿ハ御上檀際に罷在由御談濟の上ニ而今日御談のケ條共橋公御書付ケにて大原殿へ御示し態と二ケ條計御書落し大原殿の加筆ある樣になされたり是ハ他日遺漏の非難あらせましき樣との御心構にて橋公の敏捷を　公にも御感心被爲在たり〇七月廿四日御登城有之昨日大原殿と御談件之内所司代の事ハ大原殿の被申處尤ニて大監察等も同論なから跡を會津と申處遠國故迷惑之次第可有之なれとも其他更に可然人物無之姫路抔酒井雅樂頭可然歟抔とも申達せし由「敏

宮様御一條ハ久世勤中取調の書面有之御取調の上御方可被建との御談の由「若州は早〻引拂候樣閣老衆へ家來呼出申達ニ相成由「皇子皇女の御有付幷山陵之義ハ兼而御評議有之事之由○今日川勝丹波ゟ御上洛ハ迚も御六ヶ布候得は　公御上京にて被　仰譯有之樣申上ニ付　公御申にハ被　仰譯御聽納れニ可相成定見有之者を被遣可然　公にハ可被　仰譯御定見無之趣を以御答之由○岡部駿州ゟ御上洛の見込書指出處鄭重盛大時勢ニ不適次第ニ付橋公初御一覽而已にて兎角の御評議にも不被及由(御上洛件如此異議の生し來るハ近來有志の諸有御撰擧ニなりし故不憚忌諱直言せる故之)○同廿五日御上洛之儀は　公專ら御盡力ニ而去月朔日被　仰出にも相成處近來ニ至り紛〻異議を生し退歩之姿ニ相成ニ付　公御痛憤ニ堪へさせ給ハす御持論に今一層を被加昨夜中御書取御出來今朝御登城之節御持參ニ而先ッ橋公へ御示談の處御同意ニ付夫ゟ閣老衆へ御開示の處此頃中彼是と危踏れし事故周防殿ハ猶種〻御討論あるありて漸く首肯の姿なり

しとそ

今般御上洛之義ニ付取調の上建議の次第目前之御時態を斟酌して圓熟之見込共一應尤にハ相聞候得共元來之著眼方今之御政体此上非道之御取行ひ無之順正ニ幕府の政權を維持すへきとの事にも可有之候然ル處此度之儀ハ寛永之度太平を文飾セられ候御上洛とは反對ニ而國歩艱難之時に當り衰運を國初之盛代に御挽回有之幕府之義ハ不及申大ニ日本國を可被與御創業御同樣之御趣意候得は御上途之次第も揔而右ニ本付キ取調らへニ可相成事ニ付其子細と申ハ近年幕府之御政道被對　天朝御筋合相立兼候廉〻も不少擧世之傍觀する所夷狄を敬重せられ彼か申立之次第ハ不抱《マヽ》難易御聞届ニ相成　天朝をハ輕蔑せられ被　仰出義共一〻御遵奉ニも至り兼候姿ニ有之神州固有之人心を激し有志の慷慨を起し大老を刺し閣老を傷け浪士の爲に　幕府を驚動し威權共ニ地に墜るの時勢により薩長二州之如き　公武之間

隙に乘し各　御合體を周旋すへきの國論を主張し又浪士の無賴微力之黨に到つてハ奮激に堪兼身命を擲て勤　王の義兵を動かし太平の命脈を絕ち　幕府の非政を一頓に改革せん事を企望し天下已ニ動亂に及はんとするの勢に迫り六月朔日の降　命に相成候事にハ無之哉於是天下目を刮ふて新政の臧否を觀んと欲す此時に當つて幕府尊王之御誠意弊政御改革之御盛跡赫然として御事業に顯はれすし而ハ天朝の御疑惑ハ不及申何を以天下人心の不平を釋くへきされハ何事も被指置候而直地に　御上洛有て是迄之御不都合共御恐入被思召候御次第を被　仰譯且今後御親政之御見込も　宸襟を安んせらるへき爲に被　仰上將咋年　姬宮御降嫁之御禮等も被　仰上　公武眞之御一和ニ至候ハヽ　叡慮之御安著ハ不及申天下始而尊　王之御誠實に感服し再ひ關東之威令を仰望するに至り可申ハ偏ニ此御上洛之一擧ニ有之治亂興亡之大機會ニ而縱令如何程之御失墜有之ともいたせ天

下の動亂には御替へ難被成事候へハ利害上にて申候ても　御上洛之御入費ハ信義と太平とを御買取に相成候御用途と御決定有之一万兩ニ而も百万兩ニ而も御有金之多寡に應し如何樣ニ被成候而成共　御上洛ハなくて適ハさる事に而候此義を被止海軍を被興候も此儘之御政躰ニ而は外國ハ扠置內亂足下に生し海軍ハ何之御用ニも相立申間布候譬ハ失火を救ふに火防之器械全備を待に遑なく有合次第ニ而火元へ駈付可及鎭防義專要たる如く御行裝御入費之御取調らへよりも天下太平之御取調らへこそ肝心之義と被存候　御上洛之義ハあれハ治り無れハ亂るへき堺候へハ無くて叶ハさる義ハ喋ゝ呶ゝを待さる事ニ而候尤今日御指支勝ニ而御出來兼被成候尋常之事實を以取調候ハヽ可爲書面之通候得共天下之擾亂に替へられ候非常之英斷を以無二無三に御押出ニ相成候所を以て見据へ候得は又强ち難き事にも有之間敷候先ッ御供勢之義ハ兩山御參詣之趣ヲ以御取調ニ相成候ハヽ

何時ニ而も御差支ハ有之間敷候御供之面々も成丈ケ壯年之者被召連何れも歩行たるへく無據向五十已上或ハ痛所有之面々ハ通し日傭の山駕に乘り可然候大身ハ鎗壹本手廻り一人兩掛一荷たるへく小身ハ鎗一本兩懸片方ニ而も可相濟候左候ハヽ御役人に歸すへき限も有之間布候萬石已上之供奉も右ニ准し御府内供連之振合を以致省略候ハヽ及疲弊候程の迷惑も有之間敷候扨道中筋之義ハ昨冬之御下向と違ひ御朱印之繼立を被相止寄セ郷等之苛政を省き宿繼人足有合之外ハ通し日傭雇ひ人馬ニ相成候ハヽ宿驛之困窮小民の煩ひにも相成間敷道橋等及修覆嚴重被　仰出豫め見分之者等不被指出御差懸り御指支之儀有之候ハヽ夫ハ其時之事と被成置候ハヽ海道筋之煩ひ難義も有之間敷　御宿城御本陣之義ハ遠御成御膳所之御振合を以極々御手輕之御取調ニ而普請修覆等之間も無之程に被　仰出相應之御手當等被下置候ハヽ是以決而困弊ニハ至り申間敷候尤京都表之義ハ老中方之内早

急被罷登　御所向之御都合始夫〻前條之御趣意へ本付被取調御待受被申上候ハヽ是以御指支ハ有之間敷事ニ御坐候此度之義ハ迅速御手輕ニ相成候程　御德誼も御威光も被爲立隨つて天下も安堵すへきは更に疑ふへき事無之　公武之御間を和し天下へ尊　王之大義を被示候御義實ニ之に過きたる切要急務ハ無之候左も無之して何を以て　公武御合躰弊政御改正之御信義を天下へ表示致すへき哉薩長初間に乘し勤　王を唱へ京師へ押出し候擁兵ハ如何して解き去り可申哉平生を以評議すへき時ならさる事ハ確乎明著之事ニ而候二百年來太平之流弊ニよつて諸事文弱鄙重にのミ成行たる染習を御脫有之信義眞率之御擧動日本國を興さるへき憤發勇銳御身を以て先キたヽせられ候御盛業今日に顯はれ候へハ是迄被　仰出迄ニ而不容易と危踏罷在候天下の耳目を一新し日本全州之正氣を一時に振起し御改革之御趣意も是よりして御行屆ニ可相成事必然たるへき事なり又海上より之

御上洛書面之難義左も可有之此義ハ不案内之義故難及辯論候得共陸路之英斷を以申試候ハヽ唯今御用ニ相立へき一隻之觀光丸を　御座船とし其餘ハ文祿之度朝鮮渡海之心持にて悉く日本船ニ而御供可致事ニ相成候ハヽ御碇泊之御日數さへ被延候ハヽ是以御指支ハ有之間敷と被存候事　七月

右御書取岡部駿州へ御渡なりしとそ○大原殿ゟ御談に及はれ候所司代之儀ハ如何と高家衆を以被伺ニ付若州へ御達ニ相成候書面御廻の由同時脇板兩閣へ對面被致度と被申越ニ付御馳走所ハ如何にも手狹ニ而御用談之席にハ無之故御登城相成候樣被相答由○七月廿六日今日御登城前御兼約にて島津淡路守殿へ御逢有之御內談之次第ハ當薩侯修理大夫殿幼年病身ニ付三郎殿を當代に建度との修理大夫殿內願之由ニ付右は倫理戾り候故御不同意之趣御答之處夫故願候義ハ難相成故　台命ニ而被　仰出被下候樣との內意ニ而左樣無之而ハ一藩落合兼候勢之由乍併迚も難相適義候ハ

ゝ番代被命被下候樣との御願之由右相濟御登城右件も種ゝ御內評有之由
○大原殿ゟ胸痛に腰痛を兼難義之由ニ而明日之登城御斷り之○橋公閣中
之模樣御承知無之ニ付兩三日御用部屋御出座諸有司奏請評議之有樣御實
見有之由○會津藩秋月悌次郎方へ來り當御時体會侯も廟議に參與之儀ニ
付御家臣共ニおゐても交誼を結ひ懇意に申合セ度趣申出會盟相催候義を
申談するに付同意之趣及挨拶たり此悌次郎といへるハ上方筋へも遊歷し
交りも廣く頗る有志にして經世の伎倆を抱けり兄懸りなるか近來小給ニ
而儒官ニ被召出し由學才も相應に有之樣子なり○同廿七日今朝岡部駿河
殿へ雪江御使として罷越御上洛之件再應之見込御尋之趣申入處御答之概
略「此頃ハ御城內にさへ殺傷有之如き危險の世態ニ御輕裝甚御案事申上且
御威光も無之諸藩之非笑も可有之歟「御入費如何にも不容易夫か爲ニ御貯
金御遣ひ拂ひニ相成候而ハ今後事あるニ臨んて被成方無之事「御若年を御
案事再度御後見を被　命候　大君之　御上洛ニ而被　仰譯ゟハ御後見總

裁之御方御名代御上京にて被　仰謝候方御相當なるへし御若年之御方ニ而ハ却而御不都合なるへき歟「御道中筋如何に御省略ニ而も不一方困弊ニ及ふへきとの事「京都所司代大坂御城代ハ不在薩長之人數ハ京攝ニ横行するを其儘ニ被成置御上洛御調らへハ御不都合之由「御省略之道遍く御行届之上御簡易ニて被為入候ハヽ人心も安堵可致御輕卒ニ而ハ人心穩なる間敷歟等之見込之由を申されたり雪江云委細罷歸り主人へ可申聞候得共主人之持論ハ過日も書取被指出候通ニ而大ニ趣意を異にし　朝廷初天下名義を唱へて　幕府の失体を攻撃致候時に當り何を以て天下へ信義を示し何を以て天下の耳目を一新仕るへき今ハ幕廷ニおゐて　朝廷を欺妄する念ハ萬ゝ無之候とも　朝廷ハ猶御疑念も有之候哉外藩の兵を被留置候にても知るへく候人信義を執るに身命を捨るか其極にして最難事なり　御上洛ハ信義の極なり難事なり危險を踏ミ難事を行はれて後初而　天朝と天下へ信を得へきとの見込ニ候と申述たりしかハ猶衆議の上於營中可申

上旨を申されたり駿州御答之趣ハ罷歸り申上たり○若州跡所司代之儀は先日より之御難評に而會津と申儀も有之候得共御普代之勤場處故藩論不滿之趣ニ付伯州へ被命處是亦故障有之赴任ニも難及此節　輦下へ諸藩士浮浪輩嘯集不穩折柄一ト通り之普代衆ニ而ハ鎮撫も行屆申間敷門閥と云ひ兵力も有之會津之外は有間布ニ付新たに京都守護職を被命御警衛向一切擔當と申事ニ相成候ハヽ君臣共ニ滿足も可致との御決評ニ相成右之趣公御退出ゟ會邸へ御入ニ而會侯近來御所勞ニ而不勤之會侯及重役へも御相談ニ可被及御談之處御退出薄暮ニ相成ニ付今日は不被爲入しなり○七月廿八日昨夜ゟ御腹瀉御煩ひニ候得共强而御登城御奉職之御禮被　仰上相濟御斷りにて早御退出なり○今日會邸へ可被爲入之處御所勞ニ付會藩家老共御呼出之處今八時過家老横山主税參上ニ付於御病床御逢有之京都守護職被命度御評議之趣御内談之處主税申上候趣ハ近年總州御警衛被命兵事打續勝手向大疲弊ニ及ひ且京都守護と申時ハ二百里之遠程達響應援之便宜に事を闕き

慥に職分可相立見詰付兼候得は會侯如何可被及御請哉之趣申上退坐之上扣所に而雪江ゟ淵底承糺候處申出候ハ卽刻之御請ハ唯今申上候通之事候得共先達而も御沙汰有之事故其節藩中同志の申合見候處ニ而は京攝之間ニ而土地を以御手當被成下候ハヽ農兵にても取建候而ハ如何と申事も有之候得共是ハ多欲之事故難申出趣ニ付其段卽刻申上候處不避嫌疑存分申達候樣との御沙汰ニ付其旨申聞猶引取主人へも申聞一藩內評も可仕趣ニ而引取(主稅六十有餘之老躰ニ而執權之老職之由忠實堅固の人物ニ而持重甚し)○夜に入り此頃ゟ被相願し永井介堂殿被罷出御逢有之處薩州堀小太郞惡事一件申上(當修理大夫殿先年ゟ彼是御申立參府延引之處當年は是非なくて叶はさる次第ニ相運ふ處參府相成候へハ幼年之事故永く滯府ニ可相成儀左候而ハ於國元事を謀るに便ならさる次第有之故其參府を妨くる爲に小太郞一己之私斷を以當春江戶屋敷を自燒し普請出來迄參府延引ニ相成樣に仕構へたる儀追ゝ露顯且船中にて人を殺せし惡事等も有之由)典

刑ニおゐて不赦之大罪早〻御所置不相成候而ハ御大法も不相立一藩中も更ニ不折合趣密訴之者有之由を密〻上告セられし由
野史氏云永井介堂ハ昨夢紀事ニ記したる部屋住にて被召出御勘定奉行迄勤られし永井玄蕃頭殿なり戊午の寃獄に係累し嫡子を被召放て禁錮セられたりしか後禁錮ハ免されしかと世外之身となり浪人の体ニ而本家永井家の下屋敷ニ幽居セられたるを近來の時勢となり去ル十九日被召出て　御雇被仰付たり先年御懇意なりし御因ミを以て出身以來御使等を被遣たり此度薩州の　勅使に倶して東下し暴威を振ひ幕府に抵抗するを慨歎の折柄謀主たる小太郎か惡事露顯之次第密訴の者有之ニより幸ひに元兇を挫ひて勢焔を撲滅せんとの忠憤に出たるなり
○七月廿九日御不例ニ付御登城御斷りなり○今夕薩藩堀小太郎大久保市藏中山忠左衛門ハ不參せりを雪江方へ相招き酒井十之丞長谷部甚平大井彌十郎村田巳

三郎等集會時事を談論ス彼等ハ頻に　公御上京あらハ大原殿三郎も一所ニ歸京御一和調熟相成候樣致度趣を主張せり又外國事務局を置き外諸侯をして當らしむるの議を陳し又幕廷諸有司の忠邪を分ち黜陟あらん事を論して主眼專ら板倉侯を斥して奸物とせり開國説ハ邸議同論なりき○七時過横山主税參上申達趣ハ此間御沙汰之次第主人へも申聞及衆議候處何分百九十里を隔たる京都守護ハ難相適趣種〻難澁之廉〻申立書取を以御斷り申上會侯ゟも御直書ニ而呉〻御斷り姫路侯御推擧有之由右主税中立之趣申上書取も指上處御一覽之上主税被召出被　仰聞候趣ハ先達而所司代之名目御家柄不相當ニ付御辭退之譯も有之ニ付此度ハ名稱を被改御談ニ相成處守護之文字より兵備ニ亘り事六ヶ敷御申立候得共畢竟此節　公武御合体之御趣意を厚相心得以來外藩之間隙に乘し不申樣　闕下を持固メ可申爲め忠孝義勇の御家風天下の矚望なるを以貴藩へ被命　叡慮も人心も被安度との御趣意にて兵備ハ要する處に無之自然人數入用之節ハ兼

而被命置候近畿之諸侯へ會侯指揮有之候へハ御手勢ハ無之とも指支之義ハ有之間布候得は守護之名目ハ如何に被改ても宜敷姫路抔ニ而ハ大任無覺束趣御説得ニ而會侯にも今一應御熟考にて何卒御請に相成樣被成度と御申聞之處主税申上候ハ人數を以守護而已之事候へハ人數さへ有之候へハ相勤まり候へ共仰セ之趣ニ而ハ尚更不容易大任ニ而中〻主人始此表限りニ決斷ハ難仕國元家老共へも早打を以申越評議の上ならてハ御請難仕趣を申上て退出せり

○八月朔日御登城有之○今早朝永井介堂へ雪江御使罷出密告之件摠而確證之有無御尋之趣之處同人登城之上御直ニ可申上旨を被申たり○於營中此件御評議ニ相成處幕之手へ捕縛處刑と申事ニ相成候ハヽ於彼藩物議を生し可申ニ付犯罪之次第御達ニ相成於彼藩仕置ニ相成候樣明後日御達ニ可相成と被決由○八月二日御登城有之○兼約ニ而今午後會津野村左兵衞方に被招酒井十之丞長谷部甚平村田巳三郎同道罷越秋月悌次郎小室金吾

及宇都宮藩老間瀨和三郎等集會時事及談論(主人野村左兵衞ハ長沼流之軍學家ニ而諸藩にも門人多く會藩第一等の人物なる由にて一藩の依賴たり、病身之由ニ而此日も腹痛難儀なりとて退坐勝にて果敢〻〻敷談話もなく器量の程も見へさりしなり間瀨和三郎ハ戶田山城守殿の弟ニて一門家老の間瀨氏を冒したり世才穎敏にして謙遜甚し後本姓に復し大和守に任し山陵奉行となれり○同三日御腹痛ニ付御登城御斷り○今朝脇坂殿宅へ薩州知邸西筑右衞門呼出堀小太郎御仕置爲御任一件を被申渡由○同四日御登城無之○脇坂殿ゟ御直書ニ而昨夜深更に西筑右衞門罷出小太郎へ申渡處罪狀覺へ無之段申達ニ付彼是議論差起り當惑之趣申達ニ付內調ニ相成有之證書等被爲見何分早〻御仕置有之樣御申聞之由御通知なり○同五日御登城有之○今朝脇坂殿ハ薩家老呼出之處島津登罷出ニ付小太郎御仕置一件猶又早速取計相成候樣直達之處今晚國許へ差立可及仕置及御答候由○同六日御登城有之○今朝脇坂殿へ西筑右衞門罷出小太郎儀愈今晚國元

へ差立候由昨朝登儀昨夜差立候趣申上候ハ嚴威に恐れ狽狽セし申上之趣
申達セし由右ニ付廟議之次第ハ薩之中立反覆曖昧にして難分候へ共昨日
登か答へたる趣を眞實として早〻呼戻し於此表仕置可被申付自然等閑之
儀於有之は呼出御調ニ可相成趣猶又筑右衛門呼出以書付申渡ニ相成由○
今夕雪江御使として横山主税方へ罷越申入趣ハ先達來京師以之外御手薄
にて　朝廷にも御不安心被思召候御模様にて一條殿ゟ熊本侯へ御沙汰之
趣も有之（是ハ一條殿ゟ御近緣之譯を以　公武之御間御周旋有之樣熊本侯
へ御沙汰有之趣今朝熊本御家老共ゟ御内〻申上有之故之）次第にも候得は
早速御請被　仰上候樣御催促之御趣意なり右之趣會侯へ申達の上申出候
ハ國許へ及評議候返報今以無之ニ付慥成御請にハ難及其上會侯御所勞出勤
之程難計趣を答たり○此夕西筑右衛門脇坂殿へ罷出昨日薩州ゟ飛脚著小
太郎上屋敷自燒之姦計於國計露顯罪狀明白之由申來ニ付彌於此表仕置取
計度含之由然ル處此件ハ長州ゟ幕府へ及密訴如此運ひニ相成由嫌疑之紛

議を生し一藩不平紛〻之由小太郎儀ハ圍牢へ入れ五人ッヽ警護致居候由中山忠左衛門大久保一藏等ハ同志之事故彼是心配も有之由三郎殿も稍解悟之趣之由を內達セし由○同七日大原殿ゟ登城之上橋公御始メ閣老一同揃之上御相談申度儀有之趣被申出候得共會矦ハ先達ゟ御所勞中書殿豐前殿も今日ゟ不快ニ付斷りニ相成由○島津三郎殿　公武御一和周旋浪人鎭定之功勞有之ニ付從四位中將に被任由風說有之由監察ゟ申上有之大原殿之登城も多分此等之義にも可有之哉三郎殿橋公へ御呼寄にて　兩公ゟ不當之儀を御說得可被成哉の御談も有之候得共今一應確證を得候上可申上との事ニ而御見合セ相成由○比來久世安藤兩矦勤中之不正逐〻露顯にて御內評之義有之由○永井主水正殿再嫡子被　仰付京都町奉行を被命たり○此日長州小幡彥七長谷部甚平方へ來り於京都大膳大夫ハ滯京守護長門守へ東下周旋之儀降　命ニ而三日京發十四日出府之積之由周布《スフ》政之助桂小五郎陪從の由申達セし由

野史氏云政之助小五郎何れも檢使目付といへる役前ニ而藩中ニ而特選之人材なり長州之藩制國老一人ニ各手附之檢使目付一人ツヽありて執政の共に議する處ハ檢使目付も共に之を議して評定する事故格式ハ平士たりといへとも威權ハ殊の外盛んなり畢竟執政各自之參謀官執政之能否も參謀官の甲乙を以權衡する故各員の執政同等の權力を有する樣セし物にて面白き制度ニにて政事の淵源賞罰の出所なるを以精撰して擧用する事なりとそ就中政之助ハ益田右衛門介の手附にて一藩の望を負ひたる者なり時務により其手を離れて東西ニ奔走して要衝に向ふて周旋せるなり

○八月八日御登城有之○追ゝ京都之事情切迫ニ相聞ニ付（去月下旬より天誅と唱へ九條殿諸大夫島田左兵衛大尉を始として暗殺梟首等之暴行頻繁なり）橋公へ御談の上何分會侯御請之運ひニ相成候樣　公ゟ御勸誘可被成との御決評にて御退出より會邸へ御出向侯へ御對面ニ而段ゝ之御運ひ御諭告有之横山主税用人堀七太夫も其席へ被召出御嚴重之御說得と相成承

服之上明日以書附可申上段及御請候由〇今朝島津淡路守殿周防殿へ被罷越此度堀小太郎之義被　仰出一條薩州家ニおゐて一統不服暴發之程も難計趣被申出ニ付周防殿被申ハ御大法通りニ取扱候得は町奉行手へ召捕可及處刑處御家柄と申格別之御憐愍を以為御任相成候由を被論證書共をも被為見しとそ此節淡路殿ゟ先達而及内願候義三郎へ相聞へ嫡子を指置相續抔と申儀ハ思ひもよらすと大ニ不興にて叱られ候間彼件ハ御聞流し相願度と謝し被申由〇大久保一藏も參邸拜謁相願しかと御登城刻限ニ相成ニ付御逢無之由薩の内狀探索之趣ニ而ハ三郎殿稍姦物なるを會得有之御書附相渡候樣との事ニ而伊集院橋次小太郎禁錮の暗室へ持參候處兼而覺悟致居候義長州之譏間行はれ候事と被存候間何時にても御國元へ被遣被下候樣立派に及御請由小太郎之件ハ擧邸愉快を唱候勢の由之〇同九日御登城有之〇岡駿永水ゟ申上る薩之内情伊集院橋次ゟ相聞ゆる趣ハ國事不得止次第有之三郎殿廿五日比出立京地ニ二三日逗留歸國ニ可相成由歸

國之上隱居ニ可相成哉之聞へも有之由　横山主税參邸昨夜之御請書井ケ
條書指出此條〻御聞濟ニ不相成候而ハ御請出來兼候趣之別ニ雪江迄指出
二ケ條共入御覽所御相談之上御返答可被成との儀主税申聞之○源烈公御
儀は御愼中之薨去ニ而水府ハ勿論天下之有志痛歎之次第ニ有之處近來之
御時勢已ニ大赦も被　仰出ニ付當八月十五日ハ大祥之御忌辰も御相當故
先達而ゟ追〻廟議之上(水府有志之者共ゟ　公へ内願之義も有之　公にも
不大方御周旋被爲在しなり)左之趣を以御代拜被遣段今日礫邸へ御内意有
之由

烈公御義天下之御爲多年御忠誠を被盡時〻御建白も有之　王室御尊
崇之御高義宗家御輔翼之御忠實別段之御義之處先年不慮之御厄災に
て御愼相成候得共此儀は一咋年御宥免被　仰出候處無程御下世ニ相
成御哀惜思召候此節柄御在世にも候ハヽ時〻御登城御對顏にて御相
談も可被爲成義と一入御殘念思召候仍之御年回旁爲可被慰英靈瑞龍

山御代拜を以御香奠可被供との御沙汰候事
○八月十日同十一日御登城有之○今日於松之溜橋公御始閣老大小監察之內參集會藩申立之條〻種〻御評議之上周防殿御出ニ而永主水ゟ會重役へ示談可然との事ニ相決し　公ゟ主水殿及會侯へハ主稅七太夫今夕參邸相成候樣御直書被遣由○御歸邸之上主水殿主稅七太夫へ御逢有之一應之御趣意被　仰聞夫ゟ於海手御茶屋三人對談主水殿ゟ會侯ゟ被指出候逐條押合の上決定就中未決之三條ハ諸浪士の件　御上洛之件所司代の件なりしとそ○今朝永井主水殿ゟ今般之御歡且上京之用途旁金一千金御贈ニ相成雪江御使相勤之○堀小太郎天祐丸之蒸氣船ニ而今日薩州へ檻送之由○同十二日御登城有之○橋公昨夜ゟ御腹瀉之處今日大原殿登城一同御逢可有之御兼約故押而御登城相成候得共勝れ不被成ニ付御退出ニ相成大原殿へハ俄に御斷相成處閣老衆へ御用談有之由ニ而登城有御談之趣ハ此頃近衞殿ゟ諸大夫下向三郎官位之事申來處推任敍之事故幕府ニ而思召無之候得

は大原殿より直達之積之由被申出ニ付刑部卿殿出勤之上御談ニ可相成と被答今日は御談ニハ不及之よし○右相濟別段　公には御逢にて卿と御一所に御上京御周旋有之樣御勸めニ付御見詰無之而は御上京難被成段達而被仰立候處左候ハヽ先ッ御上京之事を御申出置追而御上京ニ而ハ如何との御談ニ付夫ニ而は矢張御食言ニ相成段御申立之處左候ハヽ御上京被成兼候譯御書面ニ而も御指出被下候樣との御懇談相成由「三郎ハ國忠第一之者ニ而彼者機嫌宜樣御取扱ニ相成候へハ九州一圓ハ太平に歸し可申抔被申又三郎と組合居候と御見受ハ無之哉抔笑止之義を被申由」　敏宮樣御住居御取建ニ可相成段御物語之處頗喜悅被致由「所司代之義會へ被命之儀御斷之處可然趣ニ被申由卿も三郎も無程出立之積之由被申上由○同十三日永主水殿被仰遣御逢小楠堂御呼出爲御引合有之小楠より承込之趣ニ而薩州不軌を懷き伏水ニ滯在　皇威を挾んて九州之諸侯を使令せんとする風說有之由を密啓せり　公よりハ東發之末在京か又ハ歸國か兩途の決歸を可及密

披旨を被仰談たり〇右相濟御登城有之〇今日所司代ハ會津被仰立之通可被仰付ニ決し牧野備前守殿撰用之由〇三郎殿官位ハ愈御斷りニ被決由〇同十三日御登城有之〇今朝大原殿へ御直書を以御書取被遣雪江御使相勤處御逢之上御申聞之條ゝ大略會へ守護職被命上ハ所司代に及間敷兩端ニ相成如何可有之哉との事「公御上京難被成委細ハ大原殿ハ被致承知候へハ歸京之上可被及　奏聞候得共薩州ニ而不致承知候間薩の承知致候樣に御書取御指出ニ相成候樣被致度との事「薩關東を仕課ふせ來たと機嫌能候へハ浪士共も致安心候勢にて浪士共ハ薩か一ト睨ミ睨候得はどふでも相成候間薩の機嫌さへ能候へハ浪士も宜樣にいたし引取候事「三郎國政致心配候樣兼而　幕命有之候得共此度之一條ニ付半途にして出懸候事故何分一應ハ歸不致候半而ハ難相成と申居候由乍併京師へも暫ハ御引留可被成土州と引替候樣之運ひニ相成候半も難計抔被申事「兼而御沙汰有之候濱御庭拜見ニ被托十分ニ御懇談意中を盡し被申度由御合躰之義も少ゝ御費に

ハ可相成候得共如何樣にも御調和可相成見込有之由候事「廿日大原殿廿二日薩出立之心筭之由右等之趣登營申上之○同十五日今朝永井殿ゟ招ニ付雪江罷越處會津之所願是非所司代ハ別段被　仰付候樣との事「國許へ遣し候家來罷歸候上ならてハ難及御請候間夫迄延引之由廿一日比にハ罷歸筈之由此兩件申上呉候樣との事なりき其段申上之○御登城有之○今日被爲召土州容堂君御登城於御座之間御逢有之時事御對問等有之　公も爲御取合御出座之由右相濟閣老衆一同にも御逢有之由以來ハ不時ニ諸侯被爲召御逢可有之御內評之由此事ハ容堂君ゟも御建議有之由○今日脇坂中務大輔殿三ヶ條之罪を引て要職之御內願有之由一ハ御上洛被　仰出のミにて今日迄御見詰付兼候事二ハ堀小太郎所置を被錯幕威を損候事三ハ御尊奉筋快行セす　敕使淹滯ニ相成候事等之由○八月十六日今日於濱御庭大原殿御饗應有之　公及閣老衆永井主水殿等御出有之漁獵等被命種〻御馳走初更過御退散之此節大原殿と御對談之略「所司代之儀も從順者被遣候段御

噺之處夫なれハ可然と被申由｢供御御不足之儀は一ミ御談も繁瑣ニ付以前
御賄方相勤當時御疊奉行相成候篠原藤次郎御呼出ニ而御聞取御斟酌相成
候樣被致度と被申由｢三郎官位之義ハ如何之御答ニ可相成哉と被申ニ付
公廟堂之評議別段といたし今日御懇談之廉ニ而御存分御申試被成候へハ
三郎如何程大功御坐候迚従四位之中將に被敍任候而ハ餘之超越不都合に
ハ無之哉と御申之所卿中將ハ淺官ニ而於京師ハ容易之義と被申ニ付　公
朝廷之御振合ハ不存於關東は諸侯之極官ニ而當時之加州之中納言先ミ之
薩州宰相殿ハ別段之義其他ニおゐて中將に超へたるハ無之候へハ三郎如
何程勤勞あるにもいたせ厄介之身分突然極官に昇候てハ諸大名落付不申
其上乍恐　天朝　敕使も　幕府も皆失体三郎も面目處ニハ無之種ミ之惡
評を受け上下一ッとして取得無之事ニ可相成哉と甚御心配之趣御物語之
處如何にも不都合之と會得之樣子ニ付三郎へ說得之義御申試の處種ミ勘
考の上是ハ摠裁ニ而も　敕使ニ而も不宜容堂殿可然歟と被申由｢御上京御

斷御書取之表少〻好ミ有之畢竟薩へ爲見候證據物と被申由「浪人共之義御談之處是ハ多分薩ゟ扶持置致候者共候へハ薩へ御談ニ相成候ハヽ埒明可申自然不承知ニ候ハヽ降　命ニ取計可申薩の手に泄居候分ハ町奉行ニ而召捕所置可然と被申由○此日安藤對馬守殿勤中ニ不正取計方有之ニ付村替場所御取上ケ隱居の上急度愼久世大和守殿勤中不束之取計方有之ニ付御加增壹万石被召上隱居の上急度愼被　仰付たり○同十七日御登城有之○大原殿へ昨日之御挨拶旁御書面末ニ記ス雪江御使相勤處御逢有之御申聞之趣は昨夜は薩人歸邸を待受居り官位一件如何之談ニ相成候哉と承り磯ト當惑一寸遁れに三郎に逢可及物語と答へ置たり何分廟堂上ニ而成否を押合候樣ニ而ハ不面白候へは內輪之處ニ而爲濟申度右ニ付卿ゟ說得ニ相成候ハヽ先達內意申聞候節辭退之手紙も指出有之事候へは今更否とも難申可有之と存候得共兎角家來共にて落合兼候譯も有之慥成見詰ハ無之元來大廣間大名落付不申との事候得共如此大功有之上ハ特典も有之筈なりたと

ひ昨日之議に服し罷歸候迚夫切りにて相濟譯も有之間敷候得共何分精〻
心配ハ致見可申候此事ハ昨日之御談にハ無之候へハ一應御斷りニ及候間
不苦思召候ハヽ左樣取計見可申歟との事ニ付直樣登營相伺ふ處兎も角も
可然說得相成候樣御賴被成度との御儀ニ付其段再大原殿へ出及御答たり
○御上京御斷り御書面如左
私上京仕候樣御內　沙汰之趣も承知仕候上ハ不取敢參上勿論之義と
ハ相心得罷在候得共奉蒙　鈞命候已來未タ日淺く不肖之私故廟堂之
樣子も篤と淵底不仕且諸役人共善惡邪正も十分相辨へ不申仍之國是
之儀も一定に歸し兼候次第も有之候故唯今之處ニ而上京仕候而も奉
應　叡慮程之御請答も不得仕却而奉辱　敕意候時宜とも可相成哉と
深以奉恐入候加之別ニ內願之志無之とも難申譯も御坐候ニ付旁以今
暫上京御請及延引候へハ何分にも可然御取計之程奉願上候尤乍不及
飽迄　敕意を奉し精〻盡力一日も早く上京之運ひニ仕度とハ奉存候

得共元來非才之儀故忠邪を辨し國是之廟算相定候迄には多少之日數も相費候半而は難相適義と奉存候間此段厚御含之程伏而奉希上候已上

八月

此節　公へ御頂戴之由ニ而　主上御持の御扇子を御寄贈給りき○永主水ゟ薩狀探索申上候趣「大久保一藏中山忠左衞門等小太郎に同腹セしかと改心セし由小松帶刀も同斷是ハ周防殿へ罷出國議申達度との事も有之由「小太郎ハ一昨日汽船ニ而國元へ指越由帶刀ゟ有志家老木入攝津迄急度仕置相成樣申遣ハセし由「小太郎遊所へ罷越探索書永水ゟ相廻されしを見て詳細悉知を恐懼せし由右等之事共之由○探索中小松帶刀周防殿へ罷出度と申儀も有之旁帶刀を明夕或ハ明後朝周防殿へ被呼出虛心を以今後之進退所置浪士取計方等被承調可然と御談の由

野史氏云薩の事情言行背馳廉も有之浪士輩之鎭撫を名とすれとも陰

ニ從憑の体無之とも難申於京地浪士及二藩激家之暴行近來ニ至り尤甚敷於府下も時宜ニより暴發も難計影闇を聲言して　幕府を警動セんとの謀主ハ小太郎ニ而一藏忠左衞門ハ同志帶刀も黨類なる由なりしも追ゝ探索の趣ニ而ハ小太郎の一件より漸ゝ改心セし趣なり乍併今後の擧動何等之著眼なるへし哉と閣老初憤怒に嫌疑を加へ疾視甚し仍之此度當地出立前登營ニ而御褒賞も有之度との内願ありといへとも其節ハ府下往來之通り此供連等も不法として幕廷の怒り甚し薩侯之風体にて登城の含ニ相聞へ幕議ニ而ハ陪臣又ハ厄介之振合を以御取扱無之而ハ幕府之作法不相立御威光にも拘るとて不相決然るに前にも記する如く薩の御家に依賴して他事なれハ例に替る事なけれハ幕にても彼の歡心を失はすして虛懷を以駕馭の術可有之儀と　公にハ懇に御周旋ありしかと遂に閣老初の疑團ハ氷解セすして何事も奸賊視するの念を先とセられて公平の評議に至らさるハ　公も數ゝ御辨解ありしかと徹

底ニ至らさりしなり薩の功罪相半するハ論を俟されとも因循の評議に日を曠ふして賞功の典を行はれす不滿を懷ひて歸國せしめしハ廟堂又私を忘れさるの咎を免れすといふ也

勅使及薩の爲にハ　公も無益に局外の御精神を勞せられたり

○今夜五時過大原殿ゟ御使北川大膳を以御申越候趣ハ三郎殿ニ御直談の御積にて明日可被罷趣《マヽ》と御申入之處七時過ニ返事有之此頃所勞にて對面不相適候間小松帶刀ニ而も可指出哉と申來候へとも直談ならてハ難行届筋故被相斷しよし今朝御談之義ハ有之候得共右之次第にて難及手關候間此段御承知ニ而明日登城の上正面の御談ニ相成候より外致方無之との御口上故其段申上たり○八月十八日御登城有之○今日八時頃大原殿登城有之㝡初　兩公御逢有之夫ゟ閣老衆一同被罷出島津三郎官位推任叙之御答有之大意ハ中將ハ武家極官之姿ニ相成有之處此度三郎一時ニ超越叙任ニ相成候而ハ諸侯一体ニ落付申間敷此格例を揔体ニ及ほす時ハ是迄之中將ハ

宰相ニ不相進してハ難適譯と相成諸侯之官位亂禮ニ及ひ武家之制度相立兼候三郎の功績あるも濫官と成てハ諸大名不平の基と相成諸大名の不平ハ則　朝廷之御不爲第一之儀候へハ此度之儀は京都ゟ之　特命にて幕府不及關係譯候得共御相談と御坐候からハ御不爲ニ可相成と存付候儀不申上も不忠之筋故不被憚恐御答之趣專ら橋公の御演說ニ而　公ハ折〻御取合セヽニ被及し由大原殿被申候ハ被　仰出候而も三郎ハ御辭退可致由ニ而大原殿ゟ内意被申越し時三郎辭退の返書を被指出由周防殿被申候ハ辭退ハ先方の事ニ而被命ハ此方の事之辭退無之節ハ勿論被命ニ相成候筋故辭退の有無ハ不及論不被命筋ハ難被命との一議を被出和泉殿被申ハ此度之事被仰出通りニ相成擧世至當御尤之義と可申哉不當不尤と可申哉此兩樣如何御考被成候哉と被詰卿も遂に屈伏せられ唯當惑の由を被及歎息猶又被申しハ三郎へ官位之代りに御取扱の被成下方ハ有之間敷歟彼者不機嫌ニ而ハ御爲不宜京師の浪人共も彼者之存次第の由を被說出ニ付和泉殿被申

しハ三郎先達而建白にも　公武の御爲三國を擧て私なき由有之又此辭退書面も至極尤之筋ニ相聞ゆる之然る上にて思ふ樣ニ無之迚不平を抱き候而ハ國忠の論說も悉皆虛妄と見做すへき哉との詰問にハ大原殿も辭屈せしとそ今日御返答之御次第ハ尙又橋公御書取にて御渡可被成との御約束にて暮時前退出の由○同十九日今早朝岡部駿州へ雪江御使ニ被遣御趣意ハ周防殿小松帶刀へ御逢にて嫌疑を去つて御打明御談ニ相成彼方ゟ申出儀も眞實に御聞取他日之證跡を御取押へ置可然との事　一官位被下候を修理大夫へ讓り度との內意相聞ゆる事　一三郎登城の節四品之席ニ御取扱幷三本鎗爲持候事等も內意相聞る事右件〻駿州心得に御御申入之旨なり三郎御取扱之義ハ監察局正論を持し甚難議の由を駿州被申たり○今朝御登城無之午時ゟ一橋御舘へ被爲入島津三郎御招きにて御談事旁御馳走も有之由京都浪人引取方之儀御談之處是迄引合有之分ハ引取候樣可被取計と申上之由○今夕小幡彥七參邸今日長門守殿參府島津三郎殿方へ立寄

面談之義兼約相成有之處橋公へ罷出候由ニ而俄ニ斷りニ相成甚不都合之由橋公へ御呼寄ハ御指懸り之御用なる哉否の義を内密取調候樣(二藩之不和此如此件ハ薩無狀ニ似たれとも双方之是非畢竟不得辯之)○同廿日御登城有之○周防殿小松帶刀ニ御逢置ニ相成候ハヽ今後之御用便にも可相成と御懇談有之候得共無益之由にて御承引無之由○島津三郎殿御登城褒賞等之義も遂ニ御決評無之旨を御屆ニ相成たり○大原殿へ此度之官位修理大夫へハ可被下三郎殿ハ願之上分知ニ而從四位侍待位ハ可被下旨永主水を以御答御申越ニ相成し由○八月廿一日御登城有之○大原殿明日御出立ニ付御暇乞御使者雪江相勤之爲御餞別羽二重五十疋雲丹二壺被遣之御逢之上御滯府中御懇意之御禮謝有之其語次御申出之趣ハ昨日永井を以御返答は有之候得共何分當時と相成候而ハ三郎歎ひ浪士引連歸國之運ひと相成候得は京都も平穩に相成　叡慮も被安候間左樣之御取扱ニ被相度官位之儀此度ハ御趣意通り御斷之趣歸京之上及　奏聞其上ニ而再　敕ニ相成

候節御請ニ相成候ハヽ被對諸侯被仰譯も可有之其上ニ而三郎へ被　仰付候へは三郎ハ必御辭退可申上夫ニ而　叡慮も關東之御趣意も相立又三郎之謙讓も相立何方も都合可宜被存候間左樣之御評議ニ相成樣願呉候樣御申聞ニ付其段以書面營中へ申上之○今日島津三郎江戸出立上京なり○同廿二日今曉丑半刻比横濱越州屋善右衞門ゟ急便を以注進せし趣ハ昨廿一日七時比島津三郎殿歸國道中生麥村子安村との間の松原通行之節英人四人馬上ニ而先供之内へ乘込ニ付供之者直樣切付ヶ一人ハ即死一人ハ腕を落され一人ハ腹を突かれ一人ハ婦人ニて少〻疵を受迯歸る由依之神奈川横濱邊以之外騷動せる由なり○昨日御申込有之今日御登城前於常盤邸松平長門守殿へ御逢有之右は於京都長門守殿へ　御内命有之ニ付而之御相談なり　御内命之御趣意ハ戊午以來御不幸之御方上ノ分ハ夫〻御赦免有之候得共末〻之分いまた御沙汰無之ニ付早速御赦免相成候樣且櫻田坂下等國忠之爲に死候者も夫〻御沙汰有之樣との　思召の由且又水戸前中納

言殿へ御贈官有之樣との御事之由「水戶當中納言殿へ前公御遺志御繼述の被仰出有之樣との御儀之由右兩通之御書面ニ相成有しを御登城之上御直ニ被指上度との御伺之由御相談之上可被及御挨拶と御答置之由右相濟御登城有之○薩人殺英之一條神奈川奉行及薩州ゟも屆有之廟堂甚混雜御評議中亞蘭兩國之ミニストルより第二時より强而三時迄ニ應接願出周防殿御宅ニ而和泉殿御一所ニ應接之處彼申ハ昨日之一件是迄之浪人抔と違ひ大名相手之事ニ而英も專ら大名を目指途中ニ遮り討取らん抔との評議ありて何分不容易模樣ニ付兩ミニストル罷越扱ひ見申度解死人ハ是非御指出ニ相成候樣との趣ニ付被任其意候由」昨日は薩之通行と聞き關門を〆切置候處四人之者ハ船ニ而罷越候事ニ而彼等も實ハ不都合之由なり○夜ニ入越州屋ゟ注進英之ミニストルコンシュル始會諸之次第ハ度〻の間違不都合至極ニ付此度ハ待テミ〻を不聞入當時碇泊之軍艦ニ而押寄せ江戶一之大名将軍家ニを擒にせんとの激論と又上海に停泊の軍艦をも呼寄其上の事に

せんとの兩議未決之樣子なる由を申越せり○大原殿今朝御出立之處右件ニ付途中氣遣ハ敷故御徒之者七十人護送被命由今晩ハ品川泊之由○薩英之事件種〻風聞有之由薩ハ態と暴行を以夷情を激して事を釀し幕府の困難を來たさんとの策に出て三郎殿も駕を出て指揮ありし抔とも聞へ廟議ハ薩を惡ミ英を恐れ疑懼模稜之評論而已にて更に一定之劃策も無之由公御歸邸之上小楠堂及執政其外要路之向被召集御評議ニ相成處此度之義ハ外國へ之關係故如何成結果ニ可相成哉卽今更ニ税駕之所を不知候得共兎も角も大公至正之條理を以御所置無之而ハ御職掌上之御瑕瑾にも可相成との御主意ニ而御決議之趣ハ先ッ指當り島津三郎御引留メ早〻解死人指出候樣可被命事猛虎深山へ歸る後と相成候而ハ外國ゟ何事を申出候而も被成方無之故之再府下へ御呼戻し或ハ直ニ歸國被命等今後之事情によるへし「若老早〻出港之上英夷の情實公平ニ承り糺しに可相成事「閣老一人敕使に指添上京此度薩の暴行之次第を言上所司代も闕役中故其儘滯京追

〻の事情此表ゟ注進之廉〻及言上且英夷攝海襲撃等も難計ニ付京師御警衞之筋　朝意を伺ひ可及指揮事右等目前之要領急務なれハ明朝御登城の上御談ニ可相成との御義なりしなり○八月廿三日御登城有之○昨日横濱へ被遣し一色山城守罷歸り申達大略　薩州ハ甚不手際ニて一件後逃るか如き早足ニ而程ケ谷驛ニ至り同驛曉八時頃出立之由「薩ゟ神奈川奉行へハ浪人者の所爲之由達有之由「英ミニストル要撃の積にて騎兵を出候へとも半道も後れし故引取る由「英へ應接申込といへとも取込之由にて斷り政府表へ書面可指出由乍併今日於運上所一應ハ可及對談との事之由演達之由○英ゟ指出書面之大意ハ　島津修理大夫實父厄介三郎㝡粗暴なる振舞をなせし由遊歩ニ出たる商人を殺害無道之由「官府ニおゐて如才なきハ分明なれハ此後の所早速本人出候樣致度由左なくては毎度之義本國政府へ申譯無之との意味之由○長門守殿登城の義ハ御談の上明日ニ相決候得共昨夜御評議ありし筋ハ御申出ニ相成候得共更ニ御行屆不相成由○公御歸殿

の上猶又何れも被召出仰有之を昨夜之事共御申出ニ相成薩州之事ハ留ても留らぬ時ハ如何すへき解死人を出せといふて出さぬ時ハ何とすへきと條理の談判にハ不相運老中上京之事抔ハ馬耳東風更ニ兎角之御挨拶被申上人もなく其内英ゟ之書面存外激切にも無之平穏之姿故忽ち偸安論に落入何とも被成方無之如此大事差起候てすら優游無斷如形なれハ況んや御持論通り抔迚も難被行と御當惑思召ニ付㝡早明日ゟ御登城も被成間敷旨を被　仰出たり○同廿四日今朝は御不快之趣に而御斷り御登城不被爲在候得共卽今之形勢御放擲可被爲在樣も無之ニ付早朝岡部駿洲《マヽ》被　仰遣御申聞候趣ハ此度之薩件三郎敬上之念慮あらハ神奈川又ハ程ケ谷邊ニ逗留家來解死人探索兎角之御指圖可相待筈之處濫行を其儘に後難を幕府に委し事も無《ナ》氣《ゲ》に歸國致候義國憲ニおゐて忽セにすへき儀ニ無之ケ樣之義を此儘ニ被成置候而は今後之御威令も難被行候間早ゝ旅行御指留其驛ニ扣へ居解死人指出候樣不被命候而ハ天下へ對し外國人へ被對御威信立申間敷

との御見込専ら攘夷之御沙汰有之折柄此件今後如何可相運哉難計時宜ニより指縺れ候へハ以之外成內亂とも可相成儀候へハ閣老一人　敕使一處ニ上京にて今般之事情委曲及言上所司代も無之事候得は直樣滯在此表ゟ注進之次第も追〻申上且攝海襲撃の氣遣ひも有之候へハ京師御警衛之儀も揔而　朝廷へ相伺ひ指揮有之樣ニ無之而は御尊奉之御趣意も御行屆無之珍事到來之折柄御手薄ニ而相濟不申候間不取敢上京可然との御見込之兩條を被　仰聞早〻御評議有之樣との御義なりし由○今夕横山主税參邸去ル十九日廿日兩日ニ國許ゟ家老兩人出府先達而ゟ御沙汰之一件國許も御請可仕事ニ相決候間何時ニ而も被仰付ニ相成候樣申上御請書二通指上之右ニ付位階節刀之義雪江迄內達有之右御請書ハ御直書を以御用番水野和泉殿へ御廻しなり○夜六半時頃駿參邸ニ而今朝之御答被申上趣ハ京都之義ハ當時所司代勤向心得居候酒井雅樂頭殿へ以書面可被申越候又薩ハ大藩之事故列藩へも一應御相談之上にて可然との御評議之由被申上候揔而

懸隔之御見込違なる故に別ニ御議論も不被爲在して御申聞ありしは是迄之御談事筋兎角異説を唱出候樣ニ相聞へ候や御熟談ニ相成兼候廉〻多く有之御登城之詮も無之候間御引籠被成度夫故寔早御相談ハ被成間敷候間其段橋公御始へも宜被申上候樣との御儀ニ付駿州大に仰天せられ種〻御宥被申上扣所ニ而雪江にも縷〻懇諭有之ニ付雪江申せしハ兼而之不才此節ニ至つて殆堪へ兼當惑之樣子被罷在候段を及挨拶たり〇八月廿五日御登城無之〇夕方長州桂小五郎來邸京師の事情物語の概略「違　勅調印を口實として戊午以前之三港へ可復との議論有之由「伯州登庸以來舊染未除と人氣再亂物情不穩由「町奉行組加納繁三郎御用筋伺被命しハ事を京師に用ゆる謀主とすへき用意なりと憎怕する由「繁三郎ハ出所不定の者なるを奸才を以追年久世侯の寵用を得江戸ニ而ハ町奉行之上坐を汚し權家へ出入して機智を用ひしか後京役ニ被命若州へ阿附し事を用ゆる奸物たり後遂ニ天誅に逢へり」三奸 久世 岩倉 富小路 二女 宰相內侍 右衛門內侍 五男 九條內 島田 益田 紀州三浦 加納 彦根長野

と稱して當世の魔物の由「公家凋零武家繁榮之形勢現然にて市尹屬吏抔横柄甚敷由　禁闕内外草萊不芟蕭索之光景不忍見由「時〻行幸被爲在供御を盛んせられん事勤王有志黨之希願之由「御上洛之事虫喰不審ニ而ハ幕威之壓倒ニ先事を恐るゝ由「東西の事情を察し脉胳貫通の所置なくてハ人心居合六ケ布勢之由等ニ又薩件を話す「世に三議論あり一當時之勢可維持歟二太平を破るへき歟三袖手傍觀歟薩ハ當時之勢を維持して鎭靜可觀ト云ト「三郎殿登城褒賞もなかりしハ遺憾の由長州東下此事周旋の心組も有之由「官位幕府にて御斷ニ相成候ハゝ　朝廷ゟ直爲任ニ相成夫ゟ不及參勤等の亂階にも可相成と薩の有志ハ懸念之由「小太郎件ハ不及是非候得共三郎も小太郎に被欺たりとの説不平にて此度の殺傷も起る由「薩ハ君側政府ト權柄兩分ニ相成有之由「早出立ハ江府ニ而ハ不可爲を見切且小太郎件ニ付又馬脚も可被顯歟との懸念も有之由「滯京ハ三七日を不出積の由「於關東之御扱ひ薩ニての受け方の憾否來二日迄ニ探索三郎六日京著之積ニ付其已前早追

ニ而申達る筈に約せり○同廿六日御登城御斷り○昨日桂小五郎申出候次第岡駿部へ爲心得申入置候樣被命早朝罷越逐條駿河殿へ申達之○今夕芳野立藏の紹介にて尾藩儒者水野彥三郎雪江方へ來り藩老竹腰兵部少輔鈴木丹後守跋扈老矦の思召更ニ不被行ニ付成瀨隼人正と交代ニ相成度趣を歎達せり○同廿七日御登城御斷り○過日來招待にて橫井平四郎儀今日岡部駿河殿へ參邸談論之大略如左△駿河殿天下の形勢ハ如何○小楠實に危殆ニ相迫り候と相心得候△其子細ハ○近年來幕府にて樣〻の御不都合有之ニ付人心更ニ服し不申當春來九州地抔已ニ騷亂之体にも相成候處薩長等之一件も有之幕府も御心被爲附橋越兩公御出世等ニ而聊鎭定之姿候得共決して眞治にハ無之暫く動靜を伺居候迄之儀にて追〻御悔改之御政跡無之候ハヽ又〻動亂に及ふへきハ眼前之事ニ付此節一度亂世に相成候へハ寂早御挽回ハ不相叶乍恐御滅亡と相心得候和漢古今の先蹤亂世之内ニ創業之君にハ是非夫〻之人材も有之又非常の擧用も有之故次第に强盛と

相成候又衰頽の世ハ治平之弊習門閥を重んし候事故人材も無之擧用も格式有之委靡不振ハ素よりにて種〻の罪責を負ふ如くに成行候へハ自然滅亡之道理にて候一度亂れたるを中興の儀ハ中〻出來候事には無之後漢の光武も劉氏の血統迄にて民間より起候て創業も同然の義唐の玄宗も一段失ひし天下自身に而ハ難取返粛宗によつて恢復ハ致候得共祖宗之唐代にハ復し難く相濟其他ハ治世より亂に入候を治世の君にて取返し候先例ハ無之候得は當時迚も一度亂世に相成候へハもはや御取戻しは難被成候得は唯今治世之内ニ御心付られ天下の人心に應し候御政道有之候ハヽ又〻太平をも御保ち可被成歟夫迚も矢張創業の思召ニ而非常果斷之御所置ニ無之而ハ中〻無覺束儀と答へらる△さらハ如何して當時之處にて挽回すへきや○幕府の御心得當然之處靜謐致候得は夫にて太平と思召候樣之事に而ハ回復之期ハ無之眞ニ危亂ニ相迫候事を御會得有之舊見を去つて至誠の眞治を御求被成候思召興候へハ夫則興復之基にて候唯今危亂の說を

御聞被成挽回之計を御求被成候處則安んしかたきの誠意にて其誠を推て廣く治術を御探訪有之義挽回之道に有之候當時幕府の力を以御恢復ハ難相適天下の力を以御挽回之外ハ無之候△天下の人心を治め一致に歸するの事務に手を下す處如何○御上洛先務なるへく候△御上洛ハ迚も御出來難被成儀と相心得らるゝ由にて種〻難議故障を被申出○夫ハ出來ぬ方の御見込にて可有之寛永之度抔ハ異朝の封禪巡狩の類ハ大平の餘光に候へハ當時に用ゆへき儀にハ無之唯今の御上洛は　神祖の一ヶ年ニ兩度も御往來被爲在候程之易簡質素の次第ならてハ難相適諸大名の風呂桶迄も爲持旅行致候如き榮耀の流弊候へハ御身を以て御改正之端にも可相成儀十分御輕便に可被爲在ハ勿論候得共又此節柄御警衞の爲に御旗本の若殿原二三千も被召連候も可然哉往來筋も老中の往來位の道普請ニ而可然候右等之御趣向にて御取調御出來ニ相成候へは御打立之儀ハいつ何時にても御出來可被遊と被決候得は天下の人心も初而信服して被　仰出も御食言な

らさる事を信し可申候扠御期限之義ハ京都へ御伺も可然候御指圖次第と相成候へハ一年延候而も少しも御貪著無之候近年御不都合之被仰譯御降嫁之御禮御親睦の爲何分御上洛と申事唯今に而も御出來被成候様にさへ相成候へハ夫にて天下ハ落付申候必しも唯今ならてハ不相適と申にハ無之候然るを一番に指支候御勘定の筋より抔御調らへに相成候様にてハ出來ぬ方の被成方にて不被遊して難適と申御趣意ハ次と相成被　仰出候廉も難相立候ハ天下の服せさる所以に候△此條ハ如何にも敬服ニ候其次ハ何事なるへき○諸侯の困弊を釋き妻子を國へ歸し海軍を被興候ハヽ兵力を強くすへき事ニ候△諸侯の參勤を弛め候義ハ是迄も評議有之候得とも未た事情を得す候如何之振合ニ相成へき物か○參勤を被止候而ハ重ねての參勤六ケ敷可相成候へハ述職に被代百日計も在府日〻登城國政向等申談候様相成候ハヽ　公邊御趣意も貫通可致右ニ付而は妻室も國住居御免ニ相成可申且又無益之戍兵ハ解免可然候△海軍ハ中〻失費難繼候○是ハ幕

府御一手にて相適ひ可申樣にも無之諸侯と合体にて可被興義當時海軍にあらすしてハ絶海孤島の日本國歩兵を以擁護出來可申譯ハ無之士人も船に乘候へハ心細く覺悟を不極してハ不相成事故自ら士心も振ひ外國に往來して見分を廣め候ハヽ强兵是より先キなるハ無之候△交易之道ハ如何〇是も諸侯と組合外國へ渡海致候ハヽ公平に其道開らけ可申幕府に私有之候而ハ難被行次第なり摠而金銀銅鐵等も官禁を被廢坐株を被停勝手次第ニ堀出候事ニ相成候ハヽ諸侯も各力を盡し堀出候而海軍の備等ハ不足有間敷候と被答諸說何も感服之旨にて夫ゟ　公の當時御引入之次第如何之譯に可有之と被相尋ニ付〇越前一藩之定議も右之次第ニ而總裁被仰蒙候上ハ是非御議論も被暢達度之處今日之多端と申且閣老初各幕府從來之權柄を確持被致居左袒之向無之多分ハ馬耳風ニ屬候故在職以來今日に至り一ッとして事業相立不申右樣相成候も畢竟衆人を辨明諭解して事を貫き候材力乏敷心計にて更に先キ行き不致此儘ニ而ハ不本意ハ不及申天

下之罪人とも可相成勢にて如何ンとも致方無之故之事と被申△如何にも御趣意能〻相分候間何分力を盡し今ゟも相辨し可申彌思召通り行はれ候事と相成候ハヽ御出勤にも可相成哉○其上ニ而出勤無之而ハ無体と申物候へハ是非出勤可相成と申候得は何分今ゟハ十分盡力相辨し可申御趣意能〻相分候間致安心候樣吳〻被申聞談濟ニ相成由○夜ニ入橋公ゟ御直書ニ而横井對談駿州ゟ申出候次第一同感心別而參勤等之義ハ早速被　仰出度右ニ付平四郎被召出度御評議も有之由ニ而御相談被　仰越候由右ニ付

此書の末項「夜に入橋公より御直書にて横井云〻」とある一段完結せさるは雪江翁尙起草中なりしを其まゝに傳へたれはなりされは續再夢紀事は筆を此一段より起せり此書を觀る人のため玆に其よしを書き添ふることゝせり

明治三十一年八月四日

佐〻木千尋

誌るす

再夢紀事 終

福井神社と郷土歴史館

昭和十八年九月四日、旧藩主松平慶永を祭神とする福井神社が福井市大手三丁目に創建され、九月二十日、別格官幣社に列せられた。二十年七月十九日、戦禍を蒙って社殿炎上したが、やがて再建の工事に着手、三十二年十一月十二日、遷座祭を行う。境内に慶永を輔佐した中根雪江・鈴木主税・橋本左内を祀る摂社恒道神社がある。

郷土歴史館は昭和二十八年十一月、市立として市内足羽一丁目に設立。東京麻布の松平慶民（慶永の子）邸内に設けられていた春嶽公記念文庫資料の大半が寄託されることになったため、収蔵品には幕末維新関係のものが圧倒的に多い（森谷稿）。

丁卯日記

慶應三年丁卯冬、老公御在國中、京師之形勢兎角不レ穏風聞に付、十月十三◎二カ日、御老中板倉伊賀守殿へ被レ遣御内書之要文如レ左、

一翰啓上仕候、寒冷之節御座候處、公方様益御機嫌能云々、中略然は風聞に而不レ慥義かは不レ存候へ共、大久保一藏歸京、土州後藤象二郎、神山左太衞等上京之由、留守居より申越候、私考候處に而は、象二郎抜論之議事院を開き候を、朝幕へ薩土宇和島三藩より、嚴敷建白仕候義歟と存候、私先達而上京中、伊達豫州より咄承り申候、大隅、伊豫共甚以不服に而、迚も方今不レ被レ行事と申聞候、私考は如何哉と伊豫申聞候故、論もなき事と答置申候、其後隅豫兩州より容堂へ書翰差遣し、元々象二郎論に而尤之事に候故、容堂之如き英敏、象二郎之如き才略、君臣合一に候はゝ格別、迚も豫隅等之力には不レ及と申遣候、尚容堂同意候はゝ、容堂自ら上京盡力可レ致事と被レ存候、マヽと文面艸稿、則私一覽申候、象二

郎は御承知之通西洋法を信し、議事院申立、是は忠直可㆑感候得共、象二郎忠直西洋法之論を借て、私説を恣にせんか爲、議事院《マヽ》を開かんとする覺も隨分可㆑有㆑之哉候へは、若々其向々より朝廷へ議事院建白出候而も、輕率御採用被㆑爲㆑在候而は、天下之一大變動眼前に生し可㆑申は勿論と、深く心痛仕候、象二郎は幸玄蕃頭殿懇意之事ゆへ、能々所存、玄蕃頭殿象二郎を被㆑呼、詳悉尋問有㆑之、右等之邊何となく敎示有㆑之候而は如何哉と心付申候、下略

陽月十二日　越前老逸拜

奉呈板相公玉几下

右之御次第有㆑之處、翌十三日板倉殿より御內書御到來、如㆑左、

一翰拜啓仕候、霜氣相增候處、公方樣益御機嫌能云々、然は松平容堂より、家來後藤象二郎出京爲㆑致、去る四日別紙寫之通建白書差出、即今切迫之形勢故、寸刻も早ふ御採用之有無相伺度と、切迫に申聞候へ共、當今御國內人氣形勢をも熟考致候得は、當節之御成行に而、必定平穩との見据も無㆑之、容堂之論至當にも可㆑有㆑之、乍㆑去只々御實行之所如何之ものか、御國體一變とは、重大之事件此上もなき義、何◎分《脱カ》御實行之利害得失如何と、深焦心苦慮之至に御座候、素◎よ《脱カ》り天朝御尊崇、皇國を御維持被㆑遊候思召に而、御相續以來も、日々夜々御苦心被㆑遊候御儀に御座候、然處一朝王政に被㆑復、皇國必平穩、上は被㆑安㆓宸襟㆒、下萬民安堵、萬歲を唱候樣相成義等に候はゝ、上には御職掌は如何相成候とも、王政復古も御本意との、公明正大之尊慮に被㆑爲㆑在候、何分先之見据無㆑之、容易に御決着も被㆑遊兼、衆議を被㆑盡候思召に御座候、依而貴君之御見込も十分御承知被㆑遊度、從㆓拙子㆒申上候樣被㆓仰付㆒候、篤と御熟考、御賢慮之程無㆓御復藏㆒、早々可㆑被㆓仰上㆒候、何れ容堂も上京被㆓仰付㆒候運ひにも可㆓相成㆒候、其節は貴君にも早々御上京可㆑被㆑成候、先は不㆓取敢㆒御家臣之內、早々上京候樣可㆑被㆑成候、何分事情紙表には盡兼候、此段早々申上候、頓首、

十月十日　伊賀守

大藏大輔樣

再白云々、御差出之御家臣は、雪江十之丞之內に候

得は別而宜敷、其邊も申上候様御噂も被レ為レ在候、不レ遠長州家老も上坂、三條始五人も上坂、其中へ英公使も上坂なとの薄々噂も有レ之、百事輻湊、殆困難を極、痛心之至御座候、出殿中別而匆亳、御判読可レ被レ下候、早々拜、

私云、別紙土州君臣建白、世間に流布する所ゆへ略レ之、

右に付即日急飛脚を被二差立一、御返書如レ左、

御密翰再三敬讀云々、陳者松平容堂より、家來後藤象二郎出京為レ致、去る四日別紙之通建白書差出候義に付、御細書之趣逐一謹承仕候、右之次第は、傳聞以來甚懸念仕候義に付、默止兼、則昨日之鴻信にも愚衷拜啓に及候處、十日御認之御投書今曉到來、不レ料暗合仕候、扨上には、王政に被レ復、皇國必平穩、上は被レ安二宸襟一、下萬民安堵、萬歳を唱候様相成候得は、御職掌は如何相成候とも、王政復古も御本意との、公明正大之尊慮に被レ為レ在候得共、先々之御見据無レ之而は、容易に御決着も被レ遊兼、衆議を被レ盡候思召之程、乍レ恐難レ有奉二感佩一候、右に付鄙意言上候様被二仰下一奉レ畏候、此件に付而は、昨日之呈書にも粗陳述仕候通に而、私に於而は更に見込も付兼候事に御座候、畢竟王政復古と申儀、近年通議に而、尤之様には相聞候得共、數百年前之舊制に而、御體裁之所も一向に相心得不レ申候、郡縣封建之差別を始、國體時勢之變遷も亦霄壤之懸隔に相成候事故、二百餘年來、開闢以後地球上無比之太平を唱候御盛業、實近之轍跡を履ますして、茫乎たる王家之舊制に相復候義は、局量淺識之私輩に而は、更に根底も相立不レ申、不レ及二了見一義と素より相決候事候得は、容堂之書面、一應二應に而中中淵底致兼候得は、御採用相成候而も可レ然儀とは難二申上一候、議論之正大は如何にも如レ被二仰越一、御實践に於て聢と御手覺不レ被レ為レ在義は、御採用難二相成一は御當然之御義と、御同意至極奉レ存候、乍レ併是は王政之御制度不案内に而、目途付兼候固陋寡力之偏見上より申上候事に而、決而完全具備之定見には無レ之候へは、申上候迄も無二御座一候得共、如レ此斷然として及二建議一候程之容堂之見込通り、朝野之人心にも、時運之體態にも、至當之事理にさへ有レ之候得は、速に御信隨御採用之思召を

以、懇々篤々御垂問御座候而、申上候次第實に至當至善之全策に而、御信用に相成候得は、急度治平之御見込御一定にも被レ爲レ在候は丶、御公平に其儀に御從ひ、御變革可レ被レ遊は勿論之義と奉レ存候、其節に方り、固執之私議申立候所存は元より無レ之候、此上は何卒容堂使節之情意貫徹、遺憾無レ之處まて、御處懷を以御下問に相成候樣窃に奉二仰望一候、自然御扱振り之模樣により、事情を盡し不レ申以前に不滿を抱き、容堂始一藩之人心を御失ひ被レ遊候樣之事に相成候而は、此節柄御大事至極之御義と奉レ存候、象二郎一己丈け之建言は、則在京中薩宇より承知仕候而、其節は兩人とも申合候趣意は、昨便粗申上候通之事に而、庸劣之思慮には及なき事に相決候事にて、隅豫より容堂迄申越候次第、昨日は書狀寫見當り兼候故、主意而已及二拜啓一候得共、猶又搜索書面を得候故、是亦呈覽仕候、唯々愚案に而は、可レ言して不レ可レ行と申事に落申間敷歟と按勞仕候、何れ容堂上京被二仰付一候運ひにも相成候節は、私にも早々上京仕候樣拜承仕候、右は御下問に任せ有之儘及二言上一候、猶存寄候義も御座候は丶、不日雪江十之丞兩人之內差上候間、其節可レ奉二申上一と奉レ存候、先は右急飛脚を以申上度、如レ此御座候、恐惶謹言、

十月十三日第五字　　御名

板倉伊賀守樣

二白、御端書云々、扨又差出候家來、雪江十之丞に候へは宜との御內諭拜承仕候、兩人之內不日登上申付候事に御座候、方今色々御多事、不二容易一御配慮之程、萬々恐察致候、書餘期二後日一候、早々、

右に付、何分不二容易一御次第共に候へは、委細之御樣子も御伺被レ成度、伊賀殿より御申越之義も有レ之、旁酒井十之丞へ上京之義被レ命レ之、

○同月十六日、去る十四日京都出立之早飛脚着、御用狀之內、

一昨十二日◎後文目付の廻狀には十一日とあり大小御目付中より御廻狀到來に付、昨十二◎三カ日朝、伊藤友四郎御城へ罷出候處、大廣間二之間へ諸藩士一同列座之上、板倉伊賀守殿、大目付戶川伊豆守殿、御目付設樂岩次郎殿御出席、別紙御書付拜見被二仰付一、銘々見込之義

も有レ之候は丶、御直に御尋可レ被レ遊候間、無二腹藏一申上候樣被二仰聞一に付、何も奉レ畏段御請申上、畢而御老中代り伊豆守殿、再御同間へ御出席、友四郎御呼出、別紙御兩君樣へ之御封書一通御渡有レ之、御演說に而、當今不二容易一御時態、御直に御相談不レ被レ爲レ在候半而は難二相叶一儀有レ之候間、御兩君樣にも早々御上京被レ遊候樣、御封書之御請も、早速可レ被二仰上一旨被二仰聞一候、依レ之今晝立大早駈飛脚差立、右御封書幷拜見之御書付寫廻狀等差越候、此段御聽に御達、宜御取計可レ被レ成候、恐惶謹言、

十月十四日

島津十大夫
伊藤友四郎

宇都宮勘解由殿
秋田長之丞殿

大小御目付御廻狀、

國家之大事見込御尋之義有レ之候間、詰合之重役、明後十三日四時二條御城へ可二罷出一候、尤重役詰合無レ之向は、國事に携候者可二罷出一候、此段申達候以上、

十月十一日

設樂岩次郎
戶川伊豆守

御書付寫、

我皇國時運之沿革を觀るに、昔王綱紐を解て相家權を執り、保平之亂、政刑武門に移りてより、我祖宗に至り、更に寵眷を蒙り、二百餘年子孫相受、我其職を奉すといへとも、政刑當を失ふ不レ少、今日之形勢に至候も、畢竟薄德之所レ致、不レ堪二慚懼一候、況や當今外國之交際日に盛なるにより、愈朝權一途に不レ出候而は綱紀難レ立候間、從來之舊習を改め、權を朝廷に歸し、廣く天下之公議を盡し、聖斷を仰き、同心協力、共に皇國を保護せは、必す萬國と可二並立一、我か國家に所レ盡不レ過レ之候、乍レ去猶見込之義も候は丶、聊不レ憚二忌諱一可二申聞一候、

十月

朝廷へ公方樣より之御建言書、

臣慶喜謹而皇國時運之沿革を考ふるに、昔王綱紐を解て以下如レ前云々、臣慶喜國家に所レ盡是に不レ過と奉レ存候、乍レ去見込之儀も有レ之候得は可二申聞一旨、諸侯へ相達置候、依レ之此段謹而奏聞仕候、以上、

御實名

十月十四日

一、昨日布衣以上へ左之通御達有レ之、

今般上意之趣は、當今宇内之形勢を御洞察被レ遊候處、外國交通之道盛に開に至り、御政權二途に相分候而は、皇國之御紀綱難二相立一に付、永久之治安を被レ爲レ計候、遠大之御深慮より被二仰出一候御義に而、誠以奉二感佩一候、殊に從前之御過失を御一身に御引受、御薄德を被レ表、御政權朝廷へ御歸し被レ遊候御文言等、臣子之身分より奉レ窺候へは、何共以奉二恐入一涕泣之至候、就而は此上愈以御武備御充實に相成不レ申候而は、決而不二相成一義に付、各に於て聊氣弛み無レ之、前文之御趣意相貫、御武備相張候樣、一際奮發忠勤精々可レ被二申合一候、

十月

一、同時相廻る風聞書、

薩州小松帶刀、土州後藤象二郎、福岡藤次、藝州辻將曹等之藩士十八計居殘り相願ひ、上樣御上段に而御逢有レ之、言上之趣も被二聞召一、御英斷之御旨も被二仰聞一由、小松後藤等は格別之思召を感戴し、退座之上、猶御實効御貫徹之御次第相伺度と板倉殿へ申立、兎角之御樣子拜承仕候迄は、御城に相待居候との事の由、此節會藩野村左兵衛、秋月悌次郎等詰合、御政權御返上之御趣意、彼是及二論談一候得共、遠々小松後藤に說倒せられし由に候得共、其委細之主意は不レ詳候由、

○同月十八日、酒井十之丞京都表へ出立、

私云、京地不二容易一形勢に付而は、御定見無レ之御上京被レ遊候迚、御所詮も無レ之に付、其邊日々夜々御評議有レ之處、何分一應御實際御伺取之上ならては、御決評にも難レ被レ及に付、今日十之丞出立相成、十三日より今日迄延引せしは、右の次第によつてなり、

○同月十九日、今早朝、去る十七日京都出立之大早駈飛脚着、御用狀、

一昨十五日夕、傳奏日野大納言殿より御呼出に付、友四郎罷出候處、別紙御書付二通御渡有レ之、且雜掌演說を以、右御上京御書付之義は、宰相樣へ被二仰出一候、自然御指支も被レ爲レ在候は、　殿樣御上京可レ被レ遊旨被二仰出一候、

御書付左之通、

祖宗以來御委任、厚御依賴被レ爲レ在候得共、方今宇內之形勢を考察し建白之旨趣、尤に被二思召一候間被二聞召一候、尙天下と共に同心盡力致し、皇國を維持し、可レ奉レ安二宸襟一御沙汰候事、

〆

別紙之通被二仰出一候に付而は、被レ爲レ在二御用一候間、早々上京可レ有旨御沙汰候事、

十月

一、同十六日夕、日野殿より御呼出に付、服部寅之助罷出候處、別紙御書付壹通御渡有レ之、

大事件、外夷一條は盡二衆議一、其外諸大名被二仰出一伺等は、朝廷於二兩役一取扱、自餘之義は、召之諸矦上京之上御決定可レ有レ之、夫迄之所、德川支配地市中取締り等は、先是迄之通に而、追而可レ被レ及二御沙汰一候事、

右之節、昨日宰相樣御上京之儀被二仰出一候通、呉々早々可レ被レ遊二御上京一旨、御差支被レ爲レ在候は丶、殿樣御上京可レ被レ遊旨、尙又雜掌を以被二仰聞一候、

一、右同日、大小御目付中より、御廻狀に而御呼出に付、十大夫御城へ罷出候處、大廣間二之間へ諸藩士一同列席、御老中板倉伊賀守殿、所司代松平越中守殿、大目付戶川伊豆守殿御出席、別紙御書付拜見被二仰付一、其節別紙御封書御渡、早々御國表へ可二差越一旨被二仰聞一候、

御書付、

去る十三日相渡候御書付之趣、御奏聞相成候處、昨十五日、別紙之通御所より被二仰出一候間、此段相達候、

御別紙、

祖宗以來云々、

私云、昨日傳奏衆より御渡御書付と御同文故略レ之、御封書も御同文なり、

○同日巳半刻頃、永田儀平、去る十七日京都表出立大早駈に而到着、板倉殿御內書持參差二上之一、於二御同所一宰相樣御上京有レ之候樣、御嚴重之御催促有レ之段申二達之一、御內書如レ左、

一翰拜啓仕候云々、然は今般之御一條、實に御誠意之程は恐入奉二感佩一候得共、誠に以恐入、只々涕泣之至に御座候、就而は此上御規則相立候迄は、實に薄氷を踏候心持候間、一刻も早ふ御上京被レ成候

様、上様にも御待被レ遊候、此段申上候様御沙汰に御座候、出殿中いそき亂筆、御判讀可レ被レ下候、匆々頓首、

十月十七日　　伊賀守

大藏大輔様

再白云々、呉々も寸時も早く御上京候様、一日千秋奉レ待候、早々再拜、

右御返書如レ左、夜六半時急飛脚を以被ニ差立一、右便宜に付、昨日出立之酒井十之丞御呼戻しに相成、十七日附之御飛札、十九日朝第十字相達拜見仕候云々、然は今般之御一條追々相伺、御同意實に御公平御誠意之程恐入奉ニ感佩一候、只々此末之處不ニ容易一御大事と、心緒迷亂之仕合に御座候、右に付而は一刻も早ふ登京仕候様、上様にも御待被レ遊候御様子、委縷被ニ仰下一、謹而奉レ畏候、何れ登京之上に萬々可ニ相伺一と奉レ存候、依レ之先日被ニ仰下一候義も有レ之候故、酒井十之丞差出候間、委曲之口上は同人へ申含候、御多忙中恐入候得共、拜謁被ニ仰付一、御聞取奉レ希候、彼是心中恐入當惑、別而亂揮、御海恕可レ被レ下候、恐惶謹言、

十月十九日夜第九字

二白、御端書忝奉レ畏候云々、先日被ニ仰下一候に付、昨日十之丞差立候處、今日之華翰に而、又々呼戻し口上申含候事故、差出及ニ遲引一候、此段も申上候、以上、

伊賀守様　　御名

私云、御上京御催促、御書面之通候へ共、猶又一日も早くと申義、公用人より入念口達之義も有レ之、且彼地之時勢旁、早々御上京相成候様申上として、儀兵衛參着せしなり、

○同月廿三日、尾州老侯よりの御使者林左門來着、毛受鹿之介應對之所、此度御宗家之御大變に付、老侯今廿三日御國許御發駕に而御上京之由、仍レ之宰相様にも早々御上京、萬端被ニ仰談一相成候様、御賴被レ成候との御口上也、其段申上候處、いつれ不レ遠御上京之思召之段御返答有レ之、二日御發駕御内定之趣も申ニ聞之一、鹿之介より尾侯御上京之御見込を承候處、御宗家如レ形御次第に而、於ニ尾侯一も御官位御辭退に而、罪を闕下に謝せられ候御趣意之由、

○同月廿八日、去る廿五日京發之飛脚着、御用狀之

内、

去る廿五日朝、傳奏日野大納言殿より御呼出に而、御渡之御書附左之通、

御用之儀有レ之被レ召候、期限來月中、必可レ有二上着一候事、

但用意出來有レ之向は、不レ拘二期限一早々上京可レ有レ之事、

一、同日土州藩才谷梅太郎、岡本健次郎來着、老侯之御直書差二出之一、

私云、此御直書、八月念五之御日付に而、緊要之事件無レ之故略レ之、右才谷梅太郎といへるは、坂本龍馬之更名也、此度御直書持參、且は京師之近況爲二申上一、後藤象二郎より爲二名代一差出せしにて、内府公絶倫之御英斷に而、皇國之紀綱作振之時機到來致候得は、一日も早御上京被レ下候様相願ひ、且今後目的之次第を詳述せり、村田巳三郎應接に而、其段御前へ申二上之一、此頃に而は既に御發程之義も御治定之事故、何事も御上京之上可レ被二仰合一と御挨拶之趣申聞、御返書も御渡に相成、

一、前記朝廷之御沙汰は勿論、板倉殿之御内書、逐々京都知邸より之申上、且永田儀平口上と申、事機殊之外切迫に及ひ、朝幕之召命旁、早々御上京無レ之而は不二相適一御運ひには候得共、是迄度々之御上京、いつ迚も始之程は、幕府より御依頼之趣に而御都合宜候得共、次第に事之艱難葛藤を生し候に随ひ、御論も合兼、遂には御物別れにて、御歸國に相成候様之御姿に而有レ之、其上此度は、□□以來未曾有之御大事之時勢に候へは、一旦之御盛意に御感激御上京に相成候而も、萬々一政權を、御不案内之朝廷へ御投懸け、朝廷にて御もてあくみに相成、再ひ御委任之時を御待被レ遊而、逐々御輕淺に相成候幕府之御威權を、御恢復可レ被レ爲レ在抔と申御權略等に被レ爲レ出候御儀等にも候はゝ、以之外成御次第に而、夫に御同心被レ爲レ成候而は、皇國之御罪人と可レ被レ爲レ成、されはとて其期に御臨み御引別れも、又不二容易一御困難に可レ被レ爲レ及、御進止之御目的相立兼候に付、何分十之丞被二差上一、幕府之淵底、十之丞より板倉殿迄、反覆相伺候上之御決議可レ然との御評定に而、去る廿日十之丞御差立に相成處、同人義廿一日夜京着、翌廿二日板倉

殿參邸拜謁之上申上候は、度々之御召に付而は、不二取敢一上京勿論之義に御座候得共、是迄度々上京は仕候得共、從來之駑鈍、奉レ對二朝幕一寸功も無レ之處、別而如二此度一未曾有之御大事に當り候而は、猶更非才にては盡力之方向も相立兼候而、惟當惑能在候、就而は今般之御一條、御紙上之趣に而略拜察は仕候得共、猶此上前途之御見込も如何之御義に被レ爲レ在候哉、天下之公議を御待被レ遊候御趣意には御座候得共、差當り朝廷萬機之御政道如何被レ遊候や、是迄之小朝廷とは御様子も違ひ、乍レ恐御當惑にも可レ被レ爲レ在歟と奉二想察一候、萬一夫等之邊より、又々御戻しに相成候様之御義に被レ爲レ運候而は、以之外なる御不都合と申、且一時之御權謀に而、朝廷御蔑如被レ爲レ在候御姿に而、天下之人心も服し申間敷、愈騷擾を醸し可レ申歟、第一此末御實踐之御見込は如何被レ爲レ在候哉、是等之御次第篤と相伺ひ候て上京も仕り、涓埃一滴之微力も可二相盡一覺悟も仕度と、十之丞被二差出一候旨申述候處、板倉殿御答には、御尤至極之御尋に而候、元來此度之御一擧、土州に御迫られ無二御據一此場へ被レ爲レ運候様にも相聞可レ申候得共、決して左様之譯には無レ之、政權一途に歸せすしては、御國內治り兼候と申は、前日よりの御着眼に而、時機を御見合せ被レ遊候處、此度時勢に乘し土州之建白、好機會到來に付、日比持滿之强弩を御切發ち被レ遊候御義に而、實に公平正大、只管天下之安全を被レ爲レ量候台慮に而、一毫御鄙吝之御念頭は不レ被レ成二御座一候、然る處老公御賢察之通り、朝廷に而は是迄更に御手覺不レ被レ爲レ在御義故、一小事之御裁決も御六ケ敷候故、矢張是迄之如く御相談之御模様に有レ之、此處甚御困窮之御場合に而、其御相談に御乘り被レ遊、御差支無レ之様御取計らひ有レ之候へは、御奉還は虛名に而、其實は御威權を御手離し無レ之と申輿論も可二差起一勢も有レ之、又截然と御振離れ、一切御取合無レ之候得は、御立派之様には候得共、朝廷に而今日之御差支と相成候得は、又奉還を名として結局は朝廷之御迷惑を御引出被レ遊、朝廷御窘窮之所より、再ひ御依賴御委任之時を御待被レ遊候と申嫌疑なきにしもあらす、御進退に御谷り被レ成候御運ひに付、朝廷之御様子も御功者之御義と申、幕府は申迄も無レ之候得は、此中間之御扱を御賴み被レ成、御私なく御奉還之御盛意も相立、朝野之嫌疑消除いたし、諸侯會同之御待《マヽ》付け公議に付せられ候樣被レ成度との御趣意之由、悃々御物語有レ之に付、十之丞も上樣御公正之御誠意に奉二感服一候は元よりにて、一々至當之御主意に而、其上可レ奉二申上一廉も無レ之に付、罷歸り仰之趣申聞、早々致二上京一候樣可レ仕と及二御請一候事之由、廿五日夜歸着、翌廿六日朝御前へ申二上之一に付、猶又右御趣意を以御評議に相成處、板倉殿御申聞之御次第は御尤至極之義にも候得共、其中間之御扱ひ中々以不二容易一、朝に御付き被レ成候ても、幕へ御付被レ成候ても、いつれか偏倚之御困難に可レ被レ爲レ至、且は世態も如何成變動を生候半も難レ計勢ひと申、薄氷を踏む如き危地へ、唯御一人御上京被レ遊候は御危殆之至りと、御家來共一同甚御案事申上、御上京可レ然と及二御請一候者更に無レ之、いつれに土州老侯御上京に可二相成一候へは、其御折を御待被レ遊可レ然、或は諸侯會集之節迄、何とか御申延へ可レ然抔、衆議紛々難二相決一候得とも、何分にも一度ひ御上京と相成候へは夫か御最期にて、御取返し無レ之事と可二相成一候へは、此節御不幸之御折柄と申、私云、十八日夜靜姫樣御早世、御違例にも被レ爲レ在候得は、旁一應御斷被二仰上置一、時變御觀察之方、當今之御長策たるへく、且傳奏中よりは、宰相樣御差支候は丶殿樣御上京と申御沙汰も有レ之候得は、御代りに殿樣御上京之方可レ然と、漸く御決評相成候處、又一正論起り、皇國之大變、朝廷宗家御危難之秋に當り、朝廷之御沙汰と申、上樣之正大公義之御所置、事理至當之召命に被レ爲レ應、速に御上京、宗家と共に御休戚を被レ爲レ共候大義名節も御擲却、曖昧模糊之御辭令を以御斷り被二仰上一候而は、朝廷は元より、上樣を奉レ初朝野之有志へ被レ爲レ對、數十年之御信義御忠實之御令名も御虛名に屬し、是迄御立派之御持論も、御大事に被レ爲レ當御腰を拔され、御渡り込み被レ遊候御姿に而は、天下共に或は謗り或は怒り或は笑ひ或は怨み可レ申候へは、最早世界へ御顏出しも難レ被レ遊、乍レ恐是限りにて御身も御名も御棄り被レ遊候而、不義之君、不義之臣、不義之邦國と相成、人界之御交り難レ被レ遊御義と相成候得は、君臣共に頭髮を拂ひ遁世之外は無レ之、左もなき事を有事ヶ間敷、饒舌間語を以て被二仰立一候而は、御恥辱之上之御耻辱に被レ爲レ成候得は、如かし唯速に朝幕之危難に不レ被レ爲レ趨候而は、御大義におゐて御濟被レ成間敷と、剴切激勵之立論、大に老公之尊慮に適合し、又是よりして御再評に相成、御上京可レ被レ遊と御決定に相成しは、實に廿八日なりき、

○同月廿九日、急飛脚を以板倉殿へ被レ遣二御内書一、如レ左、

以二急脚一一筆致二啓上一候云々、扨は先般家來酒井十之丞差出候處、段々御懇切之御垂示、御誠意之程も爲二御聞一被レ下、十之丞早速罷歸一々申聞、誠以感泣恐入候外無二御座一奉レ存候、唯々乍レ恐正大公明之尊慮、銘レ肝難レ有仕合奉レ存候、其節老拙再上之義も被二仰下一、是又一々拜承仕候、依レ之支度相整、來月二日弊邑發足仕候而、八日京着之含に御座候、此段急脚及二拜啓一候、御序之節御前へも宜被二仰上一被レ下候樣奉レ賴候、先は右之所用申上度如レ此御座候、頓首拜、

十月廿九日第十二字

一、右に付尾州老侯へも、御案内旁被レ進二御内書一、如レ左、

謹而奉二一翰一候云々、抑先般は態々弊邑へ御使价被レ投、委細御口上之趣拜承仕候、此度御同事に、宗家之榮辱安危此秋と奉レ存候、何分にも今後皇國之御挽回、千祈萬禱之至奉レ存候、僕儀も來月二日彌弊邑發程、八日著京之心積に御座候、兼而御承知之通、庸愚不才之僕、其上今般之一件は、先年來之儀とは大に相違仕候故、更に見据相立兼、殆當惑罷在、只登京之命を奉候而已に御座候故、出京之上は何れ登館、萬々拜晤を期し申候、何卒萬端御敎諭奉レ希候、別而尊藩之義は、宗家第一之貴冑にも被レ爲レ在候故、此度社は最以爲二皇國一御盡忠奉レ希候、僕輩は附二驥尾一、乍二駑馬一骨折心配も仕度奉レ存候、書は不レ盡レ言、先右出京之上、諸事御懇示御引廻し御依賴迄及二拜啓一候、恐惶謹言、

十月廿九日　　御實名

尾張大納言樣玉机下

一、一昨廿七日京發之飛脚着、御用狀之内、

十月廿七日、御城大廣間二の間におゐて、大目付松平大隅守殿御渡有レ之御書付二通、如レ左、

松平大藏大輔

松平越前守

臣慶喜昨秋相續仕候節、將軍職之義固く御辭退申上、其後厚蒙二御沙汰一候に付、御請仕奉職罷在候處、今般奏聞仕候次第も有レ之候間、將軍職御辭退申上度、此段奏聞仕候以上、

十月廿四日

諸藩上京之上、追而可レ有二御沙汰一、夫迄之處、是迄之通相心得候樣御沙汰候事、

○同月晦日、於二御用部屋一御家老中より諸向へ申渡左之通、

今般將軍家御政權朝廷へ御歸し被レ遊候に付、朝幕より御達之御旨趣に付而は、今後御體裁如何可二相成一哉、實に不二容易一御場合と申、且は御宗家之御成行に付而も、深く御案勞思召、御召旁先つ宰相樣御上京被レ遊事に候、右樣變態之御時勢に付而は、尙追々御模樣により、御國表之義も如何可二相運一哉難レ計、銘々におゐても厚相心得、御差圖相待可レ申候、尤心附之義も候はゝ、御直にも御聽可レ被レ遊旨候間、無二遠慮一可二申出一旨被二仰出一候、

十月

御直書寫、

今般上京に付而は、我等留守中之義は、諸事越前守へ申談置候間、當春滯京中之通り相心得、越前守存寄相伺取計可レ申候、大事件之義は、人差出我等存寄承り可レ申候、役替其外等之儀は、此表に而存寄相伺可二取計一、事柄により京都へも可二相伺一事、我等滯留中盡力筋に付而は、形勢も有レ之事故、京都之儀は任せ可レ申候、乍レ去心付幷國許確定之義は無二遠慮一、大事件之儀は、家老より在京家老へ可二申遣一、又人差出候而も宜候、尙從二越前守一も我等迄心付候義無二遠慮一以二密啓一被二申越一候樣可二申上一事、此表政事向之義は、越前守諸事心配可レ致は勿論に候、尙家老始一際擔當、贊翼專一之事に候、東西隔絕、在京之我等始、一切掣肘可レ致事は無レ之、國議に任せ可レ申事、乍レ去心付確定いたし不レ得二已事一義は、無二遠慮一我等より越前守へ以二直書一可二申越一、在京家老よりも、國許家老へも可二申越一義も可レ有レ之事、東西隔絕致候へは、事情自ら疎濶相成候故、其彼是之情相通候樣致度候間、折々有司上京可レ有レ之事、

右之通に候以上、

慶應三年十月晦日　大藏

酒井外記
松平備後
荻野小四郎
中老
側用人
中老見習
田内源介

慶應三年丁卯十一月二日、辰刻御供揃に而、三の丸御座所より御發駕御上京被ㇾ遊、

○同月七日、江州草津驛へ御投宿之處、尾州老侯より林左門、田中國之輔、御使者として被ㇾ遣、御供酒井十之丞旅宿へ來着、御口上之趣は、方今之御時態に押移に付、老侯御見込之趣御建白被ㇾ成度に付、　御相談之旨に而差出御草按如ㇾ左、

今日之世態を以は、　皇統皇國を保つを以第一之先務とし、時機に隨ひ宗家を維持するを旨とすへし、

一是迄過去候儀は今更是非も無ㇾ之、乍二殘念一口を鉗申候、是より先之御辨別、奉二仰願一候は左之通、

俗論之御爲は忠に似て不忠、眞實之御爲は不忠に似て忠、

愚見之極意爰に止り申候、何卒芹志御採用之程、泣血奉二懇願一候、此二句さへ徹底仕候得は、千條萬緒は隨而其中より發生仕候筋に付、態と絕筆仕候、曲折之議論は、徒に紛亂を招候基、其害不ㇾ少候に付、呉々此義は斷然闕如仕候事、

右之趣、早速入二御聽一候處、御趣意柄御同意には思召候得共、何分御旅中之儀にも被ㇾ成二御座一候へは、猶御熟考、　御京着之上御返答可ㇾ被ㇾ遊被二仰出一、兩人罷歸、

○同月八日、未刻過京都岡崎へ御着、

○同月九日、御上京爲二御案内一、攝政殿下御兩役、並御老中所司代御廻勤有ㇾ之、

一、同日夕、土州藩士福岡藤治參邸、　御側御用人對接之處、內々申出候趣意は、　此度內府公御反正之思召立、稀世之御英斷に而、　方今之御美事に相運ひ候處、御三家幷御親藩之內に而も、今一度幕威を被ㇾ復度抔之議論も有ㇾ之哉に而、種々之浮說流言も有ㇾ之に付、夫等之先入、御當方樣御聞込無ㇾ之已前に、實際達二御

聽、御疑惑不ニ相生一樣相願度と、同志一同申談罷出候由に而、頃日來之事情申立候件々、最初土州老侯後藤象二郎初より內府公へ之建白、事機今少早く有レ之候歟と存込候得共、過激輩之討幕論尤熾盛に相成、已に事を擧んとする勢に立上り候故、討幕之名義も不レ正、且輦下に事を生候而は不ニ相濟一次第等、百方說得に及候得共、中々行屆兼、殊之外骨折れ候事に有レ之候、其內漸間隙を得候故、直樣及ニ建白一候事に付、無レ據御用捨之義も、極而切迫に相伺候運之由、建白以前、永井玄蕃頭殿大盡力に而、此場に及候事に而、此度永井殿之功力多分之由を稱賛し、甚依賴之趣に有レ之、○建白板倉伊賀守殿へ持出候處、趣意は至極尤候得共、重大之事件故、急に御採用と申義は、左樣に速に御決評は六ケ敷との答に有レ之に付、猶迫て相伺候處、御採用にも可ニ相成一御模樣なから、曖昧に有レ之內、卒然と諸藩士を被レ召、御英斷之被ニ仰出一に而、土州抔に而も意表に出、致ニ愕然一候事之由、扨御直聞も可レ被ニ成下一との御事故、薩藩小松帶刀、藝藩辻將曹、土藩後藤象二郎、福岡藤治等同志之事故、一所に拜謁相願ひ候而及ニ言上一候は、如レ斯御盛意、片時も早く朝野に貫徹不レ仕候半而は不ニ相濟一事候へは、明日は早早御參內に而御奏聞に相成、又御英斷に而諸藩士之建議も御聽上け、共に御奏聞に相成候樣仰望仕候段申上候處、奏聞は奏聞、御下問は御下問に而別段之事也、參內早速之義も御承知には候得共、明後日ならては御手順御出來難ニ相成一との上意候得共、唯一刻も早く御實跡に被レ施候樣仕度と斷而言上候處、明後日之處は急度無ニ相違一候間、其處は致ニ安心一候樣との御意に而、退座之上猶又伊賀守殿へ同樣申立、明日御參內之義相願候處、諸藩士へ御下問之義は子細も無レ之事候得共、明日之御參內と申而は、御所へ之御伺等之御手續相濟不レ申、別而此度之事抔は、朝廷に而御聞恐ち方被レ遊、容易に御運ひ付申間敷候得は、明日は扨置、明後日も無ニ覺束一、先達而開港之義さへも、御迫り被レ成候と申世評も有レ之次第、況て此度は御身上之御義にも候へは、朝廷へ御迫り被レ成候樣に而は不ニ相濟一、夫故中々御聽入も六ケ敷との御應對故、左候は丶、先つ攝政樣之御手元を何茂より內調可レ仕哉と申試候得共、左樣にも御決し無レ之、猶再三之御應接に而、漸く約る處、明後日御參內との被ニ仰出一に相成候、夫より殿下御手元之義も、永井殿内意に而致㆓周旋㆒候樣申來に付、何も殿下へ伺上之處、中々御聽受無㆑之候得共、如㆑此一大機會得失之境と相成候事故、犯上之罪責は何もへ引受、大亂目前之趣を以御迫り申上、漸く御聞入に相成事之由、右樣之御次第、一一御英斷に發候事に而、如何樣之事に而も御動轉これなき御淵底は、御直に相窺候者は安心罷在候得とも、夫を不㆑好向にては種々妄說を附會し、疑惑を起させ候樣之義も不㆑少、已に尾藩へも御右筆邊之者（私云、澁澤成一郞なり、）能越、入說等も有㆑之由、尾は動き申間敷候得共、右樣甚奇怪之次第も有㆑之故、其邊之事情先以入㆓御聽㆒置度由、○紀州抔は甚見込違ひに而、先達而朝廷より諸藩へ御尋之節之御答書にも、此體に而は迚も治り不㆑申間、御義理合にも御元返しに可㆓相成㆒義、畢竟ヶ樣相運ひ候も、覬覦之藩有㆑之候より起り候と申義有㆑之、覬覦之二字、於㆓弊藩㆒耳に懸りは候得共、役向之懸合に致候而は、結局爭端に相成候而は無益故、書生輩へ申聞爲㆑及㆓議論㆒候處、朝廷へ差出候本書には左樣之義は無㆑之抔、不分明之應對に而、今以決着不㆑致由、○會藩は其砌及㆓一論㆒候處、外島機兵衞手代木直右衞門之兩人は尤と存候得共、猶衆議之上可㆑及㆓返答㆒との事に而、三日之後、議論兩端に分れ候間、今暫待呉候樣との事に而、第八日之後、君前に而定論、御同意之段及㆓御挨拶㆒候樣、會侯被㆑命候由に而返答有㆑之、表向同心候得共、油斷は出來不㆑申候由、○津藩は一議論に而同意に相成由、○會藩大野英馬尹宮へ參上、不當之事共御議論申上候得共、象二郎、尹宮へ伺候、夫々及㆓論辯㆒、尹宮も土老侯御同意と申事に被㆑爲㆑成由、○兎角内府公之御善端を開導は不㆑致、中途に而壅蔽に及候は、何共慨歎至極之由、○扨今後之見込は、何れに議事院を開らき、上院下院を分ち、上は攝政公初内府公御主宰に而、明侯御加り、下は諸藩士より草莽輩迄も出役に相成、何分皇國之國體如㆑斯と御決定有㆑之迄之事に而、大體之處は程も可㆑有㆑之事候へは、有名諸侯さへ御會同に相成候はゝ、其處に而篤と御決議有㆑之、御簾前に而御誓約有㆑之、御確定之上、外諸侯へは如何と御垂問、缺席諸侯へは朝廷より御通達位之事に而相濟、違背之者は御追討と申程成 正大公明之御基本 相立不㆑申候半而は相成申間敷との義は、内府公へも申上、至極尤に思召候との御沙汰候へは、此方樣にも、猶御參考被㆓成下置㆒候樣相願候との趣なり、○問云、越前表抔へ相聞候は、討幕論盛に相成、幕に而も敵對之聲息有㆑之との實否如何と承るに、其通り相違無㆑之、實に危殆之形勢に相迫候事候得共、御反正之御英斷に而一時に消沮に及ひ、實は浮浪之徒過激輩は失望之由、乍㆑併唯今之浮説旺盛相成候へは、暴黨又々時を得、屯集之場へ可㆓相運㆒歟と甚心痛之由、又今更幕威を御持被㆑成候而は、實に夫限之事に可㆓相成㆒由等物語れり、

一、同日藝藩辻將曹參邸、藤治同樣、浮説御聞込に不㆓相成㆒樣致度、既に尾越は不同意故上京無㆑之との流言も有㆑之處、此度御上京有㆑之、同志大に副望之趣申㆓達之㆒、

○同月十日、今朝永井玄蕃頭殿へ中根雪江被㆓差出㆒、過日來之御樣子同人より相伺處、別段相變義迚も無㆑之、先達而被㆓仰出㆒之御趣意遵奉之外無㆓他事㆒は、在京之向何も一意候得共、關東に而は一時異論も生し、彼是同樣之姿に而、政權奉還之上は、上樣も御東下に可㆓相成㆒筈との議論盛に相成、將に老中初夫々上京致候得共、此表へ上り段々之御盛意も相伺ひ、待時勢觀察致候而は、如何樣御東下難㆑被㆑成も御尤之御義と會得致候事に相成候由、

○會藩抔は如何之景況と承る處、是も當時之樣子は不㆑致㆓承知㆒候得共、其砌は、何分正大公明之御所置候へは、此上申上方も無㆑之との藩議之由に申に付、何歟御三家親藩力を戮せ、今一度政權復古と申目論見も有之樣にも風説有㆑之候は如何と申候へは、左樣之義有かは不㆑存候得共、今更左樣之事と相成候而は、是迄之御所置、惟御術計に落、決而相濟不㆑申、當節朝廷に而御不慣之御事に付、御迷惑被㆑遊候御樣子候得共、御迷惑不㆑被㆑遊樣に、又御手出しにも相成兼候處之御意味合、甚御心配之譯に有㆑之、先つ何事も御伺と申姿候得共、朝廷に而御決しに相成候御廉は少く、矢張攝政殿下より御相談に而、御見込被㆓仰上㆒候樣之御振合に相成候得共、夫は唯差向き候細事に而、事立候件々は、惣而諸侯之會議を御待被㆑成候御次第之由被㆑申に付、其會集も容易之事には有㆑之間敷と申候へは、召之期限は當月一杯と申事候へは、大抵當月中御揃之處に而、御談にも可㆓相成㆒との御

見込之由、〇又被レ申候は、大藏大輔樣御上京は、殊之外御待兼之御義に而、いつれに何角も御談可レ被レ遊、就而は今後之御見込も可レ被レ爲レ在、何分早速之御上京御滿足之由、〇尾老京も先達而より御上京有レ之候得共、御不快に而何方へも御出向無レ之、則御着之砌、尾之御近親旁、御直書を爲二御持一所司代被レ遣候處、御斷りと行違ひに相成候由に而御對面も無レ之、空敷罷歸候次第、五六日前にも、拙者罷越候樣との御沙汰に付、其段申入候處、御不快故御斷り、近日彼御方より御案內可レ有レ之との事に而、其後は依然たる事共、上には折角御催し有レ之候得共、何か釣り合ひ付不レ申段說話有レ之、

一、同日、昨日御老中より御達有レ之、午刻御供揃に而御登城有レ之、御本丸御居間に而御逢有レ之、每々之御上京御滿足之段御慰勞有レ之、夫より當御時態に付、御見込通り如何との御尋に付、不二取敢一徵命に應候迄にて、定見と申は更に無レ之、何分相伺候上に而、又存寄も御座候は丶可二申上一、第一尊慮如何と被二仰上一處、此度之儀は土の建白に發候には相違無レ之候得共、其節之景況左樣無レ之而は眼前に四分八裂之勢ひに相迫り候故、事爰に及ひたれとも、其所置に至つては別に所見有レ之事に而、其譯は、是迄之御政體に而は、種々苦惱致候得共、如何にしても政法兩途に相成候、惣而朝廷に而御裁決相成候へは論も無レ之候得共、夫は御六ヶ敷、幕に而決候へは、朝に迫り或は朝を凌くの說を免れす、政兩途に而治るへき所以無レ之事故、是非一途に相成候樣有レ之度と申は、御承知之通宿昔之定見故、彼建白と時勢切迫との機會に、予か兼而之所見を投せし也、皇國如レ此ならすして決而治りかたきと申見込を立、治否如何之大體を體認して所置に及ひしに、朝廷にても被二聞食一大に宜く、此上は會同之公議に附し、何とか治體相立度と思召由に付、仰之次第實に非常之御英斷、奉二感服一候より外は無二御座一候、此末之御事業、御見据之如何と御伺被レ成候處、夫は第一議事院等之事に而、帶刀象二郞抔も夫々存寄も有レ之、可二申出一との事候へは、申談、兎も角も國是を決候心算にて、當時は唯差當る事共を、伺之上取計居候迄之事也、容堂も是非上京可レ有レ之候へは、厚申談度抔上意之由、

一、御控處に而伊賀守殿に御逢之處、御同人は何分口

惜事に相成候と、吝惜之語氣甚敷、公には如何と御申に付、公も、神祖之御盛業御持張被レ成兼候處は御殘念思召候得共、如レ此相成候上は何と可二相成一哉、此上は斷然として鄙吝之心を擲却し、內府公之、皇國之爲に御家之御政權を御抛被レ遊候御盛意を遵奉し、益以治安之策を建候より外は無レ之と御申候處、兎角餘りに惜き事故、玄蕃抔とも色々申見候得共、更に良策無レ之、何とか致方は有レ之間敷哉と被レ申候に付、夫は死したる子の齡を數へ候譬の如く、迚も返らぬ而已ならす、却而御盛德を損するに至候へは、各にも其御心得有レ之、上樣之御鄙吝或は御計策之樣に、世上之誹有レ之候而は、御大切至極之事に候へは、決而左樣之義御口外は有レ之間敷と御申之處、是迄我輩におゐては、幕府を主位として、公論正義の賓客を請待之心算之處、此度其邊御超越に而、惣而朝廷へ御還し相成候事に候へは、御正理は無二間然一候得共、今後之見込は立兼候、何分一度御投出し之上候得は、此度之被二仰出一を、とこ迄も御食言に不レ被レ爲レ成樣仕度とは存候得共、今日上におゐて何をする事も無レ之、誠に茫然たる者にて、殆當惑罷在候と被二申上一由、

私云、公御歸殿之上の御說に、內府公皇國之治否を御洞見、此他に處置無レ之と御英斷有レ之候御深意を、伊賀始十分徹底無レ之、唯止む事を得さる時勢に出候樣に心得たるは、何とも慨歎至極せり、伊賀始如レ此卑見を匡正せん事、余か當然の任なりと御談論被レ爲在たり、

○◎十一日脫カ尾州犬山之藩老小池與左衛門參邸、御側御用人逢對之處、申出候は、過日與御右筆澁澤成一郎、成瀨隼人正方へ參り、永井殿內旨之由に而、神祖二百年來之御鴻業之傳說長々敷申陳、約る處御三家幷親藩之兵力たにあらは、政權之取戾方も可レ有レ之ものとの趣にて、諷諫らしき口氣に付、隼人は唯々諾々に而不レ及二返答一相濟由、此兵力たにあらは政權を復さんとの意味、如何樣之事に可レ有レ之哉、御當家樣へ右樣之說は相聞へ不レ申哉との事に付、唯今迄は曾而相聞へ不レ申、畢竟討幕之論盛んに、時機殆切迫に至り候も、政權を御歸朝ありしかは、群議喧囂寂然と相成候に而も可レ知事に而、今更政權御手に復候は丶、討幕論も再興可レ致は必然なるへしと相答候處、御尤至極に而、私共方に而も一同左樣存候事候處、右等之說を

唱候は更に難レ解次第に付、則昨朝永井殿へ相伺候處、彼御方にも決而右樣之語氣は無レ之、何分內府公之御誠意奉戴之外は無レ之との事に有レ之由に付、澁澤は永井殿之內旨と申たるは如何と承候處、是は尾老侯へ拜謁之義を內調被二申付一候にて、右等之趣意には無レ之由、奥左衞門又薩士之疑を說出に付、土藩之事情如レ此と、福岡之申せし事を申聞せしに、大に疑念を散し、何分當時と成而は會藩邪魔に可二相成一候へは、品能歸東之手段有レ之度抔申候、○尾老侯何方へも御手出し無レ之、御病氣如何と承候處、御病氣に無二御相違一候得共、實は御一人に而被レ成方も無レ之に付、此方樣御上京を御見合せの樣子候へは、是より御運ひも付可レ申段答へたり、

○同月十二日、山階宮御內衆より伊藤友四郎へ內話之次第は、尾老侯之一件、宮へも御賴有レ之、御周旋に而夫々御取調に相成候處、けしからぬ事に有レ之、新選組より御取立に相成し近藤勇始四五輩、此度之一條は、尾越抔之持論に而此場へ相運ひたる抔、殊之外尾越をあしさまに官家へ及二議論一たる由、仍レ之尾侯抔之事を御所に而御引立あらは、又彼輩之切迫暴論を來し可レ申歟との恐怖よりして、外諸侯之來集迄は御憚りにて、越侯共御參內等も不レ被二仰出一御內定之由、朝廷は何事も諸侯參集迄は御投け遣りに而、此節は局達之落飾有無之御評議而已之由也とそ、

○同月十四日、此頃之風說、薩州より人數二千人着坂、八千人と唱る由、內六百人は、十二日淀川を上り上京の由、長人も相交り居可レ申との聞へ有レ之に付、昨日青山小三郎を探索に被レ遣、薩藩吉井幸助と對談之次第、內府公一時之御英斷に而激徒屛息致候得共、散走致たるには無レ之、會議之上御實行之見はれ候を伺居候形勢故、唯案勞致候は、內府公之御腹心にて、實に政權に執着無レ之は永井計にて、松山以下には必復古之臆念有レ之歟との嫌疑有レ之、萬一左樣之事と相成時は忽地再亂に而、譯もなき事に可二相成一勢なれは、早速大綱領を御議定有レ之、夫に背く者は討つて取る外には無レ之見込之由、○小松帶刀も薩侯に先立、土州へ立寄後藤同伴に而、十五日には到著之約束に相成有レ之、薩國に異議無レ之候へは、何も不二申越一との申爲レ替之處、今日迄消息無レ之に付、異變無レ之と相心得居候由、○多人數登京之由、御先供勢

にも有レ之哉と小三郎相尋處、如何にも先勢に而追々參着せり、實は途中に居たるも有レ之との事之由、

一、右等之事情に付御邸議之趣は、外藩之形勢、內府公には疑念無レ之候得共、中間に疑ひ有レ之、夫よりして前途曖昧の事と相成候而は、內府公之御反正も徒善と相成、忽討幕之義にも至り可レ申、其節に及んては、御處置甚御困難之事に可二相成一候へは、唯今之內板倉殿始反正、動搖無レ之樣御取固め置無レ之而は難二相成一義と、於二御前一御評論有レ之、猶尾老侯へも可レ被二仰合一と被レ決、

○同月十五日、昨日傳奏衆より御達に付、今朝本多修理御假建へ參上之處、御兩役御列座に而、別紙御書付御渡有レ之、

御書付寫

德川內大臣方今宇內之形勢を考察し建白之旨趣、殊外國交際日に盛んなるにより、愈朝權一途に於レ不レ出者綱紀難レ立、舊習を改、政權を朝廷に奉レ歸之趣、時勢難二默止一旨を以て言上有レ之、則被二聞食一候、然る上者、自王制一途之綱紀可二相立一時勢に候、然るに王制復古之儀に至候ては、諸事班々曖昧之儀にては綱紀も難二相立一、假令者當今諸藩封建之義抔、迚も往古郡縣之儀にも難二相成一哉にも被二思召一候、然る時は朝廷之綱紀、何邊一途に奉レ置候見込に有レ之候哉、右封郡一事に不レ限、諸事見込之處被二尋下一候間、朝權一途之見込可レ有二言上一候事、

一、同日、昨日永井殿より被二申上一由にて、雪江罷越候樣被レ命、永井殿へ罷出候處、來客有レ之に付晚景參候樣との事也、此節會藩小野權之丞居合せ、當御時態浩歎之上に而申出候は、方今政事上に統攝なくしては、亂階眼前なれは、何とか不二相成一しては不二相適一、此時に當りて、親藩同士一層懇談に不レ及しては難二相成一、兎角內府公之御盛意を壅蔽之說有レ之不レ堪二大息一とこ迄も貫徹不レ致しては不二相濟一、別而肥後守は御用部屋へも立入候役柄候得は、御未發之所に而は、彼是申上候次第も有レ之趣候得共、如レ此被二仰出一と相成候上は、御趣意徹底不レ致候而は不二相濟一義と心配之由申に付、何か再ひ政權を復せんとの議論も有レ之由承り及ひたり、左樣之事柄有レ之候而は、以之外成事と申聞候處、其說も有レ之哉候へ共、御英斷に而

被㆓仰出㆒候上は、朝廷より御返却に相成候迚、御受可㆑被㆑成所㆑謂無㆑之、夫よりは會議公論之上、是非共と申時に相成候はゝ不㆑存、只今左様之義は必有㆑之間敷と相心得候へ共、唯幕を倒さんと企候向、如何成事を仕出候半も難㆑計、其邊懸念之由物㆓語之㆒、

一、右歸路澁澤成一郎寓を訪ふ、但此頃中毎々逢對之義申入有㆑之故なり、同氏之立説は、御三家御家門大憤發して兵威を盛んにし、抵抗力を以御盛意之貫徹すへき様に御手傳申上る事、此節之急務なれは、先つ尾越におゐて人數引寄せ、味方を鼓舞する時は、御普代之面々も大に力を得、同心戮力御盛業を輔賛奉るに至り候はゝ、外諸侯は恐るゝに足らす、往日は已に兵力を以迫り奉り私説を遂る末故、此後も同轍ならん事は、追々人數繰入之手段にても現然たり、畢竟幕を初親藩之威力衰弱より、如㆑此體態にも立至りたる事なれは、此度奮激せすして何時をか期すへきと、切迫激勵之説得甚敷、紀藩等は既に今日迄に二大隊上著之報告有㆑之由等を申し、越老公には如何程御人數御引率に相成候哉との尋に付、此度は兵馬に付而之徵命にも無㆑之、殊に隱居之身分候へは、日用之家來共之外、兵備は一人も無㆑之段相答候處、以之外不滿之顏色なりき、津藩之知邸深井半左衞門も來會し、是も澁澤同論に而、弊藩日頃因循といはれたる恥辱を雪くは此時なるへし、戰て後信を諸侯に示さん事を欲する由、當時京地に二十小隊あり、近々若侯兵備を引て上京、末家佐渡守も同様なり、何分兵力なくして三寸許にては、道理も立難き由を强辯し、十九日二十日頃には必事あるへしといへり、

一、薄暮より永井殿へ罷出、對話之次第は、此度上様之御盛意如㆑此候處、兎角貫徹致兼候處苦心之由、幕中に而も御策略之由を誤唱致候者十に八九、急度せし御役人迄も疑念有㆑之、夫を辯論に及ひ候へは、其節之議論と相成のみにて益なく、いつれに御實跡に不㆓相顯㆒候而は信服は不㆑致譯故、夫迄之處は先つ其申に任せ置候へは、夫を又同論之様に心得候向抔も不㆑少、誠困却至極之由、〇上様には大方之御見込も有㆑之、吾輩へ御相談之節は、心腹を啓らき吐露いたし、其上之御用舍は御任せ申上候は勿論にて、先つ大體之處は、粒立候諸侯會集之上に而、上様之御見込書を御奏聞に而、夫を衆議に被㆑懸候様被㆓仰上㆒、扨衆議

之上、彼之善は無㆓御固執㆒御随順に相成候へは、夫に而大略相決し可㆑申、天下之見る處、其様に變りたる事可㆑有㆑之様も無㆑之候得は、大同小異に而相定り可㆑申と存候、夫か大綱に而、已下之細目は追々之事に可㆑有㆑之、何卒當年中に其邊之埓明候様致度心算之由、夫より枝葉之事は追々之事なるへく、先大綱領さへ相定候へは一と安心と申もの也、とふか仕寄に相成へくと被㆓心得㆒候由、○象二郎人物如何と承候處、彼者先年長崎より土船に乘り歸坂之節より懇意に而、其比より申合候事も有㆑之、確實正直之人物に而、決而私説更張等之義は有㆑之間敷被㆑考候由、坂本龍馬も參り候事に相成候得共、毎々は嫌疑も有㆑之に付、夜中に出懸候事にて、則昨夜も參り申候、象二郎とは又一層高大に而、説も面白く有㆑之、彼か申處至極尤候得共、未た時機不㆑至と申聞候處、夫は薩士に任せ候へは必行はれ可㆑申との事故、例之兵威を以て事を成候而は、朝廷へ對し相濟不㆑申候、夫故に時至らすと考ると申譯なりと申候へは、決して兵力によらすして可㆑被㆑行條理ありと申候故、左様なれは兎も角もと申置候との物語なり、私云、竊に按するに、龍馬の秘策持論は◎（誤脱あらん）

内府公關白職の事か、藤次も參候か、是は眞似なる人物なりとの評あり、○又被㆑申候は、處々より色々の事可㆑入㆓御聽㆒、就㆑中公邊よりも聞へ可㆑申、其説も異同可㆑有㆑之候間、一偏に御聽泥み無㆑之様致度、兎角眞之御主意を不㆓相心得㆒、中邊より説を立候故、御盛意々々々と申なから、少々つゝ意氣違ひ有㆑之、夫を一筋にせんとすれは、辨論而已にて却而手戻りに相成候故、先つ大違ひ無㆑之事は其儘に而任せて、夫々に引立置候事故、無㆓是非㆒少しつゝ齟齬に相成候而被㆑困候由、○澁澤之説及㆓物語㆒候處、彼輩に有㆑之むやみに氣張候故、其處は常々誡め置候事、已に今日も、御藩に兵備一人も無㆑之と御咄之事を彼是論し居候、畢竟薩兵を千人繰込めは、此方にも千人之心當可㆑致と申は甚敷小見、薩も味方なり、少しにても多人數引入候事は歎ふへき事なるを、其處は如何に申聞せ候ても、中々合點行き不㆑申候、夫故二等之論に致候へは、何方も兵備あつて惡敷事も無㆑之故、先つ夫に爲㆑任置候、薩士に而も何方に而も、此度は敵味方無㆑之と見すしては相成不㆑申候との事故、紀は如何と問ふ、是も甚卑く困り申候、乍㆑併是もあれ程に思ひ込候は、あしき事には無レ之故、相應に養ひ置候事に而、腰を折候而は相成不レ申、夫故何方にても、伊賀殿或は拙者の意抔と申、主張之向も可レ有レ之哉と致二心配一候、夫には大に意味有レ之寛宥致置候を、信隨之樣に取違へ候事に而候、薩之帶刀抔安心難レ致と申者へ、强て異心なしと辨候而も無益故、夫に任せ置候へは、是以拙も同論之樣に心得候姿、象二郎も同樣之事、兎角御實跡に發見無レ之內は、如何とも難レ致候、彼兩人抔も過激浮浪之制馭には、中々苦心之事共も可レ有レ之と體察致候へは、定而今以討幕論を唱居候事抔も可レ有レ之と思はれ候、是は時勢無レ據次第にて、拙者抔も幕軍へは其通にて、何時にても不逞之徒は討たねはならぬ事に勵し置候、左なくして、干戈を動してならぬ抔と申本意を申聞候へは、よき事にいたし忽ち懈惰に安んし候勢故、無二是非一其邊之釣り合を付置候事に而、當路之苦心は何方も同等と被レ察候由、〇會津は如何、專ら復權之主張と承候處、今朝小野權之丞に逢候處、云々之口氣と申候へは、永井殿、權之丞も左樣に申居候か、彼藩に而も能分り居候は、直右衞門機兵衞之兩人成、乍レ併是も右之按梅に而、兼而之藩風、中々一意に同論屈服は六ヶ敷事候へは、彼等へも時宜により、遺憾之歎を發し候事も可レ有レ之候へは、夫を以一藩復權論とするも亦違へりと被レ申、〇扨老公時々御登城有レ之樣致度、御用無レ之とも大に御益は可レ有レ之、三度に一度は御逢も可レ有レ之候へは、段々御懇話も重り可レ申、御登城被レ成候樣御沙汰なくては、御六ヶ敷振合候得共、御機嫌伺としての御趣意候へは、折々御登城願はしくとの事に付、不レ及レ伺候ても可レ宜哉と申候處、卒然に而何も御指支は無レ之候間、其段相心得申上候樣致度との事なりき、

〇同月十六日、福岡藤次被二召呼一御逢之上、過日來之事情御直に御尋有レ之、修理、十之丞侍座、藤次より過日之趣逐一申上、惣而御會得被レ爲レ在、侍座も大に安心之趣也、右申上候內之異條、昨夜坂本龍馬被二及殺一候由、相手は恐らくは新選組中ならんとの事之由、先日來間者浮浪輩中に入込居たる由、旅宿は河原町土邸隣之町家なり、夜中一人あつて手紙を持來り、僕を呼出し屆與候樣申に付、僕二階へ上候後より、兩人之刺客附上り、直樣龍馬眉間へ切込候由、龍馬は側に置たる脇差を拔き合せんとせしかと、深手にて不レ及二

其儀㆒最期之由、外一人と對話中之事に而、此一人も深手負候由、僕も同斷也、二客は迯去り不㆑知㆓行衞㆒由、夫か爲に種々嫌疑を起し大に心痛之由、〇二條關白公へ王制復古之説申上候節、此方家も其昔は五ヶ國を領し居候との御噺に而、舊戀之御樣子、不㆑堪㆓抱腹㆒次第之由、〇中山侍從殿は、何分尹宮を燒討せては不㆓相適㆒、何時にても火を放ち候間、機會及㆓案内㆒呉候樣との事にて、途方もなき暴論之由申㆓上之㆒、

〇同月十七日、今朝雪江尾藩田宮如雲を訪ひ及㆓論談㆒候處、所見如㆑合㆓符節㆒、御盛意を貫通する盡力之外に道なきに決す、俗論遊説被㆓停止㆒度抔之議有㆑之、尾も兵備更に無㆑之由なり、

一、此夕御家老中始御前へ被㆑召、今後之御目途も粗御瞭然にて、爲㆓朝幕㆒御盛意御貫徹相成候樣、御盡力可㆑被㆑爲㆑在儀に御決談有㆑之、今一應御登城御伺之上、御家老中御國表へ可㆑被㆑遣と御評定なり、

〇同月十九日、土藩寺村左膳參邸拜謁之上、土州老侯廿三日御國許御出帆、廿六日頃御上京之御積之由申㆓上之㆒、先達而中國論分裂、信疑相半之困難之處、象二郎罷越漸く御上京之御運ひに相成由、〇最初薩と議論合兼、建白も三十日計延引之由、薩論は、筆紙舌頭を待に不㆑及、兵威に而押詰んとの事なりしを、帶刀一人にて鎮定、漸く上書之運ひに相成事之由、

一、此夕御目付梅澤孫太郎殿來邸、雪江へ逢對被㆓申出㆒候は、當御時態恐入候次第、夫に就き大藏大輔樣早速之御上京、定而夫々御見込も可㆑有㆑之、上樣にも殊之外御依賴思召候御義に有㆑之、隨而先生達にも、多年天下之爲御盡力之事候へは、此節柄御高論も可㆑有㆑之、一體此度之御趣意篤と御承知候哉、猶又御物語にも及度、御近所迄罷越候故及㆓推參㆒候との事に付、雪江相答候には、誠に難㆑有恐入候御時態、右に付大藏大輔も、宗家之御大事、天下之大變、不㆓取敢㆒命に走り候迄に而、中々定見と申も無㆑之、御趣意柄之義は、被㆓仰出㆒之御書面、且此頃登城御直に相伺候義共に而、誠に以公明正大之思召候へは、當時におゐては何卒右御盛意を、とこ迄も貫徹仕候樣盡力仕度と申より外、君臣共に別段之見込は無㆑之段相答候處、夫は御同意千萬之事に而重疊之義、元來如㆑此御運ひに相成候に付而も、其以前大に監察初諸有司を御前に被㆑召、御書付御開示にて、我等最早是より外に見

込は無レ之、其方共は如何おもふ、神祖以來之鴻業一朝に廢候處は、奉レ對二御先靈一恐入候姿候得共、畢竟天下を治め奉レ安二宸襟一候は、即神祖之御盛業繼述と申もの也、方今德川氏武備衰弱して、天下諸侯を制馭するの威力無レ之而已ならす、廿年來之非政を數へ立られ候へは、一言の申譯無レ之次第、此時に當つて、空敷神祖覇圖之形迹計を執着し、此儘に持堪へんとすれは、無理計多くなり、罪責は益增加、遂には奪はるゝにも至るへきは必然と見切り申候、依レ之今政權を朝廷に還し奉り、政令を一途にし、德川氏之有ん限り、力の及はん丈けは、天下諸侯と共に朝廷を輔け奉り、日本全國の力を戮せ、外夷之侮りを禦き候事に相成候はゝ、皇國今後之目的も定り可レ申、乍レ併是迚も見越の事に而、急度見居へ通りに行くか行かぬか、其邊迄は見貫き難く候へとも、先つ治るへき條理丈けは如レ此と存候、又是迄通りと申事も、出來さへすれは致間敷にも無レ之候得共、是は決して出來ぬ事と惜に致二覺悟一候、何も存寄あらは申せとの御意故、一同感服之姿には候得共、矢張幕權執着之向も多く、彼是と呟き合候迄に而、上意を返し奉り候程成明辨も無レ之、呶々喃々罷在候處、又上意に、此節潛伏之徒事を謀り候趣相聞へ、夫か爲に恐怖して俄に大權を擲ち候樣に存候向も可レ有レ之、潛伏之徒如何程ありとも、多寡之知れたる事に而、討は討つへく、□へく候得共、此處を能思慮すへし、我等如レ此在京せるは何の爲そや、かゝる時勢故、輦下之騷擾を鎭定し、叡慮を安んし奉らんか爲めなり、然るに非德の我等罷在候故、右等之禍根を釀し來りしなるを、又干戈を動し是を討に至つては、宸衷を驚動し奉り、生靈を困苦せしむ、其罪重大にして、一つとして義理に當らす、忠貞之素志も空敷事に相成候、從來我等非才不德にして、大統を繼くに堪へさるを知る故に、昨年も相續を辭したる事は、何も承知之通候得共、不レ得二已事一繼きたるも亦承知之譯にて候、其節も我等相續におゐては、迚も此體にては難二差置一、大變革をやらねはならぬ、夫てもよいかと申候處、伊賀初承知之事故、其以來端々取懸り、旗本抔之事も、當時之處まてやり候へとも、中々是式の事にて行くものにも無レ之、何分非常之事業に無レ之ては不二相適一と存込候は、決して昨今の事にては無レ之、根底深く有レ之候、又將軍職之義も固辭候へとも、是以先朝之叡慮も有レ之、不レ及二是非一事候處、果して不レ堪二其任一、事々此に及ひたる事候へは、憤然自ら反して、己を責め私を去り、從前之非政を悔革し、至忠至公之誠心を以て、天下と共に朝廷を奉二輔翼一候義、乍レ恐神祖之神慮にも適ひ可レ申、神祖は天下の安からんか爲に政權を被レ爲レ執たるにて、天下之政權を以德川氏に私しせられたるには無レ之候得共、我等は又天下の安からんか爲に、德川氏之政權を朝廷に還し奉る也、取捨異なりといへとも、天下を始め朝廷に奉するの意は一なり、汝等も亦能此主意を體認すへしと、又上意に、神祖之御時代と違ひ、外國之交際如レ形事と相成候へは、是迄之體に而交りを全ふしかたし、外國も次第に日本之事情を詳にすれは、今日と相成候而は、外國へ遣す處之使節は、德川氏之臣僕にして陪臣なり、陪臣をして帝或は王に使す□□外國にても既に其說あり、然れとも政令一途に出れは、假令陪臣たり共、朝命を奉して使すれは即ち朝使なり、禮典におゐて缺る所なし、已に當夏、外國公使華城櫻門内まて乘馬せしめしを、彼是批判すると聞けり、外國の情に通せすして、

皇國の尊をのみ知るものは、左も有へきなれとも、日本使外國に到れは、陪臣にても玄關前まて騎付る事也、然るを彼を下馬にて下馬せしむる時は、此方の使節も、和蘭如き小國に至つても、外郭より下馬せすしては不二相適一、其國辱を外國に曝すなり、大小輕重いつれそや、又往復書翰之書法文例に至るまて、一つとして禮に當らす、自ら尊大にして傲慢甚し、彼もし儼然として其失禮を責問するに至らは、一言の返すへきなし、今兵庫開港一新之時に當つて、政令を一にし、此等之非禮を改革し、信義禮讓を以て交らされは、いかてか其誼を全ふすへき、此開港之事も、朝廷にても開くへし、諸侯も開くへし、幕よりも開かんと乞ひ、一の異議なき事なりしに、勅許之際に當つて、不レ被レ爲レ得二已事一之文段あり、是か爲に大に物議を起し、迫つて許されたりと云、是等皆二途に出るの大弊にして、交際を全くしかたき所以なり、又諸侯割據之說を唱ふる者あり、今已に割據に非すや、德川幕府之威令行はれす、召せとも事を左右に托して不レ來、是幕府而已ならす、朝命といへとも亦爾り、割據ならすして何そや、此時に當りて朝威を翼け奉り、諸侯と

共に王命を奉戴して、全國侮禦に力を盡さすんは有へからす等、逐一之御明辨によつて、何も一言の異議なく敬服に及ひたる事の由を、堂々として談説有レ之に付、御趣意一々感服之至に而、可レ奉二間然一様は無二御座一候、扨夫を眞成之御事業に施され候御手下しは如何候哉と問ふに、何分朝廷は勿論、諸侯以上、唯私を去り候へは夫にて治る事故、上樣之大公至誠之御誠意を御打出し、其上は衆議に爲二御任一之御積に而候、夫より上下院大學校等之施設にも可レ被レ及歟、私云、此に至つて分明之定説なし、神祖は撥亂反正之機運に乘せられ、如レ此至治之御開業、御盛徳は申も愚なる御事にて、其節は士庶共に亂世の習俗を忘れしめんとの、御遠略被レ爲レ在候御貽謀によつて。漸次に數百年之太平と相成、其習弊又亂を忘るゝに過き、德川氏も驕惰に流れ、武勇衰へ、今日之禍根を生し候事故、此時に當つても亦一轉して政權を一途に歸せられ、墜を千仭に救ふて、再ひ太平の天に回され候へは、當上樣之御盛業神祖にも劣らせられす、畢竟天下を泰平にし、宸襟を被レ爲レ安候儀、神祖之思召に而、又天下之至善も此に止る事候へは、其地位にさへ御恢復被レ爲レ在候へは、別に期すへき事も無レ之、孫太郎輩臣子之分として、此度之御盛意を乍レ不レ及贊成擴充仕候義、今日之忠勤と存詰候事候へは、大藏大輔樣にも御輔佐被二成上一、御盛業之御成功を奉二企望一候、次て先生達にも亦大藏大輔樣を御輔佐被二成上一被レ下度と、忠憤面に溢れて演説せられたり、○別話に、先達而佛公使大坂へ參り候節之會話に、面白き事を申候、佛之公使を日本に置くは、日本をして富强ならしめんか爲なり、日本之富强を謀るは則公使之任なり、日本は人物土地東方無比之國體にて、産業を開かは富强日を數へて待へく、東海之一强國となる也、其强國と同盟なれは則佛國之强なり、弱國との同盟は世話計りにて益なし、東海に强國あつて夫と同盟なれは、佛國之便宜莫大なり、夫故に一日も早く日本の富强を欲するなり、就ては日本の事情を知らん爲に、先つ御當代之歴史を翻譯せしめて一覽せしに、權現樣之御盛德は如何にも可レ仰事にて、被二建置一たる御制度も實に無二間然一候、夫故二百餘年之太平も御保ち之事候へは、是を容易に御指綺ひは決して不レ宜、外國は多く郡縣候へは、其國々との交際、封建に而は不釣合なとゝ、其處へ御手を入られ候而は、以之外騒動を引起し可レ申候、外國にも封建を郡縣に改め、都合宜處も有レ之候得共、日本之風、必左様には參るましく候、只政令の一途になり、全國之力合ひ候様の御取計肝要なり、夫は此通りと、其處なる箸を取り、一本つゝなれは折れ安く、二本を一處にすれは折れ難きを譬喩にせり、扨又權現様御制度、殘る處無レ之とは乍レ申、海陸軍之御備へ無レ之、是は時代にもより可レ申候得共、當時となりては御缺典なり、何分盛んに海陸軍を御起し無レ之而は、强國には至り難く、夫も富か第一に而、富されは强からす、富をなすは物産を開くか先務なり、此日本富饒の國を以て、物産如何計も開かるへけれは、此處へ御力を竭され度と申せし由、

○同月廿日、午半刻御供揃に而御登城有レ之、伊賀殿へ御逢に而、即今御事業御手下し之處御□問之處、當惑のみにて聢としたる了見は無レ之、何分上様御逢可レ有レ之候間、御直に御伺被レ成候様にと被レ申由、右之次に、已來は何時に而も御都合次第御登城被レ成候様、其節は御用部屋へ御通りに相成候へは、手間取も無レ之、公私之御都合宜と御申之由、公御用部屋は御斷り之旨御答おかれし由、

一、内府公へ御對顏有レ之、猶又今後御事業之御見込御伺之處、方今之形勢、箇様無レ之而は不二相副一と御定見被レ爲レ立事候へは、政權を御還し、政令を一にして皇威を復せられ、天下之心を合せ、諸侯を會同し、公議を興し、天下之疑を去り、皇國之維持に御一世之御力を被レ爲レ盡、御紀綱御振起被レ遊、神祖之尊王至治之御鴻業を御繼述被レ遊度之外、御餘念不レ被レ爲レ在趣、不動泰山之尊慮確乎たる御義に付、公も無二御間然一御同意被二仰上一、何分被レ爲レ在限之御心力を被レ盡、御盛意御奉戴御輔賛、可レ被レ及二御忠勤一と、御契合之御悃話に被レ爲レ在由、御退出之上、御家老初へも台慮之趣被二仰聞一、一同奉二拜承一、臣子之御奉公は此秋にありと感激せり、

一、今日御登城、内府公へ御直御伺之處、彌御盛意御更張に付而は、猶以御同意御盡力可レ被レ遊に付、其段御國表へ爲レ被二仰遣一、本多修理立歸り被二仰付一、翌廿二日被二仰進一之御趣意御書取持參(◎誤脫あらん)、夜寅半刻早馳之積に而出立せり、

御趣意御書取

上樣御英斷之次第は、過日登城之節相伺候而、略及二陳啓一候通候得共、猶又昨日登城、段々相伺處、大權を朝廷へ被レ還、皇威を被レ復、政令を一途にし、天下之公議によつて、御家の有ん限りは朝家へ御力を被レ盡、神祖之御盛業を御繼述被レ爲レ在度との思召、誠以感泣敬服之至に付、我等義も乍レ不レ及身命を抛、休戚成敗を不レ顧、只管御盛意に御同意可二申上一と令二決心一候、依レ之委細之情實は修理へ申含差越候間、於二其表一も夫々其覺悟有レ之樣にと存候也、

十一月

私云、於二御國表一此段之京狀に狐疑有レ之、方向不一致之情態も有レ之故、御一定之御直書持參に而、御家老中を被レ遣候なり、

○同月廿一日、藝州より傳奏衆へ屆達之由如レ左、

毛利家より別紙之通使者を以申越候、尤此儀に付而は從二朝廷一御沙汰有レ之候迄、上坂可二見合一旨申達候樣、從二朝廷一被二仰出一候に付、其段毛利家幷吉川監物へ相達候樣、去る十日從二幕府一達有レ之に付、早速以二使者一申達候得共、全行違に而差越申候間、一應御屆仕候、此段可レ然御執奏被二成下一候樣奉レ願候、以上、

十一月廿一日　　安藝少將

別紙

朝廷御召之段御達有レ之砌、末家中氣分相罷在、重大之御沙汰筋等閑打過候義奉二恐入一候に付、不二取敢一家老中計發途爲レ仕候段及二御達一置候處、末家之内少に而も病氣快候は丶、一同大坂表へ可二罷出一との御事に付、種々保養相加候得共、今以聢々無レ之、追日遲延仕候而は重々恐入候義に付、淡路名代毛利平六郎、幷家老毛利内匠、監物名代宮庄主水、一同爲レ致二上坂一候間、旁之趣朝廷向宜御取計致二御願一候、

○同月廿二日、去る八日宇和島老侯より御來書之内、此地之形勢御關心にて、事情御承知被レ成度段被二仰越一に付、今日右御報被レ遣、御書中摘二要論一、

一、十月十三日曉雷閣より一書來り、後藤象二郎之建白にして、容堂より之書付も相廻し相談有レ之、僕心底直に返二報之一、兼而之心緒故不レ贅候、十五日京報あり、幕公政權朝廷へ御歸被レ遊候書付、諸藩臣

條城集會發令之趣、帶象將を初數人謁見等之事、御承知と存候故不二申上一候、此時幕命あり、僕父子之登京也、尤諸藩同樣之由、十七日京報に而、朝廷御許容、僕上京之降命あり、僕不快に而越上京を命せり、依レ之酒井十之丞早打に而上京せしめ、雷閣に謁し内府公之深意を伺ふ、雷閣辨レ之、僕何分登京せよとの事、越上京候共僕罷出候樣、僕上京なれは越は夫に不レ及との事也、僕の不才、再上實に難レ堪、且苦勞存候得共、名義難レ辭、遂に以二十月二日一發越、八日入京仕候、十日入二條城一、内府公謁見、段々深意拜聽候處、反正之卓識確乎たる事に而、幕私渾而抛却、幕權を歸二する朝家一、決而哀惜之念一毫拂地、公明正大之尊慮、先日御書付之通り、在國中聊疑念も有レ之候得共、氷解之事と相成、實に當夏謁見之時とは、御見識如レ洗、爲二天下一榮幸雀躍之至、僕輩不肖庸愚といへとも、輔贊□□翼二戴朝廷一せすんは、生甲斐も無レ之事、即此度は乍レ不レ及盡力可レ仕と、一心決定罷在候、修理大夫も明日入京ときく、藝世子も不日入京、容堂も近日火船を馳せ登上之趣に御座候、兼而御相談之上、幕私幕權之頑固なるを歎息して、當秋傾二離杯一候處、此度は盟臺僕等之素懷大願暢達之世に逢ひ、内府公之反正無レ疑事と相成、薩土藝も敬服、輔二贊内府公一せんとの趣也、盟兄素情相達、大願成就之世に當つては、實に歡天喜地之至と可レ被二思召一、左すれは早速に御上京御盡力、御適當と奉レ存候、方二此時一不才也と被レ稱候而は、天下之志士、盟兄を依賴する事拂レ地に必可レ至、是辱弟爲二盟兄一所二以泣血一也、一昨日も僕入城謁見之節も、内府公、盟兄何卒出京、共に相談致度との御咄も有レ之候間、旁以二一日も早ふ御入京奉二渴望一候、爲二天下一爲二知己一爲二國家一にも、御勉强被レ爲レ在御上京に候へは、不才之僕も亦萬事附二驥尾一御熟談申上候へは、盡力の大たすかり、私事之爲にも偏に御登上奉二希上一候、下略

〇同月廿三日、宇和島藩須藤但馬、西園寺雪江參邸、豫州出帆後海上に而手間取、一昨日大坂着、後藤象二郎へ逢ひ、此地之事情承候處、國許へ相聞候とは大相違に而、國論に而は、當主之方登京可レ然と二途之説も有レ之、且疲弊も甚敷候得は、遲引之策可レ宜抔との事に而、段々出立も遷延之處、此表之形勢に而は、

早速之上京ならては不ニ相適一事候へは、爲ニ御迎一兩人罷越度候得共、國論之次第も有レ之候へは、老公樣御直書頂戴被レ下度段申レ之、持參致候豫州老公御直書指ニ出之一、如レ左、

一東呈ニ研北一候云々、然は追々御承知之通、容堂兄大事件建白之處、存外速に御悔悟御反正相成、誠以恭賀之至奉ニ感泣一候、就而は大變革に付、萬石已上被レ爲レ召、本月中到着可レ仕旨、盟臺迅速御上京可レ被レ爲レ在、隨而容堂兄發程候半、過日臥內臣武市八十衞被ニ差越一、相談も有レ之候得共、右は上京御沙汰以前に付不ニ相分一、尙出立時合尋遣御さ候、吳々皇國挽回維持、五大洲へ獨立之大事業、基本綱目被ニ相定決一候秋、此度社御盡力之時と、伏而奉レ仰ニ鼎力一候、愚僕蒙レ召候に付、早々出立可レ仕筈之處、折柄所勞に付、少々御猶豫奉ニ願上一候處、重臣上京申付候に付、心緒閣下へ申上度、家僕須藤但馬、西園寺雪江、口頭托置候條、御聞啓被レ下候樣、御敎示乍レ憚奉ニ希上一候、依而文略仕候、何れ不レ遠面盡と奉レ存候、早々頓首、

仲冬初五日　　伊豫守

越前宰相樣

○同月廿四日、須藤但馬、西園寺雪江、拜謁之上相願候は、此表之時勢、國許に而承及とは相違いたし、於ニ此地一國論之次第、土薩等へは不レ堪ニ羞慚一、難ニ申出一程之仕合に而、何分一日も早く伊豫守樣御上京之運ひに致度候得共、兩人限之存寄にては、國議を排斥之儀難レ仕候得は、御催促之御直書頂戴、夫を力に御迎罷出度、土州之火船も、何時に而も御用立可レ被レ成との事之由申上候に付、公被ニ仰聞一候は、御上京御勸誘之御直書は、則昨日も被ニ指出一、嚴敷被ニ仰遣一候事候得は、此上は此頃御登城に而、內府公御沙汰も被レ爲レ在候事候へは、其邊を以板倉伊賀守殿より直書被レ遣候而は如何との御義候處、兩人、左候得は猶更難レ有、早速御國許へ罷越、是非御供上京可レ仕と申上候に付、左候は丶、伊賀殿直書之義は、此方樣より御申越に而、御渡可レ被レ成との御約束に而退去、○右之次第伊賀殿へ以ニ御直書一被ニ仰遣一候處、伊賀殿より上樣へ御伺之處、至極可レ然候間早々書面遣候樣との御沙汰之由御返書に而、伊豫侯への御直書添御遣しに付、兩人御呼出御渡有レ之、

一、此日板倉殿より御直書に而、島津修理大夫昨日上京之處、小松帯刀不二罷上一、右等に付御承知は無二御座一候哉、御心付も有レ之候は丶、御登城之上被二仰上一候樣御申越有レ之、○右に付知邸より承調候處、足痛に而上京不レ仕、右代として岩下佐次右衞門致二御供一候由返報有レ之、事情不分明に付、猶又青山小三郎へ被レ命、吉井幸助方へ罷越承候處、帯刀儀先達而着薩之砌より、持病之足痛發動、人手に掛り漸く致二歩行一候仕合候得は、是非御供と乍レ存難二相適一、無レ據相殘候而溫泉へ罷越、快氣次第馳上り候積りに而、實病相違無レ之、夫故土州へは、無レ據大久保一藏罷出候由申出候段、小三郎罷歸申上候に付、其段伊賀守殿へ御直書を以被レ仰二遣之一、

一、右之節幸助云、追々諸侯御上京に付而は、何卒少も早く公議之御運ひ付き不レ申候而は、遷延之内如何成事變も難レ計、別而近來暴逆之徒横行、坂本龍馬を始不慮之事有レ之、七條に而石川甲子太郎暗殺抔も可レ惜事に而、彼は頗有志に而、先達而之建白抔は、一々尤至極同論之事共之由、○追々之御手順御見込、大藏大輔樣には如何と申に付、御盛意御擴充より外に御見込無レ之、公明正大之御雄圖、御直にも再度御伺ひ、御感服御安心之旨相答候處、如何にも上樣におゐては可レ奉レ疑樣は無レ之、永井殿抔も御同樣之由候得共、唯板倉侯等には、矢張久戀之心底有レ之哉にも疑ふ者有レ之、修理大夫樣にも、いつれに御相談も被レ成度、兎角御手後れに不二相成一樣、來月十四五日頃迄には、大綱丈けは御居りに不二相成一候而は不二相適一、いつれ之道にも此度之機會を失ふ時は、土崩瓦解と焦思候段論談之由、○又云、此間下坂、サトウ（英國通辯官、日本語を能す、）に逢ひ候處、追々開港期限にも相成候故、各國來舶之運ひ候由申候、孰れ其節は何の彼のと申出候義も可レ有レ之、御手前も其頃は御多事に可二相成一、自然可レ及二混雜一と被レ存候由、乍レ併其機會に、却而朝廷に而も御手覺も被レ爲二出來一、御都合に可二相成一との見込之由、此度抔、大久保、勝之兩先生御用ひ無レ之而は不二相成一、大は御左右御輔佐、勝は海軍惣督、兩先生に限候抔申候由、

一、今朝十之丞土邸へ罷越、象二郎明日參邸候樣申傳候處、此間龍馬暗殺人も露顯に付、一同に氣立、甚心配之由、何分今明日に壓付け御◎〔仕カ〕廻候積之由、先達

而中象二郎御國へ參上、此度之始末委曲老公へ奉二言上一度心算之處、手透無レ之故、無レ據龍馬指出候事之由、願ふても參上仕度折柄候得は、明日參上委細可二申上一段及二御請一、

一、右歸途尾老侯御旅館へ罷出、田宮如雲逢對、昨日御登城被レ爲レ在由、御都合如何候哉、御承知被レ成度との趣及二對談一處、至極之御都合に而、御直に思召ゝ御伺ひ、是迄之疑滯惣而氷解之次第之由、

〇同月廿五日夕、土藩後藤象二郎、福岡藤次、神山左太衞參邸、拜謁被レ命、是迄之次第、且今後之見込等申上候樣被二仰聞一候處、象二郎より是迄之手續申上候所は、粗先日藤次より申上候と同趣に而、扨今後之儀は、小松帶刀と深く申合せ候義有レ之、象二郎國許へ罷越、帶刀も歸國之上、國許同論と相成、修理大夫樣も御上京に相決候得は、帶刀は直樣出帆、土州へ立寄、尙又象二郎申談、同船に而上京之契約に付、於二國許一屈指相待居候處、帶刀は足痛に而旅行難二相成一に付、湯治罷越、御跡より罷上り候由に候、併帶刀之足痛、甚失望而已ならす且は巽歟、自然於二國元一帶刀之說不二相立一事と相成候へは、帶刀は乍レ恐內府公を奉レ初、私共迄へも面目無レ之、迚も難二罷出一筋に候由、就而は一日も早く、御上京之各侯丈け御會議相始り、至公至中之大本相立候へは、其上誰彼物數寄立て之出來候ものにも無レ之、もし物數寄を出し候とて、立行ものにも無レ之、自然と公論ならては不二相適一事と相成候樣に押寄せ度、夫も此度之御盛意奉戴、公明正大之同論藩、堂々と旗を立候へは、夫に而勝算は相定り候と申もの、其上に而公卿方と申中にも、正三卿は御格別候得は、此卿へ熟く入說いたし、先つ上京諸侯を被レ召、意見御尋に相成、其御答之御次第、御簾前之御誓ひに相成候はヽ、夫に而大本相定可レ申候、夫より議事院等之事に相成、種々條目に亘り、公議可二相立一儀と被レ存候由、乍レ併公卿方と申は、外より入說に動搖之癖有レ之、箇樣之折柄、必定所々へ煽惑之說も可レ入候得は、其豫防には同盟藩多勢之力を以、正說を先入固結するに如く事無レ之、一藩に而も同論多き方、力も強く說も立可レ申との定見、詳達レ之、〇於二控所一、猶又雪江十之丞小三郎等、前文之次第反覆討論、此方樣よりは尾肥へ可二申談一、土藩よりは藝薩へ可二申談一、因備へは藝より可レ爲レ談、藝は素々同論

に而、聊嫌疑無レ之由、薩へは明日にも可二申談一、愈小松と約定之通に運ひ候へは、何之子細も無レ之、同志藩丈けは、整々堂々之正論を立候而可レ然、何分明朝は永井殿へ參上、猶御内意之處も相伺ひ、其模樣可レ及二案内一、其上に而同論藩樞要之向會合、篤と手續迄も及二示談一、夫より公卿方へ手を入候樣可レ致と申談す、從レ是は明朝早々尾肥へ打合可レ申と談したり、

○同月廿六日、今朝雪江田宮如雲旅寓を訪ひ、昨夕之次第、土藩見込之趣、逐一及二物語一候處、都而同論に而聊も異議無レ之、何分正大之御盛意貫徹すへき爲に御上京之事に而、是等之次第素より所レ願候へは、尾侯にも決而御同意無論之由、此時と成ては、同志へは同志丈け之正論主張之外は無レ之、及二反覆談論一たり、

一、同日肥後邸へ酒井十之丞罷越、津田山三郎へ逢對、靑地源右衞門も來會、夫より申談之次第一々徹底、第一内府公御英斷御特立、老公御直に御伺之御模樣等拜承、何も新聞之由に而、群疑氷解感泣、奉戴は勿論に而、同志之一致、公大正明之立論等悉く同意、夫より藩老溝口孤雲宅へ會し示談之處、是以異議無レ之、早速兩公子之内御上京之儀、明日飛脚指立可レ申、惣而同意同論候得共、猶及二衆評一、明日孤雲參上御返答可二申上一との事也、翌廿七日孤雲參邸、十之丞より傳命之趣、一藩悉御同意之趣申上、仍レ之肥後表へも、越中守樣良之助樣被二仰合一、御上京に相成候樣爲二申上一、昨日飛脚差立、猶淺井新九郎爲二御迎一指上候積之由申二上之一、

○同月廿七日、今朝雪江後藤象二郎を訪ひ、永井殿消息承候處、則今朝參謁陳啓之處、同氏も尤同論に而、當時勢に付、往々之見込は夫々有レ之候得共、手初之處、幕より端を開き候而は嫌疑にも亘り候へは、此處外藩にて緒を引出し候へは、大に都合宜候間、一日も早ふ取懸りに相成候樣致度と、殊之外大悦に而有レ之由、此運ひ候へは、彌以成丈け手を廣け、同論多く相成候樣致度との事故、尾肥兩藩へ示談同論之趣及二物語一處、大に安悦せり、○容堂樣廿三日御出帆、來月二日三日には御上京可二相成一候へは、夫迄に精々同志之藩語ひ置、猶御談申上公卿方へ出懸候積之由、○今朝永井殿之咄に、日本終には郡縣に可二相成一との上樣御見込之由、是は英國往古封建なりしか、公議の

上、郡縣ならては强國とは難二相成一と決し、郡縣と相成候事故、日本も夫に類し可レ申との御說之由、
一、今夕薩藩大久保一藏被二召呼一、拜謁被レ命、此度有志輩盡力によつて、●内府公御反正被レ爲レ在候御挨拶一應被二仰聞一、夫に付き今後之見込御尋に相成候處、此時朝廷之御基本不二相立一しては不二相適一事候處、兎角朝廷に御人材乏敷、其處甚苦心之由、會議公論之義も、孰れに正大に歸すへき事なから、御手下し之次第如何相成可レ然哉、邸議一定不レ仕、決定之上は、いつれに相伺候心得之由申二上之一、○内府公へ御直に御伺、御英斷之御様子等被二仰聞一候處、今一層御實行に不二相顯一候而は疑惑難レ晴、紀會桑等之雜說も有レ之候へは、何卒一日も早く御實跡相顯はれ候様願はしくと、反覆申二上之一、帶刀足痛、持病に難澁相違無レ之、療養之上、來月中旬頃迄には上京可レ仕哉と申二上之一、
○同月廿八日朝、●會藩手代木直右衛門を被二召呼一、拜謁被レ命、此度之御一件御英斷之御次第、逐々御承知に相成候處、御盛意無二御間然一御同意に付、何分とこ迄も御隨順御奉戴被レ成度、夫に付肥後守殿御見込等如何有レ之哉、御家來共に於ては、今後之處如何相心得候哉と御尋之處、直右衛門申上候は、御盛意貫徹希望仕候は、肥後守は元より、家來共も一同御同然之義に御座候得共、唯々今後之見込に於ては甚心配仕候、畢竟肥後守在職已前より存込居候は、●德川家之政權は朝廷へ被レ歸、幕府に而は王命を奉し、順正之御政道に相成候は丶可レ然と存居候處、此度之御一擧に而、年來之誠心も違却仕、失望之極地に御座候、政權を一途に被レ歸候は、乍レ恐御尤至極之御儀奉レ存候得共、幕府迄御捨被レ成候而は、治り方附き申間敷、公議と申も如何之運ひに可二相成一哉、更に見詰無レ之、議事院と申ても、外國之制度通りには、中々急に可二相運一とも不レ被レ存、人材御擧用も御美事には候得共、如何程之人材出候而も、何事も取扱ひ馴れ不レ申候半而は、今日之御用には立不レ申候、是も舊幕府之御役人ならては迚も行き不レ申、又朝廷とても、乍レ恐御人材無レ之、中々王政復古抔思ひも寄不レ申候、彼を思ひ是を思ひ候而も、舊幕之御制度より外に治平之見込は無レ之、過日御所に而、太政官初、八省御取建之御見込之日《マヽ》則御垂問之御書付、尾越へ出候との事に而、致二拜見一候得共、是等も畫餅同様之御義たるへく抔、

唯舊幕制ならては難二相適一意味、反覆懇々申二上之一に付、公には、何分上樣御盛意行違無レ之致二徹底一候樣有レ之度、外藩より見入れ候而も、親藩中上旨を取違候而は、貫通は不レ致、却而致二妨害一候樣に被レ思候而は相濟不レ申、此處一藩之示談、十分行屆候樣被レ成度と御申聞に而退座せり、○控所にて御勤役共出會、申談候趣意は、上樣如レ形御立派之御英斷に而御打出し、大公至正之尊王旗を被レ建候事候へは、親藩一同一心同力、整々堂々葵章之旗を建連らね、尊王之御味方申上候は丶、今後誰あつて抵抗する者有レ之間敷、國初之形勢に而も可二想像一事に而、其時に當り彼是と私説を主張致候向は、異論之徒候へは、夫は討つても天下の許す處なり、然れは當時之見込は、公議之時を待て可二申出一儀に而、方今は閑《マヽ》是非之論は鉗口して、唯只管に御公正之御趣意を、何處迄も押通す同一體に相成度と及二議論一處、一心同力異論を討つ之議に至つては、其大體を了解し得たれは、猶熟考之上追々及二示談一度由、最初後藤とも及二談論一正大丈けは無論候得共、公議之末見込無レ之、其節頻に同意可否之返答を被レ責候得共、幕府之御都合難レ計に付、一藩限之挨拶にも及兼、暫時甚困窮之次第に有レ之由、

一、今日午後御登城、伊賀殿へ御逢、兎角薩藩之嫌疑氷解せすしては、今後之御手順不二恰好一、昨日も一藏御呼出、御直に御談之處、疑念深く有レ之哉候間、吉之助一藏等被二召呼一、御直に御説得有レ之候は丶、夫々安着にも可レ至歟と、御存寄之處御申入之處、可レ達二上聽一との事に而、申上に相成處、至極御尤に思召候旨、被二召出一候儀は尙御考可レ被レ成との御義之由、○伊賀殿より、此節英船渡來、上樣へ拜謁相願候得共、當御時態御下坂も難レ被レ成に付、永井被レ遣候、英入京申立候は丶、如何致候半、心痛之由御談に付、公、當時と相成候而は何之御苦勞も無レ之、其段朝廷へ御伺可レ然と被レ及二御挨拶一由、

一、今日御退出より尾老侯御旅館へ被レ爲レ入、頃日之御次第共御物語、爾來之御見込、御周旋可レ被レ成御手續御談に相成候所、惣而御同論御同意に而、御都合尤よし、御家老渡邊對馬守、田宮如雲陪侍之由、成瀨隼人正は齒痛に而不レ參せしとの御沙汰なりき、

○同月廿九日、藝州より朝廷へ御屆之由如レ左、

先達而長州より以二使者一申越候書面へ、以二添書一

申上候通、板倉伊賀守より之達書行違に相成、毛利淡路名代等一同、領內御手洗へ着仕候間、右達之旨趣委細申聞候處、兼而必至之國情、一旦出帆、中途より引返候而は、大に闔藩人心に關係仕候義に付、其儘登坂、何分之御沙汰相待度旨申聞候趣に付、任二其意一家來指添、於二西宮一停泊仕候に付、家來之者昨夜着坂仕候旨、只今申越候間、此段不二取敢一申上候、可レ然御執奏被二成下一度奉レ願候、以上、

十一月廿九日　　　松平紀伊守

○同月晦日、荒川順助爲二探索一津藩に至り、□逢對藩狀承調處、此度は十分盡力之勢に而、六大隊を出す沙汰之由、藩論二分之一は御盛意奉戴之論、一は兵威を盛んにし、外藩を壓倒し、復權之論之由、先は兵力論之方多分之由、○長州藩二千人昨日着坂によつて、入京せる時は抑留すへき論有レ之由、○又大聖寺藩に至り、金澤之藩狀を問ふに、此度十分肌を脫き盡力すへきの論に而、周旋家も數人上京、いつになき奮發之由に付、肌をいつれの方にぬき候哉と問ふに、夫は不分明との答なるよし、

一、此日藝州より密使を以、攝政殿下へ言上に相成書付之由如レ左、

此度長州家老幷末家名代監物名代共、一同上坂爲レ致候而、御沙汰相待候樣之次第、表向御達申上候得共、極內實は、兵庫開港之期も最早差迫り候に付、此度幕府政權を朝廷へ復歸候に付而は、外夷御取扱之義も、何れ朝廷より可レ被二仰出一御義に御座候得共、兵庫開港之義は、先帝へ被レ爲レ對候而も、一先御延引可レ被二仰出一儀歟に奉二恐察一候、然る節、外夷共いつれ朝廷へ相迫り、御應接振によつては、自然暴擧の儀無レ之とも難レ申、幕府には征夷之職掌を被レ褫候得共、從來外夷と親イ◎和睦被二相結一候上は、爭か干戈を被レ爲レ交可レ申哉、左候はゝ後日萬一國體御動被レ爲レ在候而は、誠以驚愕至極之次第に御座候、大膳父子未御沙汰之通、實は承知不レ仕候得共もイ◎而右樣之節に相臨み、誓て傍觀仕間敷、粉骨碎身仕候而微忠を盡し、一方之御防は仕度と之寸志、則紀伊守におゐても難二默止一此段極內々歷二尊聽一申置候事、

十一月晦日　　　松平紀伊守

尼ヶ崎屋敷爲レ知拔書

一、昨廿九日西宮打出濱より長州人上陸、夫より尼ヶ崎領分上ヶ原村へ入込候人數凡千人計、同處に而下宿借用致度旨押而願出候に付、村役人代官所へ訴出候に付、即日同所城より早打を以、京都屋敷へ飛脚到來、昨日又右に付遠江守御暇願濟に而早々出立、在所表へ取締旁歸邑相成候事、

○慶應三年丁卯十二月朔日、此頃長州人多勢上坂、遂に入京も可レ致趣風聞有レ之、朝野之人心不レ穏に付、今朝被レ命雪江梅澤殿を訪ひ、長人上坂之虚實承調候處、大分之人數攝州西宮邊迄罷越候由、右は御指留之朝命と行違ひに相成り、上り來る由なり、藝より奏聞も有レ之、猶歸國之上諸侯會議之評決を待候樣降命之處、國情無レ據譯合有レ之に付、其儘滯坂之義を願出たる趣、藝より再達有レ之、元來長州は、近來自ら正義之國と誇稱致しなから、如レ此の朝命を拒み、國情申立候義、第一之不義なり、藝は左樣之不義を隣國之好みに說得は不レ致、其願書取次たるも亦不屆なり、諭告の上にも歸らす、願書指出候とも不二受取一候へは事濟へきを、不義之取次は相聞へす、其儀及二詰問一度、辻將曹呼出候得共、不快之由にていまた出不レ申との事故、押て上京せは是非とも抑留せんとの風說は、實事に候やと問ふに、畢竟夫は朝廷之御取計ひに有事なり、急度歸國候樣被レ命候而可二相濟一事なるを、御捨置被レ成候はゝ、如何成不法を働き候半も難レ計、素々謀反之國なる事は、先年堺町之一亂將に發せんとする際、於二伏見表一福原越後之反狀を推究し、嚴敷及二詰問一陰謀無二相違一趣を吐かせたる事あり、此度も其節の轍跡なれは、不法は元よりの事なり、押登るに當て、過路關門守衞に手向なと致候はゝ、指留るは勿論にて、時宜により騷動にも可二相成一と被レ申に付、夫は守衞之向なれは不レ及二是非一候へ共、自然會等出懸候勢には相成間敷歟と申候へは、長人洛中へ入れ不レ申樣、兼而命令も有レ之事候へは、會津も相手になり申間敷とも難レ計、元來押登るといふか長之不義候へは、法之通りに取扱ふか公正之道にて、更に指支無レ之、勿論幕府に而は進退共に聊關係無レ之、傍觀する迄、總而朝廷之思召次第なりとの事に付、幕に而も彼是御指綺ひ之事に候はゝ、一言可レ獻と存候得共、朝廷へ御任せと拜承候而は、安心之至に而、別に可レ申條無レ之と答へなり」問、紀州水野安藤上京の沙

汰あり、如何成譯に候哉、答、夫は原因ありし事なれとも、事已に成候き、水野も昨日京着せり、當時水野全權に而、昨年之戰爭、且今度は紀伊殿京都に腰を被レ居候積故、入費莫大に付、士民より餘程之收斂有レ之、且楮幣を制し融通候處、澁滯難レ被レ行、不益之譯等出來候由、安藤之黨是を好機として、安藤なれは左樣には致間敷と說を唱へ、怨嗟之衆心を執り、水野の權柄を奪んとの計略にて、一時は餘程之騷擾之由、乍レ併楮幣懸り之役人五六輩貶斥せられ、夫にて靜謐に及ひ、安藤之隱謀は空敷事と相成、紀侯も近々御上京之趣なり、素々佐幕之忠實は有レ之候得共、一等卑き處遺憾之由」雪江云、兎角御盛意之妨障に相成候說共相聞へ、殘念成よしを申に、眞に然り、尾も先日成瀨に說き、是は會得、會の手代木も說得、是も可也に合點行しとの事に付、手代木は此間弊邸へも相招き、直問も有レ之、吾輩も及二示談一候得共、今一層行屆不レ申、心外之由を申せしかは、梅澤云、さらは其見込違ひ藩々を御會集有レ之、十分徹底迄極論に及ひ候而は如何、左候はヽ拙者設樂備中と兩人、事に托し其席に臨み、存分一杯に說き付候はヽ、大體行ぬ事は有レ之間敷、何卒左樣に御取計ひ有レ之樣、御申上有レ之度と被レ申に付、何分申聞候上可レ及二返辭一と相答」此次手に內府公之御美事稱述せられし趣は、先日關東より御勘定奉行上着、御勝手向必至御逼迫之次第を申上しに、成程心配は察し入たり、我等も精々心を付るとの御意に而、去月の御手元御入用帳を御取寄せ、爲二御見一なされしに、御食服其外御物數寄等一切に而、二十二兩之御出方なる故、司農も感淚を流し敬服し、誠一言可二申上一條無レ之、何卒暫御東下被二成下一、如レ此御取締りを御示しに相成候はヽ、御取直しも遠からすと申上し由」又英國公使パアクスは傲慢不遜之者に而、兵力を憑み妄言を吐き、粗暴不レ少か、先達於二華城一御直談之御運ひに相成、何も甚心配致居候處、公使拜謁之節、先以儼然たる御威風に大に敬屈、夫より御側へ召され、是迄は貴國へ對し種々不都合之次第も有レ之、何共氣之毒に存んする、今日より以來は最早其樣成義は不レ致候間、左樣相心得候樣との御意によつて、一言の申分にも無レ之御請申上候は、難レ有御意にて候、如何樣是迄之儀は申上度條々も御座候へ共、今日より心腹を御改正と伺候上は、過去之義は今更申上間敷、我よりも今日より以來、日本國へ對して之信義は、言語にて申上候よりは、實跡に顯し而入二御覽一と申上候由、開港之事も申出候處、決して違約は無レ之、一日も違へ申間敷との御意にて、一大に悅服之樣子に有レ之、御前を下り御噂申上候は、御眼中と申、御煩悶之邊、豪雄之相を被レ備候と、大に感服せし由を被レ話たり、

一、永田儀平藝藩三宅萬大夫に長八之事を承りしに、長八藝の御手洗といへる港迄着船し、初而朝命と行違ひたる事を承知せしかとも、一段君命を受て出立たるに、空敷は歸りかたし、國許よりの一左右を待たしと、藝の護送を賴みし故、藝にも西宮迄送着、彼地に相殘りたる由、いつれ國便を待にて可レ有レ之、其段朝廷幕府へも申上たるとの事なる由、

一、此夜二更後、板倉殿より御直書に而、長八追々入京之御沙汰聞へ、此節不二容易一次第に付、御相談之義有レ之候間、明日四時頃御登城相成候樣御申越に付、邸議之趣は、何分此度幕府之動靜は、天下之動靜に拘る處之一大事なれは、一點御動搖之聲息無レ之、寂然正を踏んて御進止可レ然と相決し、其段明早朝梅澤殿へ申入候樣、雪江へ被レ命レ之、

私云、此夕於二大坂表一御城代より、今般毛利大膳京都より御召に而兒山へ屯集、凡人數一萬五千人程に付、心得迄に御達に相成候段御布達有レ之由、此浮說京地へも波及せしなり、

○二日早朝、雪江梅澤殿を訪ひ、長八入京一件に付、公旨并邸議之次第申入候處、梅澤殿も同論に而、長之擧動は、幕之動靜を試るの施策たる事を推察せし故、不虞之備へは手當せしかと、形迹においては曾て動轉せさるを示すなり、津藩より山崎關門固めの伺も打へきなれとも、朝廷へ伺之上可レ然と指圖せしと答へられたり、

一、四時御供揃に而御登城之處、長八一件之御評議種種之内、先つ諸侯會集迄大坂に罷在候樣、朝命に相成可レ然とは被レ決候得共、右を朝へ被二仰上一方之御意味、色々御斟酌有レ之、眞に御心付之樣に無レ之而は、矢張幕意に歸する故、板倉殿考按に而、戸田大和守殿より正三卿へ入說之御手續に相成由、津藩より山崎關門警固に付而之伺、津に而は幕命に任せ度趣に相聞候へ共、幕に而は朝命に付せらるへき筋故、傳奏へ

伺之上に可二相成一事と被レ決由、但し此儀は公之御心付に而、長人入京指留候事は、兼而朝命有レ之事故、關門にて其次第申聞指二留之一、其上にも是非上京之願候はゝ、其段朝廷へ相願ひ、朝廷より津藩へ通行いたさせ候樣降命ならては難二相成一段、とこ迄も申聞せ、其上にも押而通行せは、不レ得レ止打拂可レ申と、名義を立申聞候方可レ然と被レ決事之由」、會は在京諸侯參內被レ命朝議に相成候樣尹宮へ入說、宮も御同意歟候得共、左樣之事に而は、却而動搖之姿に付、此事は御取消に相成候樣、會侯も承引に而不レ被レ行相濟由、兎角行違ひ出來に付、明日は板倉殿へ手代木呼出、諭告に相成候樣御談之由」、辻將曹より三宅萬大夫を以、板倉殿へ申出候は、長人之義御指留之朝命不レ得レ止罷出候事候へは、改而朝命如レ此と申聞せ候方至當なるへく、幾度も同樣申聞候而、其上にも抗命之節は、夫は其時之事といたし、是非承服致候處まて申聞度、藝へ被レ命候而十分盡力可レ仕との事、至當之正論、上樣始甚感服には候得共、期後れ、最早大坂迄との儀、夫々御達にも可二相成一刻限に付、難レ被レ行して相濟由、

私云、此夕大坂にて朝裁相待候樣、朝廷より被二仰出一たり、

一、今夕御同國◎論カ諸藩重役を會合し、即今之時勢に付夫々之見込、且我公之、上之御盛意御遵奉之御趣意等申聞、今後猶以懇厚申談度、方今之議論等も有レ之候はゝ、無二覆藏一承度段及二相談一處、一同一言之異議無レ之、御指揮次第に奉レ任趣申出たり、

一、此日薩州より幕府へ左之通屆有レ之由、

別紙之通、西宮碇泊罷在候長藩之者共より、松平修理大夫樣へ差出候趣、御同方樣より被二指越一候間、不二取敢一其儘差出申候、此段奉二申上一候以上、

安藝少將內

十二月二日　熊谷　兵衛

先達而從二朝廷一御召出之段御達有レ之砌、末家中氣分相罷在、重大之御沙汰等閑に打過候義奉二恐入一候に付、不二取敢一家老中計發途爲レ仕候段、及二御達一置候處、末家之內病氣少に而も快候はゝ、一同大坂表へ可二罷出一との御事に付、種々保養相加候得共、はきと無レ之、餘り遷延仕候而は幾重にも奉二恐入一候に付、淡路名代毛利平六郞、家老毛利內匠、監物名代宮庄主水、一同上坂爲レ致度、兼而藝州樣

御誘引之御約束に而罷居候處、御手洗に於て、重而朝廷より御沙汰被レ爲レ在候迄之間、上坂被レ止候段承り候得共、今般於二朝廷一王政被二聞召一、猶列藩公議を被レ盡、御基本可レ被レ爲レ建被二仰出一候旨傳承仕、皇國大慶不レ過レ之奉レ存候、然る處是迄弊邑之義、奉レ蒙二典憲一、意外之干戈に相及ひ候次第、毫末奉レ對二天朝一異心無二御座一、大膳父子に於ては恐縮に不レ奉レ堪候得共、武門不レ可レ止之場合と相成、右及二事宜一申候、父子勤王之至誠不レ恥二天地一、四民一途に思込候情義難二默止一、屢御取持を以幕府へ及二言上一候得共、微衷徹上仕兼、必定中間壅閉、暗雲掩二天日一候義と、晝夜泣血罷在候處、豈計今日之御機會と轉變仕、實に大旱之雲霓を望し思をなし、西ノ宮迄到着仕、御沙汰相待罷在候間、此上幾重にも宿志貫徹仕候樣相願候、旁之趣朝廷向宜御取計御願致候、已上、

丁卯十二月　長藩　楫取素彥

同　國永正八

薩州御藩京詰

御當役中樣

藝州御藩京詰

御當役中樣

○三日午後、近衞前殿下之櫻木亭へ被レ爲レ入たり、左府公も御同席、廣幡內府公御來會なり、御談話之次第は長人所置如何可レ有レ之哉、此儀に付而も、會より尹宮へ幕意之由に而諸侯參內之入說有レ之、內府公も、政權を歸したりとは乍レ申、猶執意有レ之歟之御疑念有レ之御口氣に而、◎付カ、公、御登城御評席之御模樣、親敷御見聞之趣被二仰上一、決而左樣なる未練は無レ之、臣として心付たる事を申上さるは不忠なから、又當時と成御指圖申上候樣にては不義なりと、其邊之名分反覆及二討論一位之事と御噺之處、左樣之思召候へは誠に安心せりと、眞說を御聽なされしを誠に御歎に有レ之由、長州を唯今之處に而、寬大に被レ處候而は如何あらんとの御談、廣幡公は、朝廷御處置、決して彼是は申間敷と御申に付、公は、天下之大事を議せられんと被二召寄一し諸大名如何可レ存哉、是程之大事と相成有レ之儀を、朝廷計に而御決ニ相成候程之事候は

は、諸侯之會議も無用、上京にも及はさりしと申事には相成申間敷かと被二仰上一よし、此件も諸卿大抵御同論候得共、殿下尹宮御不承知之由、會津兩藩より、御同意無レ之樣迫つて入說有レ之故之事に而、外之公卿方も迫りに來らんかと御恐怖甚敷由」此節津藩より山崎關門固之義、嚴敷伺方に而御當惑之由、津は頻に幕へ可レ附之勢之由、

○四日、先達來、紀會桑津等之諸藩を會し、幕府兩監察も同席に而時務論定之儀、邸議も相決に付、今午後雪江登營、梅澤殿ゐ對接申談候處、一日も早く願はしき事候へ共、當時永井板倉も下坂、榎本對州も不快、設樂と唯兩人故、如何にも難二罷出一臨時御用有レ之節御指支に相成候間、今暫之處見合せ度、諸藩へも、兩人可二罷出一段御申入置之方可レ然歟と被レ存候、紀は水野も好人物と承候得共、三浦抔と兩人可レ然、尾は紀と不和故、却而不レ會方宜しかるへしとの事也」昨日櫻亭に而御談論之次第、公之被二仰付一に而及二詳達一遂條會得有レ之、其上に而申されしは、會之入說も、松山之內意を伺たる樣にも聞たる故、夫は其座より取返して、梅澤殿殿下へ出られたる由、唯今も殿下より召に而致二參上一候か、定而藤堂伺之一件なるへく候得共、決して一己之見込等も申上間敷旨、上樣にも嚴敷被レ命候と物語なり、

一、此日板倉殿へ被レ遣二御內書一櫻亭之御次第御細記之末に如レ左、

扨又今日長州より薩藝へ差出候書付、以二所司代一攝政殿へ御差出に相成候由、寫前殿下◎にて脫カ 小生竊に拜見仕候、乍二極密一前左府公へ藤堂留守居より御內々申上、右書付出に付而は、上御始在京之諸侯朝廷へ被レ爲レ召衆議有レ之樣、御盡力可レ被レ成旨申上候由御座候、且又會藤萬一事を誤候而、長を防禦する等之一戰、會藤より相始候而は不二相濟一と、甚御懸念之由御座候、不二取留一風聞之事候得共、今日承込候儘有體及二陳啓一候、御心得之御一端にも可レ然と心附候故申上候、◎御脫カ 覽後投火希上候、早々以上、

五月四日　越前宰相

伊賀守樣

○五日午後、雪江彥藩岡本半介を訪ひ、時務及二談論一しに、惣而同論に而、驥尾に附て周旋すへしとの事に

而、隣藩の交誼を厚ふせん事を約す、松山藩も彦藩同論、高松藩も異論有間敷との事なりき、

一、今日九時御供揃に而御登城有レ之、御談之次第は、會藩之妄動鎮撫一條之由、會藩より通達之御書面出來、會藩へ御渡相成、如レ左、

長防御所置之義に付而は、妄に堂上へ立入周旋ヶ間敷事有レ之候而は、此後御所置之品從二朝廷一出候共、御眞意に無レ之様相當、恐入候儀に付、朝廷之聖斷を可レ奉レ仰事、

右會より紀藩御親藩御譜代申通之事、會は平山圖書頭殿より手代木說得有レ之、

一、今日櫻木御殿より御呼出に付、雪江參上之處、長人頻に迫り入る風說有レ之、山崎關門に而抑留之儀、津藩より伺書出、時機甚御懸念之次第に付、三公之御方々御内談、唯今之内寛大之御所置被二仰出一候は丶、鎮靜可二相成一との御評議候得共、攝政尹宮御承引無レ之、會よりも専ら致二入說一候故、今日三公より御發しに而、俄に攝政家へ御會集、御席に而御決評、入說之間隙無レ之様に御發評之御積り、右御決議之上に而、戸田和州を以幕へ御相談相成筈に付、其節幕に而異議無レ之様、公に而御周旋有レ之様被レ成度候へは、其段可二申上一との仰なりし故、幸ひ登城致居候へは、從レ是直樣可二申聞一と及二御請一、登營之上申二上之一、

一、此夜二更頃、櫻木御殿より雪江御呼出に而參上之處、今朝被二仰聞一たる、長州一件に付而之御會集之御觸出、兩役に而彼是申出、明日に相成に付、此段早早大藏大輔へ申聞度、もしや城中に而大和守を待ては居ぬかと懸念故、夜中なから呼出申聞候との仰なり、藤堂伺之義御廻しに相成候得共、今日之御會集に而寛大に決し候へは、伺も最早無用之事に可二相成一御積に而、御異存無レ之と御連名下へ御認之處、御會集は延引に付、御本殿に御留置、深夜に御廻達に相成候御窮策之由も仰ありき、

○六日、土藩神山左太衞來邸、十之丞逢對之處、今朝象二郎岩倉卿へ參殿之處、御内話有レ之間、臨時越前中根酒井同道罷出候樣御沙汰有レ之由、猶時日相伺候而可レ及二案内一と申聞候由、

○七日、神山左太衞より十之丞へ來書、容堂君明朝御京着之由報知有レ之、

一、夜に入神山より、明日巳刻中山殿迄、越藩同道罷

出候樣申達有レ之間、可レ致二同道一旨文通有レ之、

○八日、雪江、十之丞同行土邸に到り、神山へ逢對、福岡藤治も來會談論中、薩邸より、中山、正三、中御門三卿、昨日より長州御所置一件に付在朝、御手透無レ之、仍レ之岩倉卿へ罷出樣、中山殿より之書簡を以通◎達脫カ有レ之、仍レ之神山同道岩倉卿へ罷出、薩は尾藩尾崎八左衞門、丹羽淳太郎同道す、岩下佐次右衞門、大久保一藏は、先達而罷出居る、夫より無レ程、卿御對面有レ之、尾藩と一席也、扨演說有レ之大旨は、近年幕府之政治威權次第に萎弱に就き、萬民困窮に落入、殊に外國之取計等、以之外成體態に付、王政復古之叡慮御確定に而、我々へ御內勅有レ之、一點無私之御體裁を以、王政之御基本被二相建一事に候、就而は尾越薩土四藩之儀は、多年勤王之志深厚に付、誠に御依賴思召事に付、未發之御密旨御打明し、此度之御大策、事故なく行はれ候樣被レ遊度との叡旨之旨、其次第はと被レ申候而、御書付御一紙御渡有レ之、

應レ召早速登京御滿足候、隨而不二容易一大事御評決之儀有レ之、唯今參朝可レ有レ之旨、御沙汰候事、

十二月九日

明九日卯一點御參內有レ之候へは、夫より逐々御所置被二仰出一事に候、尾越兩家は德川之親族故、德川家へ之御使御賴被レ成度、且會津桑名之職掌も御廢止に相成に付、此御使は尾之臣下へ御賴被レ成度、尤會は思召有レ之、國許へ罷歸御指圖相待候樣、桑は思召有レ之、所司代被レ廢旨被二仰出一事に候、其餘之儀は、右件相濟候上、追々被二仰出一候御手順之由、仍レ之寅の一點假建へ重役呼出、右御書付兩卿より被二相渡一筈候得共、左候而は手後れも難レ計に付、其趣を以、爲二心得一今日兩卿代り岩倉卿より被二相渡一事之由、外に被二相渡一一紙、

一御座所檐下詰任撰十八之事、

一御拜道廊下檐下詰從僕之事、

一九門內堂上裏門通行被レ止候に付、家々へ右之趣相傳へ、直に三人或は四五人つゝ詰取締之事、

西北花園家　八條家　賀陽宮
石山家明地　庭田家明地　勸修寺家
烏丸家　穗波家　一條家
近衞家　閑院宮　藤波家
竹屋家　毘沙門堂里坊

王政復古大變革に付而は、何時非常之儀出來も難レ計、依レ之右場所、藩兵を以て嚴重警衞可レ有レ之旨、御沙汰候事、
　但九門内に至り、兵士戎服之儘可レ爲ニ參朝一事、
右御書面拜受、次之席へ取下り熟見之處、御主意解兼候處々有レ之に付、今一應御達相願伺度と尾へ申談處、尾は不レ及ニ其儀一との事に付、兩人再會相願ひ、尙又伺取候趣如レ左、
一右ヶ條之内、十八詰之什長名元書付、早速指出候樣、
一九門内、堂上方裏門は通行止レ之、番人に而警衞には不レ及、自然暴客有レ之候は丶、最寄警衞所へ注進候樣との事、
一右兵を被レ集候へ共、決而兵を被レ動候には無レ之、唯萬一之妄動に被レ備候迄之由、
右御達之趣、公御參内中故、直に御所へ參上申ニ上之一、
一尾薩土藝へ被ニ相渡一候御書附も右同斷なり、警衞場所如レ左、
東南 萬里小路家　甘露寺家　櫛笥家
柳原家　園家　富小路家
御下り御厩　桂御所　高丘家
外山家　唐橋家　鷹司家
九條家
　右尾州
一日の御門幷穴門四ヶ所内外、
一御臺所御門幷北の方穴門二ヶ處内外、
一參內殿幷奏者所等之前、
一神仙門往返人數改取締所、
一公家門前桑名固め被レ免跡引替、
　外に御座所檐下詰任撰十八之事、
　御拜道廊下檐下詰從僕之事、
　右薩州
一公家御門幷南北穴門二ヶ所内外、
一南門幷東の方穴門二ヶ所内外、
一局口中門之前、
一御池庭四枚戸門、御文庫前切戸、
一蛤御門會津固め被レ免跡引替、
　外に御座所檐下詰任撰十八之事、
　御拜道廊下檐下詰從僕之事、

右土州

一准后御門內外、

一准后局口中門、

一朔平御門幷東西穴門二ヶ所內外、

外に御座所檐下詰任撰十八之事、

御拜道廊下檐下詰從僕之事、

右藝州

右之節、內々被レ爲レ見候書面如レ左、

當日覺悟之事

一卯一點必參朝之事、

一同刻兵士繰込之事、

一御門惣而大門を閉、穴門より通行之事、

一公家門御臺所門之外は、准后雖二御門一悉閉切之事、

但守衛兵士通行之儀は格段之事、

一被レ止二參朝一候宮、公卿、見誤無レ之樣心得之事、

一宮公卿參朝之輩、主人之外、家來向惣而御門外限不レ許レ入事、

但隨身物或は文通之類は、使番仕丁にて非藏人口へ傳送之事、

一三職家來、鑑札を以て通行之事、

一御門々々出入人體見定め之爲め、非藏人二人出張之事、

外に使番三人仕丁五人、

一會津、桑名、藤堂、大垣、見廻、新撰、其外斥候之事、

一非常之儀有レ之、注進之儀出來之節は、四方共非藏人口へ可二申出一事、

但非藏人口南談之間、堂上非藏人詰可レ有レ之事、

一各藩屯所幷從者休息等之事、

日華門外廊下、

月華門外同斷、

承明門外同斷、

一、今日午刻御供揃に而御參內有レ之、長防御所置件之朝議被レ爲レ在故なり、其次第、御所より爲二御談一夜亥刻比御登城有レ之御示談之處、內府公には、官位如レ元被二仰付一候義、御所存御尋と有レ之候得は、被レ盡二公議一之上に而可レ然歟と思召候由、乍レ併御英斷に而被二仰出一儀に候へは、勿論御存寄無レ之趣、御請之御

大略之由、夫是に而丑刻後御退出より直に御參朝、又候手間取に而徹夜之御在朝なり、

一、今夜於二宮中一被二仰出一如レ左、

頃年天下紊亂、人心不和を生し、況外國之交際日に隆して、國家安危々急之秋に候、然に今後朝政一新、追々舊典復古、且明春御大禮被レ爲レ行候御時節候間、人心一和を先務と被レ爲レ遊、近來幽閉之輩を被レ解、往々無二怨志一人和一齊、沿革大成、整レ內制レ外之次第可二相立一と被二思召一候間、奉二戴御趣意一、上下和親し、皇國之情態可レ存事、

○九日、公昨夕御參內より、御城御往復等に而不レ被レ及二御歸邸一其儘御在朝之處、今朝に至り長防御所置之儀漸く御決議に相成、被二仰出一趣如レ左、

今度大樹奉レ歸二政權一朝政一新之折柄、彌以天下之人心居合不二相附一に於ては、追々復古之典も難レ被レ行、深被レ惱二宸襟一候、且來春御元服并立太后、追追御大禮被レ行、且又先帝御一周に相成候に付、所謂既往不レ咎之御時節故、人心一和專要に被二思召一候間、先年長防之事件彼是混雜有レ之候得共、寛大之御所置被レ爲レ有、大膳父子末家等被レ免二入洛一官位如レ元被レ復候旨被二仰出一候事、

右相濟後、追々大御變革御發表之御模樣に而、御用無レ之候間、諸官散朝可レ致旨被二仰出一各退朝後、攝政殿已下宮方公卿之出仕を被レ止之事如レ左、

攝政前左大臣　左大臣
右大臣　彈正尹宮
前關白左大臣　前關白右大臣
前左大臣　前右大臣
一條前右大臣　內大臣
日野大納言　飛鳥井大納言
柳原大納言　葉室大納言
廣橋大納言　六條中納言
久世前宰相中將　豐岡大藏卿
伏原三位　裏辻中將

夫より諸藩之兵隊を以宮垣之內外を警固し、中山殿、中御門殿、正親町正三條殿御居殘り、岩倉殿、大原殿、急參內に而萬機御取計有レ之、諸侯は在京之分即刻參內を被レ命、其中尾越藝之三侯は昨夕より在朝、土州老侯は今日御上着、御旅裝之儘御參內、薩侯は午後に至り御參有レ之、夫より暮時前に至り、於二小御所一會

議相始る、帥宮、山階宮、仁和寺宮、中山殿初、公卿方左方に御列席、尾越土藝薩之諸侯は宮方に御列座、諸藩臣は御三の間御敷居際迄相詰たり、于レ時中山殿より、今般德川氏より政權奉還に付、大政御一新之御基本被レ爲レ建度叡慮之趣御發言有レ之、公卿諸侯取り取り御評議有レ之、又夫より德川內府公御辭官、幷御領地御獻納可レ有レ之儀之御僉議有レ之、結局尾越兩老侯御引受に而、明日條城へ御出、御辭職被二聞召一旨は公より御傳達、御官祿之御兩條は二侯御含に而、德川內府公より御內願之筋に相成候樣、御周旋可レ有レ之との御決議なり、會桑二藩も、朝廷より免職之御沙汰に可二相成一御評議有レ之處、幕府に而罷免之取計有レ之に付、不レ被レ及二御沙汰一相濟たり、彼是に而子刻後散朝有レ之、此夜三職之降命有レ之、公議定職被二仰蒙一如レ左、

越前宰相

議定職被二仰付一候事、

口宣追而下賜候事、

其藩中可レ然仁兩三輩、爲二參與一即時可二差出一旨御沙汰候事、

總裁　有栖川宮

議定　山階宮

仁和寺宮

中山前大納言

正親町三條前大納言

尾張大納言

中御門中納言

越前宰相

土佐少將

薩摩少將

安藝少將

參與　大原宰相

萬里小路右大辨宰相

長谷三位

岩倉前中將

橋本少將

尾藩　荒川甚作

丹羽淳太郎

田中邦之助

越藩　中根雪江

酒井十之丞
毛受鹿之助
土藩 後藤象次郎
神山左太衛
福岡藤次
薩藩 岩下佐次右衛門
西郷吉之助
大久保一藏
藝藩 辻将曹
櫻井又四郎
久保田平司

一、爰に再ひ小御所議事之次第を詳説せんとす、如二前説一上下已に班列に着くの後、中山殿より先一點無私之公平を以、王政之御基本被レ爲レ建度叡旨之趣御發言に而、夫より德川氏之弊政、殆違勅ともいふへき條々不レ少、今内府政權を還し奉るといへとも、其出る處之正邪を辨し難けれは、實蹟を以之を責讓すへしなと、縉紳諸卿論議あるに、土老侯大聲を發して、此度之變革一擧、陰險之所爲多きのみならす、王政復古の初に當つて兇器を弄する、甚不祥にして亂階を倡ふに似たり、二百餘年天下太平を致せし盛業ある德川氏を、一朝に厭棄して疎外に附し、幕府衆心之不平を誘ひ、又人材を擧る時に當つて、斯の政令一途に出、王業復古之大策を建、政權を還し奉りたる如き大英斷之内府公をして、此大議之席に加へ給はさるは、甚公議之意を失せり、速に參内を命せらるへし、畢竟如レ此暴擧企られし三四卿、何等之定見ありて、幼主を擁して權柄を竊取せられたるや抔と、したゝかに中山殿を挫折し、諸卿を辨駁せられ、公も亦諄々として、王政之初に刑律を先にし、德誼を後にせられ候事不レ可レ然、德川氏數百年隆治輔賛之功業、今日之罪責を掩ふに足る事を辨論し給ひ、諸卿之説漸く屈せんとする時、大久保一藏席を進んて申陳しは、幕府近年悖逆之重罪而已ならす、此度内府之所置におゐて其正姦を辨するに、強ち尾越土侯之立説を信受すへきにあらす、是を實事上に見るに加かす、先其官位を貶し其所領を收めん事を命して、一毫不平の聲色なくんは、其眞實を見るに足れは、速に參内を命し朝堂に立しめらるへし、もし之に反し一點扞拒の氣色あらは、是譎詐なり、實に其官を貶し其地を削り、其罪責を天下に示すへしとの議論を發す、岩倉卿是に附尾して其說を慫慂し、正邪の分、空論を以辨析せんより、形迹の實を見て知るへしと論辨を極められ、二侯亦正論を持して相決せす、三宮尾侯は默然たれは、中山殿、尾侯は如何と詰らるゝに、容堂の說のことしと答へらる、薩侯は如何と問はるゝに、一藏言ふ處のことしと答へられ、藝侯は土老に同す、岩大二氏猶正邪を實行に證せん事を强辨して屈せす、諸藩士に議せらるゝに、尾に而は田宮如雲、丹羽淳太郎、田中邦之輔、越は中根雪江、酒井十之丞、土は後藤象次郎、神山左太衞、薩は岩下佐次右衞門、大久保一藏、藝は辻將曹、久保田平司にして、薩を除くの外は、悉越土二侯と同論なりといへとも、共に是を主張せは、君臣合議雷同之嫌疑を生し、却而事を害せん事を恐るゝの意衷、期せすして同一なれは、各顏を見合せて抗せす、唯々諾々たり、象次郎は吾公之說を推して、陰險を排して公正に出ん事を論して止ます、二侯も餘りに極論し給はゝ、實事を見ん事を厭ふて、內府公に姦あるを掩はんとし給ふに似たれは、止事を得られすして尾越擔當あつて、明日御登城之上、將軍職御辭退を被レ聞召一之條は如レ左、

　辭二將軍職一之事被二聞召一候事、

右は吾公より御達有レ之、官祿之二條は二侯御含を以、內府公より御內願之筋に御周旋あるへきに決せり、又會桑二藩の職を解かれすして不二相適一故、其事を幕府へ降命あらは、二藩忿怒して如何成暴擧妄動あらんも難レ計、此條如何すへきと、朝議殊之外困難窘窮に及ひたり、折柄兩藩は幕府におゐて職務罷免せられし由、戶田大和守を以奏上あり、於レ是難議一頻◎頓カに解釋して、會は歸國して御沙汰を待ち、桑は速に歸國すへき由を命せらるへきに決して、議果たるは已に三更を過き、四更前散朝となれり、

一、今日より御所御檐下御警衞任撰十人つゝ、幷其他之警固兵、昨日內達之通尾越薩土藝之五藩より指二出之一、

　但十四日に至つて解嚴なり、

一、此日堺町御門御警衞場へ、御所より之御使持參相達書付左之通、

　大政御一新に付、守衞之輩自今朝命を奉し可レ致二進退一、諸事心得違無レ之樣御沙汰候事、

但今日召之列藩兵士、戎服之儘參朝候得共、非常御手當而已、必動搖無レ之樣爲二心得一申渡候、尤御守衞之義は一際嚴重に取締可レ致候事、

一、此日公家門警衞桑名被レ免、長州と入替り、蛤御門會津被レ免、土州と代れり、

私云、櫻木御殿へ參上せし節、此日公卿方見聞之形勢を伺ひ奉りしに、堂上何も八日より徹夜、當朝長防之御所置御決議相成、無レ程散朝之運ひ之處、宮中之模樣何となく物騷か敷、不審之狀情も有レ之に付、議奏は居殘りたる方可レ然歟抔御談之處、間もなく御用相濟たる間、何も及二退朝一候樣降命に而御退散之處、引續參內御指止之儀被二仰出一、申刻過勅使を以、攝關之號を被レ廢、門流を被レ止候段被二仰出一たりとの仰なりき、

一、此日夕申刻前、岩倉殿、大原殿、尾越之重役に御逢被レ成度との事に付、尾之田宮如雲、越之毛受鹿之介兩人罷出處、兩卿被二申出一候は、何か傳聞之趣に而は、旗下及會桑幷譜代之諸侯二條城へ馳集たる由、畢竟今般御所へ兵を被レ集候は、全く他之盜之爲にする警備に而、承知之通決而討幕等之義には無レ之事なるに、萬一旗下を始め諸藩心得違出來、不慮之動亂を生而は不二容易一次第候へは、何卒條城鎭靜相成候樣、尾越に而厚心配之義御賴被レ成旨に付、其段兩公へ申上、尾之茜部小五郎、田中邦之輔同道、鹿之介登城、板倉殿へ請謁、右御口上之趣申上、且宮中之形勢及二詳達一候處、板老にも此件に付殊更御按勞之由、何分內府公へも委細及二言上一、指向候處は、精々可レ致二鎭撫一候へは、其段御所へ御答可二申上一、併此上朝廷より御無體成被二仰出一等有レ之候ては、其上之事情は如何可二相運一哉、何共難レ計候間、此邊は尾越に而御配慮被二成下一候樣、兩公へも宜二申上一旨御申聞有レ之、夜六時過退城、直に參朝して、板老被二申聞一候趣兩卿迄申上たり、此節條城之形勢、旗下幷諸藩之兵士竹葦之如く、各戎裝に而兵器を携へ、營中草鞋はきにて往來し、唯今にも討て可レ出氣色に而、控所にも御譜代藩藩重役、井伊、藤堂を初多勢相詰、隊長等同伴せるも有レ之、御一麾之御指揮次第、二百餘年之洪恩を可レ奉レ報との義勢決然たる有樣なりき、

○十日、巳刻御供揃に而御登城有レ之、尾侯も御同樣也、然る處昨日來朝廷御變革一件に付、幕下之人心大

に動搖し、旗下之面々何も兵器を携へ甲冑に而登城、御譜代衆は各兵を率ひて御城下へ相詰、鼎沸之勢ひに而、城中之人心折合兼、洶々たる有樣故、內府公も御誠意を以御自身御說得等有レ之、聊鎭定之姿には有レ之候へ共、御持參之筋抔御披露に相成候へは、一時に暴發之機現然に而、尾越之二侯を嫌惡する事讐敵之如き次第に付、先つ內府公へのみ御密談有レ之處、內府公には聊御異心無レ之、惣而被レ任二朝命一候御心得なから、前書之運ひに而、更に御發表難二相成一に付、其段藝州知邸三宅萬大夫詰合に付、是を以御在朝之藝世子迄、其筋へ右等之趣御內達に相成候樣御申越有レ之、尙尾侯幷成瀨隼人等と種々御談判有レ之候へ共、御辭職被二聞召一之勅詔被レ爲レ受候に付而は、御衣冠に無レ之而は不二相適一、夫等之邊、外見にも相觸候事故、猶更御手間取にも相成に付、暮時頃田中邦之輔を以、先つ無レ程御復命可レ有レ之段被二仰上置一、夫より漸にして勅諚御請も相濟、其他之御談は迚も御整ひ被レ成かたくに付、御辭職被二聞召一、其他も於二內府公一は聊御異心不レ被レ成二御座一候得共、旗下之人心如何にも御收歛難レ被レ成に付、御請言上之儀は、暫御延引に相成候段御聞濟可二相成一、御取計に相成候樣との御談濟に而御退出、夫より直に御參內有レ之、猶又下參與之面々へも御談之上、御復命之儀被二仰込一、御衆議席相立候而、被レ指二上一候公之御復命如レ左、

奉レ歸二政權一、將軍職辭退之儀被二聞召一候上は、官位も一等を奉レ辭、且御政府御入費も差上度段申上候心底には候へ共、即今手元人心居合兼、痛心之譯柄も御座候に付、鎭定次第奉二願上一度候間、此段相含、於二兩人一可レ然樣及二執奏一吳候樣申聞候事も御座候間、於二慶永一天地へ誓つて御請合申上候間、德川內府內願之筋、御聞屆被レ下候樣奉二願上一候、

慶永

右御書面之趣、御惣督御始御廻覽之上御聞濟相成に付、尙又必近日奏上之運ひに相成候樣御受合之上◎旨カ被二仰上一、尾侯御復命は、何分爲二御任一被レ下候樣被二仰上一、御復命之一段相濟、夫より餘事之御衆議有レ之、亥刻比御散朝なり、

私云、今日御城中之形勢、旗本幷會桑之諸士、多くは甲冑を帶し拔身の鎗を立、草鞋を穿なから御座敷處々に充滿して、强暴之聲焰尤甚し、二侯

御平服に而、其中を御押分け被レ成候而之御往來甚危殆に而、御供せし吾輩に於て懸念を極めたり、殊に尾越薩土に通し大變革を謀り、幕府を陷るといふ說、紛々として不レ堪レ聞、萬一暴客あつて君侯頭上に一拳を加へは、臣子必死之時なる事を覺悟せり、如レ此景況に而、御談之次第も中中御行屆難二相成一、時刻のみ押移に付、尾之成瀨隼人抔と種々談判に及へとも好算無レ之、兎角して申刻を過る故、三宅萬大夫に傳託して、妄動難レ支、不レ得二止事一遲延之由を藝若侯へ通して、可レ然奏上あらん事を計れり、暮時尾之尾崎八右衞門、御所より御請御催促として來り、殆困窮、仍レ之是々行違ひたる趣を以田中邦之輔を遣し、追追其運ひには相成れとも、御奉詔に付而は、御衣冠御着用に相成に付、傍觀之嫌疑を御憚り等に而、無レ據御遲引に及候へ共、無レ程御復命可二相成一段申遣す、爾後內議漸く御決に相成次第は、內府公は御承知相成候へ共、旗下之居合六ケ敷に付、人心鎭定迄御猶豫御願、二侯御引受御取計ひ之御談濟に而、戌刻頃退出也、夫より直に尾侯御一所に御參內に相成、御復命之御書面、不二廉立一樣之御文段に被二仰上一度と、下參與之向へ御談相成處、西鄕大久保之兩人、何分御領地御返上之一條不慥に而は、實跡不二相顯一候得は、此處聢と被二仰上一候半而は、其詮無レ之との激論も有レ之候へ共、左候而は條城之沸騰を增長し、暴發難レ計、難陳如何にも不レ可レ爲之勢に立至候に付、公大に御奮激に而、百方御辨駁有レ之、漸くにして如レ前御請に及はれたり、尾侯は事之難に付、唯尾越へ爲二御任一に相成候樣被二仰上一度御論に而、御合一に相成兼、彌御手間取にも相成に付、御銘々御存分之御願に可二相成一と御引分れに而、如二本文一二侯兩端之御達しと相成し也、

一、此夜板倉殿より諸家へ御達如レ左、

朝廷より別紙之通被二仰出一候、

辭二將軍職一之事被二聞召一候事、

○十一日、今日巳刻御供揃に而御登城相成處、昨日之御次第何となく漏泄し、旗下之人心益奮激を增進し、一段引取たる御譜代衆も又々登城、幕處に屯集して、各大聲暴論を發し、就レ中講武所劍槍隊抔は、今にも

討て出へき勢に付、内府公夫々頭領御呼出しに而被二仰聞一しは、我等割腹すと聞かは汝等如何様ともすへし、我等かくて在らん限りは決して妄動すへからすと、嚴重之御諭告有レ之、閣老初要路之面々も鎮撫心力を盡す折柄故、御請之御談等は先つ被二指置一、共に鎮定之御談に御加はり被レ成候得共、可レ然御好手段も不レ被レ成二御座一、兎角して夜に入るへき運ひに付、過激輩幷會桑等、御城外に在つて暴發氣遣はしき向へは、夜中御用之程も難レ計候間登城候樣被レ命、幕兵五千計、會兵三千計、桑兵千五百計、御城内に被二藏置一候事と相成、今夜之處は先つ危亂暴動には及間敷候得共、明日と相成候而は如何可レ有レ之哉、此混雜中關東より兵隊抔押出來候而は、實に至難之事と相成候へは、須臾聲焰を被レ避、御下坂被レ成候而は如何あらん、坂地候へは少し遠隔致居候へは、御鎮撫も被レ成安き事情も可レ有レ之候得は、左樣には相成間敷哉等之御談に相成、亥刻比御退出なり、

私云、此夜薩兵御城下に迫るの浮說盛んになり、誰人の指圖ともなく、大手廻りの土屏に矢狹間を切り開くの騷動あり、監察衆是を聞て吃驚して速に制止あり、御門々々之通行、入る者より出る者之檢査殊に嚴密なるは、暴擧を恐れてなり、城内之混亂、是等を以て想察すへし、

一、會藩手代木直右衞門、雪江十之丞へ對して云、薩兵既に城へ迫るの報知あり、先きんする時は人を制す、今討すんは戰機を失して敗を取らんとす、如何思ふと血眼になつて詰問す、兩人萬犬之吠聲決して實事ある事なき所以を說て、稍靜定して退きたるに、暫くして又走り來つて、薩兵今已に竹屋町通より押來ると、斥候之者より申出たり、如何あらんと騷動する故、前說を反覆して、闕下に亂階を引出しては、朝敵も同然たらん事を辨論して、又漸く點頭せり、惣而城中之變動不則にして、狂人之如くなる者多かりき、

〇十二日、今日公御所勞に付、御參内御登城共に無レ之、尾侯御登城之處、愈御下坂に被レ決に付、其段朝廷へ被二仰上一之儀、老侯へ御賴托し之由に而、御屆書御持參御參朝に付、尚又參與に而評議之處、御屆捨に而は名義も不レ穩に付、御談之上尾越二侯に而、御下坂相成樣人心鎮定之爲御勸めに而、其御運ひに相成候趣に御書取被レ指二上之一、別に官位幷貢獻之義、人心

居合次第、早速可レ被二仰上一御約定に而御下坂之旨御書取、何も二候御連名に而、左之通御達相成、内府公には暮時過御出城、會桑も一所に被二召連一、淀堤通り御下坂相成、

今度内府政權奉レ歸候義に付、旗下輕輩に至り心得違之者有レ之、自然輦轂之下紛擾相成候而は、御幼帝にも被レ爲レ在候折柄、別而奉二恐入一候間、人心居合迄暫時下坂、精々鎮靜行屆候上、速に上京、御沙汰奉レ待候方可レ然歟に奉レ存候、會桑二藩之儀も召連、一と先下坂、海程歸藩爲レ仕候筈に御座候、右は伺濟之上發程可レ仕候得共、彼是と機會を失し、萬一不慮之儀出來候而は皇國之大害に付、不レ得二止事一即今發程爲レ仕申候、内府においても伺之上取計候心得候處、兩人に而機會熟察相勸申候、右之義全く臣等兩人之取計候間、御譴責も御座候はゝ、謹而奉二甘受一候心得候事、

十二月十二日　尾張大納言

越前宰相

別紙

官位貢獻二事件は、下坂鎮靜次第、迅速申上候約定に御座候、

十二月十二日　御兩名

一、此日公更に議定職被レ蒙レ仰、雪江、十之丞、鹿之介、被レ補二參與一、

一、此日左の十藩申合せ、藩臣連名之建白有レ之、如レ左、

先般大非常之御變革被二仰出一候義は、既往事柄一切被二捨置一、萬事公平正大、衆議之所歸を以一途之御政道相立、速に神州治安之御鴻基を被レ爲レ開叡慮之旨奉二拜承一、實に雀躍に堪へ不レ申、上下目を刮て御沙汰を相竢候内、去る九日に至、俄に召之列藩兵士戎裝之儘參朝、就而は何となく闕下騷々敷何方も驚愕罷在候處、先帝已來御當職之二條殿下を始、官家數十人除職之上、御門出入迄も被二指止一、且將軍家も、頓而御除職解官削封も可レ被二仰出一趣に相聞、右は必定御譴責之御譯にも可レ有二御座一哉、其儀は得と相辨不レ申候得共、將軍家祖宗以來世襲之大權被二指上一、只管御自責を以聖業を被レ奉レ輔度との御趣意は、末々迄も感賞仕候折柄、左様之御所置被レ爲レ在候而は、更始御一新之御手始め、他日如何

様之御都合に成行可レ申哉、實に杞憂之至奉レ存候、依レ之仰願くは、差寄御所内外戎服等之義至急に被レ止、一刻も早く人心鎮定之御沙汰に相成、随而攝政殿下を始御取扱之義も、公平正大、衆議之所レ歸を以御施行有レ之、往々彌以御改革之趣意屹度相貫候様被レ爲レ在レ度、幾重にも奉二懇願一候、昨今形勢、所謂百尺竿頭一歩を進之御時節と奉レ存候間、重疊恐多奉レ存候得共、寸衷奉二言上一候、誠恐誠惶頓首百拜、

十二月十二日

松平阿波守内　蜂須賀信濃
松平美濃守内　久野四郎兵衛
細川越中守内　溝口孤雲
松平中務大輔内　山村源太郎
南部美濃守内　西村久次郎
立花飛驒守内　十時攝津
丹羽左京大夫内　田邊市左衛門
松平肥前守内　酒村小兵衛
宗對馬守内　扇源左衛門
溝口誠之進内　窪田平兵衛

〇十三日、内府公より御請書被二差出一候義、御遲滯不二相成一様御催促旁、尾侯より遠山彦四郎、角田久次郎、坂地へ可二指出一旨に而御誘引有レ之に付、伊藤友四郎被三指二出之一、

一、今日三職巳の刻之參集なりしか、諸務多端にして、夜三更に及んて漸議事始まれり、是は専ら此度御變革御基本御趣意可レ被二仰出一儀に付、御布告御文面之評論なり、紛々擾々、五更に近くして稍相定り、明日之御發表に相決せり、

私云、當時廟廷之體態、官家之議定參與は奥向に參集、武家之議定參與は表之方に參集、各別に

庶務を談論し、大凡談寄に相成たる時、官武一席
に會合して評議するを議事と唱へたり、

一、此日於二宮中一内府公御東下之事可レ有レ之哉と、永井殿物語之由流傳に付、雪江十之丞退朝之上及二言上一處、公大に御驚愕に而、夜中早々永井殿へ被レ遣二御内書一如レ左、

大急一筆陳啓、中略陳は今日雪江十之丞宮中へ參出候處、熊藩津田山三郎と申者罷出、同人今朝盟臺へ罷出候處、盟臺之語氣中、自ら御下坂之上は御東下にも可二相成一趣を承候者有レ之由、即雪江十之丞罷歸相達申候、誠以驚愕◎脫カ之至、英明之上樣、右樣之思召被レ爲レ在候儀とは曾而不レ奉レ存候へ共、甚以不レ堪二案勞一、恐悚罷在候、只今萬一御東下等被レ爲レ在候義抔有レ之候而は、天下之侯伯離叛は勿論之儀、上奉レ欺二天子一、下萬民を欺かせられ、天地の中に御立難レ被レ遊、外國之信義を被レ爲レ失候は素より、徳川御家も是限りに而、第一皇國瓦解土崩、不レ可レ爲に立至り申候、誠以痛心至極、何卒々々兼而御盛徳にも被レ爲レ在候へは、泣血御滯坂御鎮撫伏而奉二祈上一候、彌御東下之御事にも候はゝ、何卒今晩此使之者へ御一筆御返辭可レ被レ下候、右之御模樣によりて、尾へも申聞、兩人下坂之上御止め申上度奉レ存候、先は右早々用事如レ此候、頓首、

十二月十三日夜　御名

永井玄蕃頭樣

尚々、呉々本文之趣御太切至極、扨々恐入、是迄御盛徳水之泡と相成候のみならす、天下萬民被レ爲レ欺候上樣には無レ之、何分御滯坂奉二伏願一候、以上、

○十四日、巳の半刻揃にて、在京諸侯幷諸藩被二召集一、御布告左之通り、公幷土老侯も御參内あり、

徳川内府從前御委任之大政返上、將軍職辭退之兩條、今般被二聞召一候、抑癸丑以來未曾有之國難、先帝頻年被レ惱二宸襟一候御次第、衆庶之所レ知候、依レ之被レ決二叡慮一、王政復古國威挽回之御基被レ爲レ立候間、不レ論二既往一、更始一新、自今攝關幕府等廢絶、即今先つ假りに總裁、議定、參與之三職を置れ、萬機可レ被レ行、諸事神武創業の始に原き、搢紳武辨堂上地下之別なく、至當公議を竭し、天下と休戚を同く可レ被レ遊叡念に付、各勉勵舊來驕惰之汚習を洗

ひ、皇國の爲忠誠を可レ盡候事、
一內覽、勅問御人數、國事掛、議奏、武家傳奏、守護職、
所司代、惣而被レ廢候事、
一太政官始追々可レ被レ興候間、其旨可ニ心得居一候事、
一朝廷禮式追々御改正被レ爲レ在候得共、先攝籙門流
之儀被レ止候事、
一舊弊御一洗に付、言路被ニ洞開一候間、見込有レ之向
は、不レ拘ニ貴賤一無ニ忌憚一可レ致ニ獻言一、且人材登庸
第一の御急務候故、心當り之仁有レ之候は丶、早々
可レ有ニ言上一候事、
一近年物價格別騰貴、如何ともすへからさる勢、富者
は益富を累ね、貧者は益窘急に至り候趣、畢竟政令
不レ正より所レ致、民者王者の大寶、百事御一新之折
柄、旁被レ惱ニ宸衷一候、智謀遠識救弊之策有レ之候は
は、無ニ誰彼一可ニ申出一事、
右之通御確定被ニ仰付一候に付而は、六十餘州之大
小藩は不レ及レ申、陪臣吏事之末々に至迄、御趣意厚
相心得候樣御沙汰候事、
別紙之布告相成候御趣意は、全く皇國御維持被レ遊
候譯に而、朝廷德川家之御中、少しも異事被レ爲レ在
候義には無レ之候間、其段可ニ相心得一候事、
但人材撰擧之儀は急務に付、早々可ニ申出一事、
一、內府公御下坂之上は、無レ程御請書可レ被ニ指上一之
處、方今舊幕之人心如レ形御折柄故、容易に其之運ひに
も成兼可レ申、將御請之御次第も、成丈け德川氏臣子
之情懷に怫戾不レ致樣之御振合不ニ相成一候而は、是よ
り又大患を引起し可レ申勢に付、御官位之儀も、何程
之御辭退に而朝意に御相當に可レ有レ之哉、又御領地
御獻納之儀、是も御含可レ有レ之儀故、夫等之邊朝廷御
內意之處御垂示に相成り、夫を以坂地之內情も御內
調被レ成度と、土老侯と相談之上、戶田大和守殿も相
加はりに而、岩倉殿へ御逢對、前段之趣御申入、德川
氏興廢之境御汲察に而、品能く御評議相成候樣之懇
談に被レ及候處、卿にも二侯之御情實篤と御淵底に
而、何分御內評之上御書面御出來、尙又御相談可レ被
レ成との御挨拶に有レ之由、御官位之義は御辭官に而
可レ然、是は當官御辭退之義に而、類例も比々有レ之、
別に御下降之譯には無レ之、只前之一字を被レ添、前內
府と被レ稱候而已之事なる由、御物語有レ之と也、
○十五日、今日之布令如レ左、

一總裁以下巳刻參集、午刻評議之事、

一參與之義、自今堂上向、上の參與と稱し、諸藩士、下の參與と稱候事、

一、今日公御參內無レ之故、昨日岩倉殿へ御內談之末、象次郎申談及二內伺一候樣被レ命に付、同人へ申談、被二仰出一に可二相成一御書面、內々拜見之義申達候處、御內々御出來之御書面爲二御見一有レ之、私云、此書面散逸不知二所在一、眞に可レ惜、然る處右之內、領地も指上之文字、甚坂地之人心に關係之筋に而、何とか引直しに相成樣申談試候得共、肝要之字面改刪は難二相調一、且此書面、今夕にも尾越重役呼出被二相渡一候積之由相聞に付、左樣に表面之事と相成、萬一於二彼地一彼是有レ之候而は不二容易一次第と相成候間、一應坂地之方內調之上相願度と申入候處、此儀は承知有レ之、時宜により御請書之方に相成候而も宜趣に付、尾藩田中邦之輔へも申談、右書面本紙相下り候は丶、明朝より下坂いたし周旋可二取計一と申合、罷歸候上右等之次第達二上聽一候處、昨日之御約束に而は、土老侯と御兩人へは、御草稿に而御內談可レ有レ之筈之處、無二其儀一而已ならす、御沙汰之御請無レ之樣之認方に而は、尾越兩藩之周旋に而、內府公之御內存承り可レ申との御趣意に相背候故、此處認直可二相成一廉と申、領地之文字も不レ穩候得は、いつれに明日は御參內之上、猶又御直談可レ被レ成候間、土老侯にも御參に相成候樣、明朝青山小三郎被レ遣、後藤象次郎、辻將曹へ一應談之上に而、土老侯へ申上候樣被レ命、

○十六日、於二宮中一被二仰出一、左之通

議定之輩不レ及二日參一、御用被レ爲レ在候節は可レ被レ召候間、必參勤可レ有レ之、且臨時御用有レ之被レ召候節は、速に可レ有二參朝一候、尤非常之節は早速可二馳參一候事、

右總裁宮御沙汰候事、

一、今朝青山小三郎後藤象次郎寓居を訪ひ、昨夜被レ命候次第を以及二內談一候處、象二郎申候は、此件はいつ迄も密談之筋に而貫度事に付、御參內抔有レ之而は却而不レ可レ然候、老公思召之御文意は、如何にも御尤に拜承仕候へは、御引直し之義は何樣にも可レ致二心配一候間、今日之處は、雪江十之丞兩人參與に而申談候方可レ然との見込に而候、此儀御同論候は丶、容堂樣へは御參之御沙汰無レ之樣仕度との談に相成由、

夫より辻將曹方へ罷越申談候處、象二郎同按に而、御參無レ之方可レ然、素々此件之當否抔は、御定之御職掌に而、公議に御打出し、惣參內之公論可レ然と申居候由、此等之趣歸邸申上候處、公にも御參內は御延引相成、思召相含雪江十之丞參朝之上、象二郎申談書面相認、象二郎を以岩倉殿へ內調之處、難問反諄及二數度一に付、殊之外手間取、點燈之頃漸くに相決し、左之書面御渡有レ之、

今般辭職被二聞召一候に付而は、辭官仕度、且王政復古に付、政府御用途之儀も、天下之公論を以所領より差出候樣仕度奉レ存候事、

一、前條御渡之御書面、先つ永井殿へ內談可レ仕と象二郎等申談候處、永井殿より雪江被二差出一度段被二申上一候由、公より御沙汰に付、得二便宜一候事故、暮時過散朝より、直に永井殿へ罷越候處逢對之上、先つ宮中之形勢如何との尋に付、近況荒增物語候處、何にしても恐入候事共、先刻も其筋之者來り、御膳米竭んとす、如何可レ仕哉と申に付、夫は誠に恐入たる儀なり、何分御指支無レ之樣、是迄之手續に而可二取計一旨申聞候事候へは、二十日三十日は御支へも有レ之間敷、御貯金大分有レ之所、何地へか散逸し、寡少之事に相成たる由、第一指當りたる御一周之御法會等御出來被レ成間敷、如何相レ成候之事哉覽、京市中之混雜、伏見大津之廢驛、行旅之難澁、イヤハヤ王政ところにも無レ之、此邊如何との事に付、則種々心配而已に而手廻り不レ申、頗當惑之次第に有レ之候と相答候處、左も可レ有レ之、決而行く事には無レ之と冷笑被二致居一候に付、坂地之模樣は如何候哉と承候處、中々六ヶ敷勢に而、一統心配而已、此體に而はとこ迄と云事もなく、激家も愈盛りに相成事との答故、朝命之書面指出、ヶ樣之被二仰出一にも可二相成一哉之內議に而も◎カは如何可レ有レ之哉と申談候處、一覽之上、ドウデモ可レ然、事を御好被レ成候と申物なれは、彼是申も無レ詮事との答に付、全く左樣之儀可レ有レ之樣も無レ之、精々平穩を存し、漸く此處まて談付け候事に候と申處、左樣かも不レ存候得共、元來此書面抔も更に道理無レ之、將軍に付きたる御官位にも無レ之處、御職を辭せられたりとて、御辭官と申も一向に當らす、又御領地之儀も、今更不レ被二仰出一共、御指支を御傍觀可レ被レ成樣も無レ之、精々御盡し被レ成候思召は、則政權

御歸し被ㇾ成候節も、朝廷より諸侯と共に同心協力皇國維持之詔命、萬々御奉戴之思召候得共、如ㇾ此疎外之御取扱ひに而は、如何とも被ㇾ成方無ㇾ之、畢竟降官削地之儀を品能書取たる迄之事に而、有罪之姿は免れ不ㇾ申、長州さへも入洛御免之折柄、上には何之御罪有ㇾ之哉、尤上様には、何様之儀に而も御違背無ㇾ之思召候得共、先第一に伊賀、拙者初不承知に而候、ヶ様之書面を相當と思召候事にや、大藏大輔容堂何をして居る抔、坂地之風説も紛々有ㇾ之候と、いつに替りて以之外之放言に付、さらは如何いたし坂地之人心に適し可ㇾ申哉と申處、朝廷過ちを悔ひ、九日已前へ被ㇾ返候は丶、夫より又仕方も可ㇾ有ㇾ之、ヶ様成不都合を工み出し候根元は、二賊之所爲候へは、彼二賊を除候事方今之急務、大藏大輔様にも此處を御心配被ㇾ下度、薩邸へ打込む勢ひは十分に有ㇾ之、少しにても激候へは直様暴發可ㇾ致と、殊之外切迫之論に付、今日之御用何事に候や、二賊を除き候御相談に候哉と申候處、如何にも其儀なり、宜申上候様にとの事に付、罷歸右之次第申上候處、玄蕃迄か左様之心得にてはと御大息被ㇾ爲ㇾ在たり、

右之次第、以二手簡一象二郎迄概略申遣し、明朝永井殿へ罷越及二一議論一候様賴托す、田中邦之輔へも申越、明朝之下坂延引、

○十七日、今朝永井殿ゟ御直書を以、御國許之鴨御贈相成處、右之答書之内、

拜讀仕候、中略　昨夜は雪江被ㇾ遣、近日之宮中御模様委細承奉二多謝一候、今朝象二郎も罷越、昨今人心之向背、尊公様幷容堂抔大御盡力之程も申聞、内府公至急御上京之儀相促候旨に付、從ㇾ是又候下坂、右之段建言仕候心得御座候、就而は昨今宮中之形勢幷人心之歸嚮等、伊賀始へ親敷爲二呑込一度候間、雪江にも下坂被ㇾ命、彼地にて内府公へも直々にも演説有ㇾ之候様、尤尊公より御使命之趣を以、同人よりも御上京之儀建言有ㇾ之度奉ㇾ存候、右之趣可二申上一存候處、御使故、貴答旁申上候、下略、

十二月十七日　尚志拜復

福井賢臺

一、今日參朝之上、象二郎逢對、今朝永井殿之様子

承候處、則罷越段々及二議論一候處、大に落意有レ之、何分下坂一と周旋可レ致、夫に付越侯へ罷出御相談申上度との事に候間、早々歸邸可レ然、象二郎も追付可二罷出一との事に付、詰合之田中邦之輔へも參邸候樣申聞、早々歸邸之處、今朝永井殿へ御贈物之返書如レ前候へは、最早來邸は有レ之間敷と申合候內、象二郎參上に付、直に被二召出一、今朝之樣子相尋之處、申上候は、永井殿之暴論之如くにては、干戈闕下に動き亂階と可二相成一事にて、御大事至極候へは、此時に當りては、先つ人心鎭定之段被二仰上一候趣に而御上京有レ之、尾越兩侯を以過日之御請被二仰上一候へは、夫を聞召と一處に御參內被二仰出一、速に御參朝に相成候へは、夫に而頃日來之混難も御居り合に相成候へは、夫より後は思召次第と申者に有レ之段、反覆辨論仕候處、永井殿も大に會得に而、其筋なれは一と盡力致し可レ申、越公へも相談申、下坂可レ致と被レ申由、逐一申二上之一、其內永井殿尾館へ被二罷出一由之聞に付、即刻御供揃に而尾館へ御出有レ之、雪江象二郎も參上、於二御前一永井殿も陪席に而御談論有レ之、約る處、內府公御上京之上、御辭官幷御領地之義共、內府公御口上に而兩侯へ御演達に相成候を、兩侯御書取御奏達に相成、夫を聞召、直に參內被二仰出一と申御手順に決し、御請書之御草稿等御出來なり、今朝岩倉殿象二郎へ被レ申候は、何分內府公御上京なくては不二相適一事に候得は、是非共其運ひ之周旋致呉候樣懇被二申聞一候付、右之御手順申談候處、其儀は何樣にも心配可レ致、唯八方より迫られ候には、甚迷惑被レ致候との事之由申出に付、前段之御談と相成、且御參內御當日は、尾越土三侯も御參內に而、三宮、中山、正三等之御談に而速に御取極め、岩倉卿之を周旋し、即時之御取扱ひに相成候積に御內談濟、永井殿明日下坂被レ致候間、雪江邦之輔にも下坂可レ致と申談す、

○十八日、今朝御所より御達如レ左、

御用之儀候間、今十八日午刻參朝可レ有レ之事、

十二月十八日　參與

越前大藏大輔殿

追而今日參朝之上御評定之義に而は候へ共、外國事件急務に付、旁先爲二參考一、御用向廉々荒增書取、別紙一帖爲レ見被レ下候事、

別紙

外國事件

一外國掛

三條前中納言

松平大藏大輔　并家來之内一人

土藩　後藤象二郎

薩藩　岩下佐次右衞門

即今之處右之通被ニ仰出一候思召に付、先御内意御下問候間、見込之趣早々可レ有ニ言上一候事、

〆

海外各國へ御變革布告一紙、薩藩より差出分、

朕は大日本天皇にして、同盟列藩の主たり、此誥を承くへき諸外國帝王と、其臣民に對し祝辭を宣ふ、朕將軍の權を朕に歸さんことを許可し、列藩會議を興し、汝に告ること左の如し、

第一、朕國政を委任せる將軍職を廢するなり、

第二、大日本の總政治は、内外の事共に皆同盟列藩の會議を經て後、有司の奏する所を以て、朕之を決すへし、

第三、條約は大君の名を以て結ふと雖も、以後朕か名に換ふへし、是か爲に朕か有司に命し、外國の有司と應接せしめん、其未定の間は舊との條約に從ふへし、

右薩州布告一紙に付、朝議の一紙、

大日本國太政官、海外各國の公使等に移す、天子諸外國帝王と其臣民に對し祝辭を宣ふ、天子會帥有司と詢り汝に告ること如レ左、

第一、往年國政を委任せる將軍職を廢するなり、

第二、大日本の總政治は、内外の事共に皆會帥有司の會議を盡し、奏する處を以て、天子之を決すへし、

第三、條約は大君の名を以て結ふと雖も、以後太政官に換ふへし、是か爲に有司に命し、外國の有司と應接せしめん、其未定の間は舊の條約に從ふへし、

右從ニ朝廷一外夷御應接初之義、實以不ニ容易一大事件に付、宜く熟考を被レ遂、參朝之上見込之旨言上可レ有レ之事、

右之外數件有レ之、條目而已左に略ニ記之一、

一御任選御沙汰に付、言上に相成人體之御下問、

一革《マヽ》政御取建之事、
一市中取締方之事、
一太政官代之事、
一、今夕於二御所一御達如レ左、

尾越へ

德川内府下坂後、鎭撫方之儀被レ命候處、會桑于レ今滯坂、此比山崎邊人數繰出候哉之聞有レ之、人心動搖、萬一年若之徒無レ故發レ事候而は甚不レ宜候間、會桑二藩早々歸國可二取計一、急度可レ有二盡力一、更に御沙汰候事、

右に付、尾之田宮如雲へ鹿之介より、明日罷越可レ及二相談一旨申遣置、

一、今日於二宮中一、外國へ御告諭應接之議事有レ之、勅書御治定、御璽及總裁議定加判、勅使可レ被二發遣一と被レ決由

一、今朝より永井玄蕃頭殿、雪江、田中邦之輔下坂、雪江夕七半時前着坂、永井殿田中相伺處未た着無レ之由、夜二更比田中氏より唯今着坂之由申來る、

○十九日、今朝鹿之介尾侯御旅館へ罷越、田宮如雲、丹羽淳太郎申談處、會桑共に尾侯骨肉之御間柄に付、尾侯御一と手に而御引受、御配慮有レ之度との談に而、今日尾侯より被レ指二上一御請書如レ左、

德川内府旗下之者鎭撫方、幷會桑二藩蒙二嚴命一、早早歸國可二取計一旨更に御沙汰之趣、謹而奉レ拜二承一候、右は兼而御沙汰之趣も御座候に付、精々周旋仕候處、何分遲延相成候より、奉レ惱二聖慮一、蒙二再度之命一候段、恐懼之至奉レ存候、猶更精々盡力、早々歸國爲レ仕候樣可レ仕候、依レ之御請奉レ申二上一候、

十二月十九日

一、今日外國御諭告應接として、勅使發遣之旨被二仰出一、於二御所一御家來御呼出、御達之趣如レ左、

一今日之御沙汰之趣、各其主人へ申入、否明朝可二申出一事、
一右承知之上は、加判之爲に、明日午剋何れも參朝之事、
一越土藩家來一人つゝ、公卿同伴應接之事、
一公卿に而勅使二人之事、

一、今朝内府公より御奏聞狀、大監察戸川伊豆守殿持參に而參邸、拜謁之上呈覽有レ之、如レ左、

臣慶喜不肖の身を以て、從來奉レ蒙二無レ渝之寵恩一、

恐感悚戴之至に不レ奉レ堪、乍レ不レ及夙夜不レ安二寢食一苦心焦慮、宇內之形勢を熟察仕、政權一に出て、萬國並立の御國威相輝候爲、廣く天下の公議を盡し、不朽の御基本を相立度との微衷より、祖宗繼承の政權を奉レ歸、同心協力、政律御確定有レ之度、普く列藩の見込可二相尋一旨建言仕、猶將軍職辭退も申上候處、召之諸侯上京、衆議相決候迄、是迄之通可二相心得一旨御沙汰に付、右參着の上、同心戮力、天下之公議輿論を採、大公至平之御規則相立度奉レ存候の外他念無レ之、鄙衷不レ空と感戴仕、日夕企望罷在候處、豈料や今度臣慶喜顚末の御沙汰無レ之而已ならす、詰合の列藩衆議たにも無レ之、俄に一兩藩戎裝を以宮闕に立入、未曾有の大御變革被二仰出一候由にて、先帝より御遺托被レ爲レ在候攝政殿下を停職し、舊眷の宮堂上方を無レ故擯斥せられ、遽に先朝譴斥の公卿數名を拔擢し、陪臣の輩猥に玉座近く徘徊致し、數千年來の朝典を汚し、其餘の御旨意柄、兼而被二仰出一候御沙汰之趣とは悉く霄壤相反し、實以驚愕の至に奉レ存候、假令聖斷より被レ爲レ出候儀候共、可レ奉二忠諫一筈、況や當今幼冲之君に被レ爲レ在候折柄、右樣の次第に立至り候而は、天下の亂階、萬民の塗炭眼前へ迫り、兼々獻言仕候素願も不二相立一、金甌無釁之皇統も如何被レ爲レ在候哉と奉二恐痛一、臣慶喜目下の深憂此事に此座候、殊更外國交際の儀は、皇國一體に關係仕候不二容易一事件に付、前件の如き聖斷を矯候輩、一時之所見を以て御處置相成候而は、御信義を被レ爲レ失、後來皇國の大害を釀候儀必然と、別して深憂仕候間、最前眞の聖意より被二仰出一候御沙汰に隨ひ、天下之公論相決候迄は、是迄之通り取扱罷在候、鄙言の趣御聞請被二成下一、兼而申上候通り、公明正大、速に天下列藩の衆議を被レ爲レ盡、正を擧け奸を退け、萬世不朽の御規則相立、上は奉レ寧二宸襟一、下は萬民を安し候樣仕度、臣慶喜千萬懇願之至奉レ存候、此段謹而奏聞仕候、

十二月　日

伊豆殿昨夜上京、永井殿へ可レ被レ談積之處、御同人は下坂不在に付、戶田大和守殿へ被二申談一候處、不二容易一大事件故、明朝迄熟考可レ被レ致との事に而、今朝迄延引候得共、豆州は是非可二指出一と被二申立一故、和

州より岩倉殿へ被レ及二內談一由、何卒公にも御周旋を以、御趣意御貫徹相成候樣との御沙汰も有レ之趣被二申上一候へ共、公は此頃中必至之御盡力に而、漸已に成功にも可二相成一眞際に及ひ、於二坂地一ヶ樣之御運ひにては、甚以御當惑御殘念にも思召候故、猶御熟考可レ被レ成候間、表向御奏聞之儀は暫御見合候樣御挨拶に而、退去に相成、

一、豆州吾藩邸◎より〔脱カ〕土老侯へ被二罷出一、御同樣御周旋之儀被二相願一に付、容堂君も御當惑に而、象二郎へ被二仰聞一、岩倉殿へ御內談之處、奏聞狀は今朝戶田和州より被レ致二承知一候へ共、彼書面披露相成候而は、自分迄も最早失切之事と相成候故、和州へ申談、中山、正三之兩卿へは內々被レ入二一見一候へ共、其餘は決而他見無レ之、岩倉殿に而掌握被二致置一候積之由、何分唯今之內、內府公御參內之運ひに不二相成一候而は不二相適一候へは、象二郎等も十分盡力致候樣、永井に而心配不二行届一候は丶、尾越へ土侯指添下坂候而、御迎取と申儀は相成間敷哉抔と被二申聞一候程之儀に有レ之候、

一、豆州退邸之後、公尙再三御熟思之處、兎も角も、いまた表向奏聞に不二相成一內取消し、事故なく御上京之御都合に被レ遊度に付、則戶川殿へ被レ遣二御直書一、如レ左、

上略 扨過刻は御入來御苦勞存候、尙爾後思考之處、上より御奏聞之御書付寫、明後尾張大納言殿へ御持參之儀は御見合せ被レ下度、何分御相談申儀も有レ之候間、第九字より十字迄之間に、乍二御苦勞一御枉駕被レ下度、其節萬緒可二申入一候、下略

十二月十九日　松平大藏大輔

戶川伊豆守殿

右之通被二仰聞一候處、未刻に至り參邸有レ之、土老侯、大和守殿も御會集に而、坂地積欝排泄の餘りに出候除姦之拙策よりは、岩倉殿迄も如レ形御上京、翹望之機會と申、朝意御奉戴之御誠意を以、速に御參內に相成候へは、天下之安堵、朝廷之御安心、此上之御長策は有レ之間敷と、代る〳〵御說得相成候處、豆州も大に落意感服に而、如何にも御同意奉レ存候間、御奏聞之使命は是切に仕、此表御盡力之御趣意を以、坂地之方精々周旋可レ仕との事に而、即刻下坂有レ之、

一、德川家之周旋方穗積亮之助、荒井健次、拜謁相願

ひ、内府公御上京之儀、御盡力被レ爲レ在候樣懇願に付、公も素より御同論に而、列之御合も被レ成二御座一義を被二仰聞一候處、兩人雀躍悅服、健次は直樣戸川殿と一所に下坂可レ及二周旋一と申上て退去せり、

一、御奏聞狀之儀は、戸川殿御談之上、今夕尾越兩侯へ御預け之事に相成、

一、右之次第に而、御奏聞之儀は相止に付、猶又可レ及二盡力一段、鹿之助より雪江へ以二急飛一申越す處、於二坂地一は雪江、御奏聞狀御差出に付、周旋不レ及レ力して歸京せると行違ひになれり、

一、此日於二坂地一、辰半刻比、田中邦之輔、雪江旅宿へ來訪、永井殿も昨夜着坂相成由、右に付猶又相談之上、巳刻比登城、邦之輔と一處に永井殿へ逢對申入相待居候處、御目付榎本對馬守殿雪江へ逢度旨に而、於二御目付部屋前一、今度御奏聞に相成候御書付之由に而、一通被二相渡一、右は昨日戸川伊豆守殿を以御奏聞に相成候、拜見之上、猶見込有レ之候はゝ申達候樣、拜見且寫取候事にも候はゝ、大廣間御下段邊可レ然との事故、落手之上於二御下段一拜見之處、但し御奏聞狀は如二前記一外に別紙有レ之、如レ左、

御奏聞狀此度御差出相成候に付而は、思召之程奉二感激一候面々は人數召連早々上坂候樣可レ被レ致候、右之通萬石以上之面々へ相達候間、此段可二申上一候、

私云、追而江戸表より御用狀之內、

十二月廿二日、重役之者明廿三日西丸へ罷出候樣、松平阿波守樣、松平美濃守樣衆より廻狀來る、翌廿三日、御家老代り飯田主稅西丸へ罷出候處、大廣間へ御老中列座、大廣間御同席之重役一同罷出候處、美濃守殿御老中淀侯、被二申聞一候は、今般京師之御模樣に付、別紙之通御建白に相成候に付而は、此末如何相運可レ申哉難レ計、此上は銘々致二奮發一、三百年來之恩誼を思詰、人數召連大坂表へ罷出、厚忠意を被レ盡候樣、何も君上へ申上、尙盡力可レ致旨御演達之上、御書付御渡有レ之、右寫指越候、御書付は即御奏狀也、

御書面之御趣意、誠以不二容易一御次第柄に付、一應寫取候上、猶又榎本殿へ逢對、御書面返上之上申達候は、御趣意之趣一々無二御據一御次第に而、可二申上一樣

も無レ之候へ共、朝廷におゐて御採用之處は、何共至難之儀と奉レ存候、是は何方へ御指出に相成候哉と申候處、帥宮へ戸田和州を以被二指出一候御積之由被レ申に付、宮又は其餘に、兼而御差含之御方に而も有レ之事に候哉と申候處、夫は何も無レ之との事故、夫に而は無策と申物に而、御仕遂け難レ被レ成而已ならす、朝廷之御爲、御家之御爲にも不二相成一事と奉レ存候、右故京地之御評議に而は、何分御平穩に御上京奉レ願候積に候ひしかと、此御書面出候而は最早十日之菊と相成、何共當惑至極之段申述處、何とか此上は御奏聞之趣御採用之手段は有レ之間敷哉との尋に付、此上は此御書面を公議に被レ附候樣被レ遊候より外は無之、左候はゝ御後難も被レ爲レ在間敷歟と申候得は、如何にも夫より外は有レ之間敷候得共、其處を公にも御盡力被レ下候樣可レ被二申上一、此御書面は大藏大輔樣容堂へは、一通つゝ差上候筈に申談置候と申事に付、尾州へも申談候而不レ苦候哉と申候處、諸藩之内拜見被二仰付一候向も有レ之候へは、聊不レ苦との事なり、扨何分鎮定難レ叶事と相成候と被レ申に付、伏見其外へ御人數被二指出一候は、如何之譯に候哉、如レ斯御書面

被二指出一候へは、猶以御恭順に不レ被レ爲レ在候而は相濟不レ申、諸藩之人心も、其御恭順之御美德に服從致居候事に有レ之段申候處、朝議之次第被レ尋に付、近況之形勢夫々申達す、又被レ申候は、伏水は宿驛被レ廢に付、人馬幷船賃等妄に高價を貪候に付、爲二取締一御人數被二差出置一、兵庫西宮等は外國人も致二徘徊一に付、御固之姿に而、實は兵力を所々へ分ち持口を與へ、妄動を禁候策之由、二條に而も、二條通りへ廿人計、竹屋町通りへ七十人計脱走に付、其隊之頭々馳付立塞り、先つ我を殺せと申遮り止候程之事と相成、最早被レ成方無くと御下坂に被レ決候、會三千、桑千五百、幕五千計を、二條城へ籠居させよとの仰にて、一點之御動搖無レ之故、已に死を以諫め奉らんとせし者も有レ之程に及ひ候へ共、猶御動き不レ被レ遊候ひしは、今日と相成致二感服一候、御出城之砌も、此處を御明退きにては最早戰期無レ之と、御玄關前を立塞き御抑留申上候勢故、無二御據一御後門より御出に相成候、今にも聊たり共激候へは直樣破裂、拙者共も難レ制候か、江戸より三兵押來候はゝ嘸々と、唯今より心配之義等物語有レ之、退座之上右御書面邦之輔へ開示、此

趣に而は持參之策は迚も行はれ不レ申、永井殿も周旋處には有レ之間敷と申合候內、永井殿逢對に而、右御書面戸川豆州殿持參に而上京之上、永井殿へ申談指出候樣との御仕向に有レ之處、行違ひに相成候事に而、此處へ餘事申出候而も詮なき事故、彼一策は主張無レ之由、扨御書面は如何可二相成一哉との尋に付、公議に附する見込申達候處、如何にも左樣に有レ之度、其處折角御周旋相願度との事に付、一通は正面に而諸侯議定之方へも御指出に相成候樣致度、夫を以周旋之致方も可レ有レ之と申談候處、其運ひに相成歟不レ存候得共、今一通寫可レ被二相渡一との事なり、物語之次手に、高野山へ鷲尾殿屯兵、御代官所へ通達、幷村人注進等之書面被レ示、ケ樣之義有レ之故、彌沸騰難レ制候、是等は致二如何一可レ然哉との事に付、是も議定へ御指出御伺之方可レ然と申談、寫一通被二相渡一候事に決す、從レ是は御書面御指出に付而は、益御恭順被レ爲レ在度と申儀を、懇々相願ひ退座、永井殿は今暫滯坂之由、平山殿逢對に而、御奏聞狀寫一通被二相渡一、見込被二相尋一候に付、公議之外見込無レ之、今四五日御見合せ被レ下候へはよろしかりしをと申達候處、好機會を失ひ殘念之由に而、種々議論有レ之、兎角降官削地之不當を被二申立一に付、今日と相成候而は決して夫等之儀は無レ之と論辨を盡し、稍點頭に及ひしかとも、猶被レ申候は、右之義は跡にいたし、先つ特命を以被レ爲レ召候而は如何との說有レ之に付、京地之事情一々申達退座、右等之次第に而、於二此表一周旋之致方も無レ之、且京都之樣子も懸念に付、邦之輔申談、夜船に而歸京す、十二字後解纜、

〇廿日、昨日御家來御呼出に而御達之通り、今朝爲二御加判一御參朝可レ有レ之處、御所勞之趣を以御斷り被二仰上一しに、調印御違背におゐては勅使可レ被二指向一候抔、橋本殿被二申出一に付、十之丞、鹿之介を以被レ及二御建議一候處、趣意書取指上候樣御差圖に付、兩人より指上候書面如レ左、

演說之概略、書取を以申上候樣被二仰付一に付申上候、

昨日被二仰出一候趣、大藏大輔奉二謹承一候、外夷を見る尙古の漢土の如しとの叡慮、乍レ恐奉二感佩一候、不肖之大藏大輔、職を議定に承に付、外夷へ御布告に、御諱御璽を被レ爲レ載候末へ加判仕候儀蒙レ命、

恐汗之至奉レ存候、萬世皇國之基礎を被レ爲レ建候御大事に而、愚衷可二默止一儀無二御座一候に付、差向可二申上一候、今般御大政更始之折柄、外夷も刮目罷在候處、諸藩列侯僅に五藩而已にて、夫も多くは隱居又は世子等に候へは、即今之不束、外夷國情通知之事故、◎此邊恐らく誤脫あらん全く天下の會議を聞召ての御所置とは不レ奉レ存、御手薄に可レ奉レ存哉、深憂に不レ堪奉レ存候、御告文之內に、列侯會議之上と被レ爲レ在候通り、段々列藩も上京可レ仕候間、仰願くは會議を被レ爲レ待、篤と公議之上御布告に相成候共、敢而不レ遲哉に奉レ存候、夫迄之處は、外夷より迫而不二伺出一樣には、如何樣被レ成方も可レ有二御座一候哉、何分勅使御下向、一度降命有レ之候上は、直に世界之通法を以、都下にミニストル指置候儀可レ奉レ願、且是より誰人か應接可レ仕哉、參朝も仕度、其儀も奉レ願候なと申出候は丶、甚御煩は敷義と奉レ存候、呉々當分之處は兎も角も御論置に相成、尙天下之議を被レ爲レ盡候樣、幾重にも奉レ願度、今日此處之遺憾無レ之樣御盡し無二御座一而は、後日之大害難レ測、至重至大之儀、恐懼之餘り不レ憚二忌諱一、議定之廉を以、右之趣微臣兩人を以奉二申上一候、

酒井十之丞
毛受鹿之介

私云、此御調印之義、尾侯は御斷り被二仰上一、土老侯は御熟考之上ならてはと被二仰立一、相調ひ難く、勅使指添被レ命候後藤象二郎、三岡八郎も御斷り申上に付、此一件は遂に御遷延に相成たり、

一、此夜雪江酉半刻頃上着之處、亥刻後邦之輔より書簡に而、御奏聞狀二侯へ御預に付而は、前議之通り今一應申上度に付、明朝より下坂之積相談に付、其段申上相伺ふ所、雪江も下坂候樣被レ命に付、其段及二返報一、

○廿一日、今朝より雪江、田中邦之輔下坂、

一、今夜永井玄蕃頭殿坂地より上京有レ之、

○廿二日、今朝毛受鹿之介永井殿へ罷出、雪江昨朝より下坂、亦復行違に相成趣、且京情申達候而、坂地之模樣承候處、於二彼地一は過日來已に御奏聞一條に有レ之處、戶川殿歸坂に而、京地之次第申上に相成に付、御再評之上御奏狀御差控に相成候上は、京地之形勢に被レ任、御上京も可レ被レ遊との御儀に相成、其件爲二

取調ㇾ永井殿歸京に相成事之由、坂地之人心は今以困難之趣等物語有ㇾ之、

一、此夕五字後、後藤象二郎參邸拜謁相願ひ、永井殿歸京、今夕容堂樣御旅館へ被二罷出居一候間、乍二尊勞一公も御來臨被ㇾ下候樣との御使之旨申上に付、即刻御供揃に而、要路之面々被二召連一、土老侯大佛之御旅館へ被ㇾ爲ㇾ入、御同所に而二公幷永井殿、象二郎、福岡藤次、被二召出一候、修理、十之丞、鹿之介も御一席に而、種々御相談有ㇾ之候へ共、何分差當り御官祿之御一件形付不ㇾ申内は、御上京相成候而も却而御不都合に付、先つ此件之御目的相立候樣被ㇾ成度、就而は京坂隔地之往復、日間も相懸り、段々遲引にも相成候へは、結局朝廷より之御沙汰に相成、夫を御持參、尾公と御一處に御下坂に而被二仰上一、御請之御模樣次第、御上京之義も其節之御談に相成候方可ㇾ然候へは、明日は三職惣參内之義御申立、尾侯と御一處に可ㇾ被二仰立一との御談濟に相成、即席より十之丞、鹿之介被ㇾ遣、尾侯御旅館におゐて、小瀨新太郎、茜部小五郎、中村修之進等對接、夫より申上に相成處、尾侯御尤に思召御同意之旨御返答有ㇾ之、十二字前御歸邸被ㇾ遊、

一、尾老侯、兼而御沙汰も有ㇾ之御周旋之會桑歸國之件、今以御遷延相成候に付、御下坂御盡力被ㇾ成度段、今日より御暇之義御願に相成處、別紙之通御指圖濟に相成趣に而、明日にも御下坂可ㇾ被ㇾ成御樣子有ㇾ之候へ共、前條之御次第相成に付、御下坂御見合せ之義、青山小三郎を以被二仰入一處、御承知之段中村修之進より御返答申來る、

尾張大納言へ

頃日被二仰含一候筋に付、段々盡力之處、華城往反彼是難ㇾ届次第も有ㇾ之、自身下坂、死生之間に立候而も、御趣意御徹底に可ㇾ致樣志願之趣に而、今日より御暇願度旨、始終出格之心得神妙に思召候間、願之通被二仰付一候、但去る九日以來日々物議を生候事、偏に尾越周旋之廉不ㇾ擧之故に付、此上は來る廿五日中三日を限り成功可ㇾ有ㇾ之候、右期日に至り尚是迄之如く遷延之義被二申出一候而も、於二朝廷一決而不ㇾ行件にも有ㇾ之候間、前件之通、彌以精精盡力可ㇾ致被二仰出一候事、◎原本誤脱あり今三世紀事略を以て補正す、

願之趣も有ㇾ之、別紙之通被二仰出一候、隨而復古之初より被ㇾ爲二的目一候御義は、尾越周旋、徳川内府

より言上之廉成否に候間、各其分可ニ心得一候、尚又各國御布令之事においては、迅速御所置可レ然御確定之上段々言上之向も有レ之、旁昨《マヽ》今之御運ひに至候得共、越土藝初、下參與輩被レ出ニ建言一之次第、其情實も亦難ニ默止一被ニ思召一候間、急端右期日を限とし御所置可レ被レ遊候、此段爲ニ心得一被ニ仰下一候事、

一、今朝六時過、雪江大坂着船、四半時比邦之輔同伴登城候處、永井殿戸川殿上京不在に付、平山殿へ逢對、御上京無レ之而は不ニ相適一次第、邦之輔より逐一申述、夫より京地之形勢等及ニ詳說一漸く聞込に相成、雪江儀は、拜謁之上見込之次第及ニ言上一度申ニ達之一、平山殿には、朝廷より御上京被ニ仰出一候樣被レ致度趣に付、其儀は隨分周旋行屆可レ申段申談退座、午後、伊賀殿豐前殿平山殿、雪江へ逢對、見込之趣被レ尋に付、朝廷諸卿幷諸藩士之事情形勢等委曲詳辨、何分好機會候へは、此時御上京にて、大勢御挽回御靜定無レ之而は不ニ相適一趣、反復申陳候處、何れも大に落意に而、朝廷より之御沙汰次第、御上京に可ニ相成一との談判決意に付、御官稱御一條も御決議被レ下候樣にと申述候處、夫に而は六ヶ敷、其儀も共にと申事に而は、此方より之被ニ仰上一は速に聞召に相成、彼方より之御沙汰は無レ之と申樣之事に相成時は、其場に及ひ何共被レ成方無レ之事と可ニ相成一候、欺を受ては後悔詮なし抔の疑念論に相成難ニ相決一に付、朝命之下書指出し、

今般辭職被ニ聞召一候に付而は、辭官仕度、且王政復古に付、政府御用途之儀は、天下之公論を以、所領より指出候樣仕度奉レ存候事、

ヶ樣之御次第を以、尾越迄御請に相成候へは、尾越にて又夫を品能書取、指出候樣之御都合に相成候而は如何と申談候處、さらは是を以談見可レ申との事に而引入」、良久有レ之、豐前殿平山殿逢對にて、二侯へ御談に可ニ相成一書面、十分之幕意を以認たるを被レ示、ヶ樣に而は如何と被レ申に付、邦之輔と共に種々辯論、文面之圭角悉く減削致ニ加筆一候處、夫に而談見可レ被レ申との事に而被ニ引入一」、又良久有レ之、伊賀殿豐前殿平山殿逢對に而、先頃官位一等を降し、領地二百萬石被レ削候段、降勅之風聞書致ニ流布一、夫より猶更氣立居候處故、先刻之書面、筆削之通相成候而は、迚も落合

難二出來一、原文之通りならては鎭撫に難レ及と被二申出一に付、全國高割云々之文段、尾越に而ヶ樣之趣之書取に相成候而は如何と、猶又潤色致し申達、其談に而被二引入一」又良久有レ之、伊賀殿豐前殿逢對にて被レ申候は、種々申談見候得共、一字之增減も不二相適一、原文之儘ならては落付不レ申事に相成候間、何分此通りに而御盡力相成候樣致度と及レ談候處、（◎此邊恐くは誤脱あらん）伊賀殿矢立を取出され加筆之上被二引入一、右原文加筆如レ左、

辭官之儀は朝廷之御沙汰次第に可レ仕、且政府御用途之儀は全國之高割を以相供し至當之義に付、

◎原本朱枠、追而以二天下之公論一全國之高割に而相供候樣御決定相成可レ然事、（◎原本朱書、公論の字の下より朱線を加へて添加の意を示したり）

私云、朱書は伊賀守殿加筆之趣を寫す、

良久有レ之、書面文段申立候通前後に引直したるを、御目付設樂備中守殿を以被二相渡一、亥刻過退出す、

但戸川殿上京、朝命に出候樣との周旋之爲に被レ上候事に候へ共、段々兩人申立候趣に而は、御官祿一件未定之内朝命候而は、甚御不都合大難を來候に付、兩人上京まで戸川殿滯京、示談相成候樣、急使被二申越一由、伊賀殿物語有レ之、

○廿三日、今朝永井殿より呈書如レ左、

一翰奉呈上候、然は唯今坂地急騎便を以、兼而御内諭御座候二ヶ條之儀に付申越候趣は、雪江邦之輔再下坂に而、削地辭官之儀に付云々被二申聞一に付、別紙之通り御内答書出來、兩人も一覽致し、加筆通り取直相成候樣致度との旨に付、其通り取直しに相成申候、右加筆通之書面に而宜候は丶、早速御差出に可二相成一候へ共、左も無レ之而は、所詮御上京之運ひに相成兼候、尤公然御旗本之士へも相示候樣不二相成一候而は、必大沸騰、不レ可二鎭撫一勢に立至候段申越候、昨夜御内談之趣も御座候間、不二取敢一別紙相添此段申上候、何れ小生も跡より罷出、尊慮をも相伺可レ申候、早々頓首、

十二月廿三日　　尙志

福井賢老公

一、今朝戸川殿幷御目付保田鈼太郎殿來邸、戸川殿より内府公御直書呈進有レ之、如レ左、

一翰呈進、扨は戸川伊豆下坂、御地之御模樣委細致二承知一候、何分にも早々上京致候樣にとの趣云

云致ニ承知一候、素より誠意を以皇國之御爲に致度微衷は、追々建言も致候義に付、此度之義迚も、皇國之御爲に相成儀候は丶、速に上京、協力同心、正議を盡度素志情願候得共、先頃既に大變革之節、家來共鎭撫之爲大坂へ引取候次第に而、漸く說諭をも相加へ鎭定には相成候得共、此度爲ニ天下一上京致候共、家來共承候は丶、一向に危地に臨み候樣存取、又々沸騰難レ留に可レ到と熟知致候間、此上之御盡力に而、可ニ相成一は、御所より御用有レ之に付被レ爲レ召候樣相成間敷哉、左候は丶家來にも如何樣とも鎭撫說諭いたし、早々上京候樣可レ致、委細は伊豆申含、玄蕃打合せ可レ及ニ御細話一候間、深く御諒察可レ給候、右上京之節は人數も召連候事故、兼而宮闕は勿論、市中末々迄誤解いたし、猥に驚動不レ致樣、鎭撫方御心付可レ有レ之候、餘は兩人之口吻に托し草々閣筆不悉、

十二月廿一日夜認　　内府

大藏大輔殿

容堂殿

無レ程永井殿も御來會、象二郎も被ニ仰遣一、御書中之趣反覆御討論之上、坂地より相廻候御書取猶又御添削に而、御書面御出來相成、御所へは、今日尾越被ニ仰合一御申立有レ之間、三職惣參内相成候樣、御家來共を以御達有レ之、未半刻過御麻上下に而御參內被レ遊、尾侯土老侯藝若侯も御參內、薩侯は御斷り也、於ニ小御所一惣裁始御揃之御席に而、尾侯と御一所に、德川氏官祿之義、朝廷より之御沙汰に相成、夫を御持參に而御下坂、德川氏へ御達有レ之、御請濟に而御上京相成候樣、御周旋被レ成度趣、今日は德川氏支族之御場合は御離れ、議定御職掌之上に而、皇國萬安之爲被ニ仰上一候段御申立に而、御相談之御書面御指出に相成候處、政府御用途として領地返上之文段に不ニ相成一候而は、御奉還之實効難ニ相立一との事候へ共、御領地返上抔との趣意相成候而は、坂地之鎭撫難ニ出來一譯に而、廷議殊之外困難に而、中々御一席之御評決には難レ至、再三御休席に而之御論談なり、是は政權奉還候上は、領地共に返上無レ之而は、御誠意も不ニ相顯一、御名分も難ニ相立一との論上院に盛んに、文字上において義理之當否を爭ひ、眼前闕下に動亂を發するを顧みさるを非とするの議、下院に專ら也、二侯は朝野

之安危、時憂之緩急を御辯析あつて、頻りに成敗之所決を御催促ありといへとも、兎角之御挨拶無レ之、難陳百囘、夜將に明なんとするに及んて、いつの間か、宮始上院之御方々御退朝となりければ、二侯も無二御據一、廿四日朝卯半刻比御退散なり、

一、此日雪江坂地早朝發之積之處、寅半刻頃、司計小栗五郎大夫着船に而申出候は、昨夕申刻比伏見出船に而及二下坂一たる由、右は公御下坂之御沙汰に付、御宿割御用として罷下候由、御下坂之事情は更に不二相辨一趣に付當惑候折柄、又々京便有レ之、廿三日御參内、廿四日御下坂相成段申來候趣、同人より申出、於二雪江一も進退難レ決に付、今一度御城中之樣子幷京報之次第も承調、行止取極可レ申と、平山殿旅宿へ推參承候處、和州より之來帖に、尾越下坂之模樣、形勢至難と唯一筆申來候迄に而、事情不分明之由、兎角御官祿一件不二形付一候而は、御上京には難二相運一事候へは、兩侯御下坂に而も御無益に可二相成一候間、其段早早歸京申二上之一、右件御事濟之上、御上京御促に相成可レ然と、平山殿との相談相決、直樣歸寓、巳刻發船、夜亥刻過京着、直に參朝、平明御供に而罷歸る、

一、去る九日變革已來、伏水廢驛に相成候へ共、奉行屋敷には餘程之人人千餘、罷在、加レ之新撰隊幷會兵等坂地より被二指出置一候處、近々朝廷より薩長二藩へ巡邏被レ命故、嚴重之警衞に而、兵隊戎裝に而辻々相固め、唯今にも事之起るへき形勢故、市中老若離散、器財取片付、砲聲一響に及候は丶、立地に戰場と可二相成一有樣なりき、

○廿四日、今日巳刻御參内之御調候處、御所より御使を以、御用之儀候間唯今參朝有レ之樣御達候付、尙御所向御取調之上、午刻御供揃に而御參内被レ遊、今日尾侯土老侯薩侯御斷りに而、藝若侯と御兩人なり、於二宮中一廷議内景御探索有レ之處、昨日來徹夜故、宮始實に御草臥に而、御評議御出來兼、今朝之處御散朝相成事故、今日は是非御決評と申御運ひ、畢竟之處、官武内外之落合、疑懼を懷いて決兼候次第に付、下參與周旋之向より、夫等之儀は尾越へさへ御委任相成候へは、坂地之儀は急度御安心之旨に而致二慫慂一、先つ夫なれはと申趣にて漸く決しかけ、頓て事定り可レ申勢之由なりしか、無レ程下參與不レ殘呼出に而、御書面御決定候間、拜見之上存寄有レ之候は丶、猶又申上候

樣との事に而、御書面御渡に相成處、右御文段之內、矢張領地返上之文字有レ之候付、參與之內、尾越之面面より、於二尾越一は尙相願度儀有レ之段申達候、諸藩は默々として退座す、是より禁句は引直しに相成樣、公にも御沙汰有レ之、藝參與等頻に裏面周旋、邦之輔雪江は岩倉卿へ申立候處、內狀殊之外險急之趣被二申聞一候に付、當時之議論家、中御門、正親町、長谷、萬里小路等之諸卿へ、御逢對之義申入候處、良久して四卿御揃御出會に付、邦之輔より、返上之二字有レ之而は、坂地輕輩之人心に關係、如何にも落合兼、鎭撫難儀之趣、諄々申述候處、諸卿被レ申候は、一應は尤に相聞候得共、御決定之上之事候へは、最早動しかたき趣等談之由、或卿より、政權返上之上は領地も返上無レ之而は、名分名義難二相立一、內府誠意之發見も無レ之との論を被レ發に付、雪江十之丞申陳候は、其仰せこそ名分不レ明と奉レ存候へ、德川氏之關八州は、豐臣氏之頃三遠駿甲と振替に相成事に而、武功を以伐り取候も同然、其外之土地迚も、其頃之世態に而、朝廷より賜はり候と申事も無レ之、夫々之由緒有て領し來候事に而、政權にも將軍職にも附き不レ申、又祖先之世には、

天下之人心盡く德川氏に歸服致候故、政權も自ら手に落候事に而、誰のを奪しにもなく、何方より讓られたるにも無レ之候、又將軍職之義は、再應御辭退申上しかと、强而被レ命候事に而、願ひたる事には無レ之、夫より已來は代々右之振合を以、二百餘年相承致候事に而、官位に付而之譯も更に無レ之、然るに唯今と相成、右政權を返上奉り候德川氏は、領し居候土地迄も返上致候半而は不レ適次第と相成、又政權に關らぬ諸侯は、依然として舊封を領し居候而は、德川氏は代々政權御預り申上、心を勞し力を費候丈け之不幸と相成候道理に當りて、素々政權と領地と、將軍職と官位とは各自別段に而更に名義に相拘係すへき物には有レ之間敷歟と申上處、夫故昨日も、諸侯一同領地返上すへきかとの論も起候へ共、夫は不レ宜との事にて相止たりと被レ申に付、御尤之次第に候、諸侯一同領地返上と相成候は、天下之惑亂と相成可レ申、今德川一家たりとも、人心は同し事候へは、いかてか故なく承伏仕るへきと申候へは、例之普天率土を被二申出一候に付、如何にも一天下王土には相違無レ之候得共、王土なれはとて、王之御勝手次第、御私に御引

上け被㆑成候譯の物には無㆑之、土地人民程大切成動かし難き物は無㆑之、如何に叡慮にても、御無理は決して行はれ不㆑申筈に候を、ケ樣に名分名義も立さる事を被㆓仰出㆒、末の詰りを如何被㆑成候哉、舊幕の長州再討を御覽なさるへし、名義不㆓相立㆒候故、結局致し方も無㆑之事と相成候、此度も德川氏へ御仕向け之次第により、朝命といへとも如何可㆓相成㆒哉難㆑計候、德川氏は長州抔とも違ひ、類葉廣く普代も餘多候へは、皇國之大亂にも可㆓相成㆒事候へは、私共も德川氏之爲には、支族臣子之分を以、宗家存亡之境、只管御憐諒を相願候、又皇國朝廷之御爲には、數ならす候へ共參與之廉に而御諫爭奉㆓申上㆒候と、悃々陳啓に及候處、夫なれは今一應可㆑及㆓評議㆒との事に而被㆓引入㆒、夫より下院之内より諸方難陳、力を盡し周旋致居候内、鑿枘齟齬、又々返上之二字愈決定し發表有㆑之、談判殆困極に至りしかとも、百方手を盡し、漸くにして、御政務御用途も可㆑有㆑之に付領地返上之儀はといへるを、御用途之分は領地之内取調之上と取直に相成、公論を以て可㆑被㆓仰出㆒といへるを、公論を以御確定可㆑被㆑遊と改り、長谷卿より尾越之兩人へ被㆑示に付、確定之字面は奉㆑畏候へ共、領地之内の内の字之下へ、「ヨリ」之二字を被㆑加度と申達候處、是亦評議難澁し、更に承引無㆑之、尾よりは橋本卿迄嚴達す、内外之勢ひ頗及㆓切迫㆒候得共、尾越愈以前說持重之處、遂に岩倉殿は、「ヨリ」之字の事を申達候得共、此處を「ヲ以テ」と相成候ては如何可㆑有㆑之哉、夫れとも「ヨリ」にて無㆑之而は不㆓相適㆒儀候哉と推問に付、兩藩にては是非とも「ヨリ」と相成候樣にと及㆓懇願㆒處、左候は丶其通りに相決、其上に而御書面改而御渡可㆑被㆑成旨に而、追而小御所に於て三職御列座、朝廷より內府へ御沙汰之旨に而、總裁宮より別紙公へ御渡有㆑之、御拜見之上、早速下坂德川內府へ可㆓申聞㆒と御請被㆓仰上㆒、其席へ尾侯御名代成瀨隼人正御呼出、右同樣御演達、大納言へ可㆓相渡㆒旨に而、宮より隼人正へ御渡有㆑之相濟、御退散は亥刻を過きたり、御別紙如㆑左、

一今般辭職被㆓聞召㆒候に付而は、朝廷辭官之例に倣ひ、前内大臣と被㆓仰出㆒候事、

一政權返上被㆓聞召㆒候上者、御政務用度之分、領地之内より取調之上、天下之公論を以御確定可㆑被

レ遊候事
右兩件心得迄御沙汰候事、
一、此頃中、政府之御用途は、德川氏返上之領地を以御取賄に可二相成一といへるは上院之建議、又日本全國之惣高割に而可二供給一といへるは下院之建議に而、兩端未決に有レ之候處、今日土老侯より、天下總高割に相成候樣との御建白、侯御所勞にて御參內無レ之に付、御名代後藤象二郞を以被レ指二上之一、且象二郞自分口上にて、何分坂地之御請濟次第、總高割之地に可レ被二仰出一と御內定之御書付頂戴、容堂にも安心爲レ仕度段、嚴重及二演說一に付、御建白之通り御內定之段、御附紙に而被二仰出一由に而、右寫相廻る、左之通、
政府御用途之儀は、御新政之御急務に付、德川內府より差上候段御請申上候は丶、列藩諸侯へは、天下之公議を以貢獻之次第相立候樣被二仰出一可レ然と奉レ存候、
右は容堂職分を以申上候儀、如何御決定可レ被二仰付一哉奉レ伺候、以上、
十二月廿四日
御附紙
右書面之趣御內定候、
右は御領地之內より被二指出一候儀、坂地之人心怫戾之廉故、右樣之御建白有レ之しは、專ら坂地鎭定之筋御周旋之御廉なり、
○廿五日、今日巳刻御供揃に而御下坂有レ之、
一、右御下坂御治定に付、御先へ雪江を板倉伊賀守殿迄被レ遣レ之、朝卯刻發、陸行に而夜酉半刻着坂、直に登城之處、已に御退出に而、玉造口之御旅館へ罷出、拜謁之上京狀委曲申述、御渡御書附、幷土老侯御建白、御指圖之寫共差出、事情御考察之上、前途之御運ひ御盡力有レ之候樣可二申上一旨、奉命之趣及二演達一處、惣而御落意相成、夫々御申談之上、精々御周旋可レ被レ成との御答なり、
○廿六日、今曉丑半刻御着坂也、巳刻御供揃に而、尾侯御着坂御見合せ之處御延着に付、午半刻頃御登城相成、尾侯は御船中より御發瘧に而御手間取有レ之、暮時前御着船なり、公御登城之上、先つ伊賀殿永井殿へ御逢、京師之事情夫々御物語有レ之處、不二一方一尊勢之御義、此上は是非御手筈通り相運ひ候樣盡力可

レ仕と、被レ及二感謝一候由、夫より内府公へ御對面、朝廷より御渡之御書面御直に被レ指二上一、伊賀殿豊前殿玄蕃殿侍座有レ之、相濟候而、廷議以之外艱難に運ひ候故、土侯幷下院之有志周旋盡力之次第、逐條被二仰上一候得は、内府公にも殊に御感激に而、夫程之時機到來之事候得は、坂地之義は如何樣にも被レ成、御請も品能可レ被二仰上一、御上京も可レ被レ成哉と、御内談は粗御取極に相成候へ共、餘り速に御發表相成候而は、却而御輕易之姿に而、人心如何と御斟酌にて、明日なと御請可レ被レ遊歟之御談之由、尾侯は御所勞に付、爲二御名代一成瀨隼人正登城、御目見被二仰付一、從二朝廷一御沙汰之御書面御直に指二上之一候、

一、永井殿戸川殿、雪江へ逢對京狀被二相尋一に付、廿三日廿四日之廷議、幷結局迄之次第、逐一委曲に及二物語一候處、如何にも危急千萬之形勢なりきと驚歎せられ、其模樣に而は是非共御上京無レ之而は難二相濟一との示談なり、

一、今朝田中邦之輔御旅館へ罷出、尾侯伏水御着之折柄、坂地より被二差出置一候新撰隊之内、無賴之徒有レ之致二横行一に付、薩長之巡邏より嚴制之模樣、動もすれは爭端可二惹出一勢ひ甚危急に付、坂兵一日も早く引取候へは、巡邏之方は、尾藩田宮如雲當時京尹之勤方に而、伏水も管内に付、如雲より朝廷へ申上、尾越の兵と引替候樣被レ成度と、尾侯御旅館へ新撰隊之頭被二召呼一、早々引取候樣、御直談に而御垂諭有レ之候得共、坂命に而罷出候事候へは、坂命さへ有レ之候へは引取可レ申、左樣無レ之而は引取兼候趣及二御答一候に付、被レ成方無レ之、御捨置被レ成候へは、大事之前に而蟻穴之妨害眼前之勢に付、尾侯御登城被レ成候はは、御談之上御取計可レ被レ成御含之處、御登城難レ被レ成に付、御家來共を以御達に相成候間、公御登城之上、猶又御助勢被レ成二御座一候樣御賴談之旨に付、則於二營中一永井殿へ御談之處、隊兵何も恭順に而、聊妄動無レ之筈候へ共、猶嚴重可二申越一、無賴之徒は、先日隊中脫走之者二三十人有レ之、其者共之横行は、於二隊長一も如何共取計方無レ之次第之由、此輩之爲に、不律も無レ之兵隊、今更引取候樣申越候而は、何か不首尾之姿にも相當候故、決而引取申間敷抔申上、御談整兼候由、

一、夜子刻比、尾藩荒川甚作御旅館へ罷出、十之丞逢

對之處、伏水一條、今朝より唯今迄監察三位と及二議論一候得共、監察衆之方に而は、更に可レ爲二引取一謂れ無レ之と、水掛論か一向に不二相決一、三人共被二引入一仕舞に付、無レ據退出致候次第候間、何卒明日御登城之上、精々御助勢被二成下一候樣相願候旨申達候由、

○廿七日、今日巳刻御供揃に而、西本願寺之掛所尾侯御旅館へ被レ爲レ入、昨日營中に而内府公と御直談之御次第御物語に而、二侯迄之御書面御差出に相成候は丶、夫を二侯にて御引直し御書取、御奏聞に相成可レ然との御談に相成、夫より直に御登城に而、伊賀守殿初へ御逢御談之處、唯今於二御前一永井平山兩參政執筆に而、御書面御取掛りに相成居、未定之事に御座候間、今日は御退出、明日御登城之上との御談に相成、扨麾下も大半鎮定にも相運ひ候間、御上京も御都合次第、緩急共御請可レ被レ成御模樣之由なり、

一、今日於二營中一御約束に而、夜に入御側衆室賀甲斐守殿御旅館へ入來有レ之、御對談之處、今般之御一條に付議論之次第、正大公明、御藩論と如レ合レ符、兎角御恭順第一に而、麾下之鎮撫專要之急務故、御上京之處一日も早く被二仰出一に相成候樣致度、左候へは滿城之人心、いつれに御吉左右にも可レ有レ之と相心得、自ら居合も宜、又來月四日迄には江戸御役人共上り來候へは、其已前に降命と相成候へは、口舌を費さすして、鎮撫之都合も甚可レ宜との見込なる由を被二申上一たり、

○廿八日、今朝外御用有レ之、永井殿へ毛受鹿之介被二指出一候處、御用談之末被レ申候は、御上京之儀被二仰出一候は丶、直樣其運ひ付候樣致度、其間に隙取れ候へは又異議も難レ計候得共、朝廷より之御仕向、區々之日間取候事は、何も差支有レ之間敷と見込候間、其處御斟酌に而御熟調被レ下度由に付、罷歸其段申上候處、昨夜室賀殿は、降命一日も早き方宜との事、今永井殿は、遲くても御差支無レ之との見込、要路に而齟齬有レ之、御不審思召候得共、猶又御登城之上、いつれとか御談極可レ被レ遊との御内評なり、

○今日午刻御登城之處、内府公御所勞に付、御請書之儀は伊賀殿を以御差出有レ之、如レ左、

辭官之儀者前内大臣と可レ稱、御政務御用途之儀は、天下之公論を以御確定可レ被レ遊と之御沙汰之趣、謹承仕候段可レ被二申上一候事、

〽御政務御用途之儀は、天下之公論を以御決定、皇國高制を以相供候樣不二相成一候而は、臣子之鎭撫行届不レ申、容易に御請も難二申上一候間、其段厚御心得、御盡力有レ之樣致度候事、

尾侯之御請は成瀨隼人正へ御渡に相成由、相濟於二御床一御對面有レ之、右御請書は兩侯へ之御書面故、尾侯と御相談、御引直御書取に相成候上、御奏聞可レ被レ成と被二仰上一由、此節御上京之御程合御伺之處、如レ此相成候上は、京地之御都合御安心之段、兩侯御請合に而御申越被レ成候へは、何時に而も御上京可レ被レ成旨、御上京之上御參內迄之處、等閑に御日間取れ候樣に而は、又人心に關係致候間、其御程合御見据へにて、雪江を以被二仰越一候樣と御直約被レ爲レ在、御退出相成、右之次第尾侯へ被二仰入一、御請書も御廻に相成候處、大に御安悅之趣に而、明朝御發船御歸京之御積之由被二仰越一、〇夜半頃、尾侯より中村修之進被レ遣に付、鹿之介逢二對之一、過刻御廻に相成候御請書は、公御持參に而御上京相成候樣御賴に而、御返却に相成、

〇廿九日、今巳刻爲二御暇乞一御 登城之處、今日亞米利迦國公使アルピワン、ワルゲンボルグ登城拜謁被レ命に付、公にも御出席被レ成候樣御沙汰に付、御白書院御上段に而、內府公と御一處に公使へ御對話被レ遊、右相濟於二御休息所一御對面有レ之、猶又御用之次第御談有レ之、申刻前御退出、暮時御乘船に而御歸京被レ遊、尾侯は今曉丑刻比大坂御出船之由なり、

一、御歸京爲二御案內一雪江昨廿八日暮時過大坂出船、此日午刻比上京、御復命之儀爲二申上一參朝之上、岩倉殿拜謁、內府公無二異議一御請書も尾越兩人迄被二指出一候付、今夕乘船明日上京、午後參內可レ及二復命一に付、右爲二御案內一雪江差出候段申達候處、不二容易一御盡力に而御請之場へ相運ひ、卿におゐても御安心御大慶之旨、早速可二申上一と御申聞有レ之、又內府公御上京之義如何と被二相尋一に付、鎭撫出來次第上京之儀は、兼而申上置候事に而、即今御請も相濟候事候へは、何時にても上京之心組之樣子に候へ共、又朝廷之御都合も可レ被レ爲レ在に付、其儀は大藏大輔相含、いつれに明夕御談可二申上一と申述、退出す、

一、此夜戌刻後、上院參與より、明日御復命に付而は、宮始被二召集一候御都合も有レ之候付、御參內御刻限申

上候様、雪江迄御達に付、尾藩へ打合せ之廉も有レ之候間、差急候而も未刻前後に可二相成一と、雪江より御答書指出候處、押返し御直に被二仰上一に相成候様御達に付、其段急便を以、伏水御旅館十之丞、鹿之介迄申二達之一、

○晦日、巳半刻過毛受鹿之介御先へ着邸申聞候は、夜半逆風に而御船進み兼、今朝辰半刻過伏見へ御着船相成候へ共、御供船は多分著不レ致由、依レ之いつれに御入京御延刻に可二相成一候へは、申半刻迄には御參内可レ被レ遊、萬一夫より後れ夜に入候而も、是非御參内は可レ被レ遊旨を相含罷越候由に付、昨夜之爲二御答一、永田儀平を以上院參與迄御届指二出之一、尾侯へは伊藤友四郎を以前之次第被二仰入一、御參内難レ被レ成候はゝ、御請書御文段筆削之全權を爲二御持一、隼人正御指出に相成候様被レ仰二遣之一、午後尾侯より、御參内難レ被レ成に付隼人正被二指出一候段、田中邦之輔を以被三仰二越之一、

一、今申刻頃、公御歸邸、再御供揃に而、申半刻過御參内有レ之、然る處總裁宮御始已に御退散、中山卿御殘之由に而、御壹人之御請に而も可レ然哉、又御評議之筋にても有レ之事候はゝ、宮始可レ被二召集一哉と雪江迄御尋に付、今日は復命迄之儀に而、別段御評議相願候筋は有レ之間敷と及二御答一候處、無レ程於二小御所一、中山殿幷御居殘之議定參與御列席、公成瀨隼人正と御一處に御出席、中山殿迄御差出に相成御復命御書面如レ左、

今般御沙汰御座候兩事件之趣、慶喜へ申聞候處、謹承仕候旨申出候、此段申上候

十二月

尾張大納言

越前宰相

中山殿御落手之上、御列座之御方々へ御廻し有レ之、中山殿より、德川内府より之御請書、明元日總裁宮始御申談可レ被レ及二御奏聞一、段々御周旋御行屆之旨御挨拶有レ之由、公より内府公御辭官御手續御伺之處、追而從二朝廷一可レ被二仰出一歟、又は此御請書付に而相濟可レ申哉、尙又御評議可レ被レ成との御答之由、右相濟、於二御別席一中山殿、萬里小路殿へ、坂地之御次第御物語有レ之、亥半刻過御退朝被レ遊、

一、右御復命之儀、御口上に而御濟し可レ被レ成歟之御内評も有レ之候へ共、御書面御好は必定候へは、御書

付之方可レ然と隼人正心付に而御書面に相成、

一、右御復命濟爲レ被ニ仰上一、尾侯よりは遠山彦四郎坂地へ被ニ差出一、公は板倉殿迄御直書を以左之通被ニ仰ニ遣之一、

一筆致ニ啓上一候、飛雪別而沍寒難レ堪御座候處、先以上にも益御機嫌能被レ爲レ入奉ニ恐悅一候、隨而貴所樣愈御清全被レ成ニ御奉務一致ニ抃賀一候、扨滯坂中每每登城拜謁、不ニ相替一奉レ蒙ニ御懇命一、難レ有仕合奉レ存候、御禮之儀宜被ニ仰上一可レ被レ下候、將又從ニ朝廷一御沙汰書之儀御請、今晦日夕京著、直に參內仕候、尾張殿御不參、隼人正申談、中山前大納言迄、於ニ御所一諸卿列座、◎於以下七字或は分註ならん、兩人より上御請之儀中上候處、明元日惣裁宮始御參朝、被ニ仰談一可レ及ニ奏聞一旨、中山殿被ニ申聞一候、此段奉ニ言上一候間、御前體可レ然被ニ仰上一可レ被レ下候、右得ニ貴意一度如レ此御座候、恐惶謹言、

十二月晦日　　御名

板倉伊賀守樣

松平豐前守樣

一、此日暮時過、肥後藩參與津田山三郎、下院へ出勤申談候次第は、去る廿五日江戸表薩邸出火有レ之處、其節庄內之人數舊幕之命を受、薩人と砲戰有レ之由之風聞書、過刻東報有て到來候由、頓而處々より當地へ可ニ相聞一處、此節坂薩氣立居候折柄故、如何成事變可ニ相發一も難レ計、即今之內、未然を防くへき所置有レ之度との事に而、尤之心付に付、下院より公へ申上候處、公より中山殿へ東都之概略被ニ仰述一、不ニ取留一風說とは乍レ申、自然一犬之吠レ虛より平地に風波を起候而は、不ニ容易一事に可ニ立至一も難レ計候へは、未發之處に而、双方心得違妄動無レ之樣御內諭可レ然歟と被ニ仰達一、於ニ下院一も同議に而、不ニ事立一內双方へ急度御沙汰有レ之度と上院へ申達處、上院參與衆何も退散、被ニ居殘一候は西園寺殿、五條殿計に付、屹度致候被ニ仰出一は、御評議之上ならては御取計に難レ被レ及との御相談に而、是以無レ據次第に付、猶下院商議之上無ニ急度一御口達に而、薩は薩之參與岩下佐次右衛門、坂地之方は尾之參與田中邦之輔御呼出に而、五條殿より云々御內諭有レ之散朝に相成、夫より邦之輔義、毛受鹿之介同道、戸田殿へ右之趣申入候處、御同人も風聞承知に而懸念之折柄故、早便も有レ之旁早々坂地

へ可ニ申達一との事なり、

私云、後に聽く、此日大目付瀧川播磨守殿其外、江戸表より兵隊と共に瀛船に而着坂有レ之、東地薩藩之惡説、且廿五日薩邸攻擊之始末等敷演有レ之、此表之奸狀を合せて伐薩之議を主張し、下地除姦之説も起りたるを、内府公御恭順之御誠意を以、無理々々なから御鎭壓被ニ成置一たる坂地麗下之人心、一擧に煽動誑惑せられしかは、滿城立地に鼎沸之勢となり、憤慨激烈之黨奮興して、板閣其他を壓迫説倒し、事遂に敗れに歸し、形勢一變、専ら伐薩除姦之兵事に及ひ、内府公といへとも如何とも爲し給ふへからさるに至りしなりとそ、天德川氏に祚せす、嗚呼、

一、江戸表より相廻る風聞書、

一去日薩浮浪輩三十人計甲府へ罷越、彼地之鄉士博徒共を籠絡せんと、八王子邊迄差向候處、江川太郎左衛門之手に牴牾せられ、是か爲に進退窮候處へ、江川勢より逆に及ニ發砲一、巨魁たる者兩人へ重手を爲レ負召捕候由、是によつて其餘之者共は散亂致したりと、是よりして大久保加賀守殿には、去る十七日甲府へ之御暇被ニ仰出一、十九日當地御發途、小田原に御一泊、廿四日小田原御出立、甲州へ御越之由、小田原藩人之説、

一大久保出雲守殿御陣屋相州荻野山中放火、大久保勢に少々怪我人有レ之趣、兵器も被レ奪たる趣、小田原藩人より承る、

但奪取候兵器、有馬中務大輔と書認候繪符を建、三十〆目以上之長持、赤羽根迄繼立來り、爰におゐて才領體之者拔刀、人足共を追散し、後薩邸へ持込たりと、尤夜中之由、會藩人より承レ之、

一去る廿三日拂曉、三田邊に庄内家巡邏屯所有レ之、右へ何者か多人數、三十人計罷越頻に發砲、庄内勢にも不意に襲擊せられし事故、狼狽なからに漸く兩人程召捕候哉之趣、尤庄内家にも手疵負候者も有レ之趣、右全薩藩のよし、

一一昨曉薩邸浪士召捕之儀は、是迄市中豪家へ押入、金銀兵器等奪取、且三田屯所へ發砲等證跡も有レ之、幷野州に而被ニ追捲一散亂之浮浪、廿三日夜千住宿より御府内へ多人數入込候事故、遠隱

れに跡を付候處、頃日薩邸へ入込たりと、依て夜中庄内始、鯖江、上の山等へ、薩邸内に罷在候浮浪召捕方之命、近傍之諸藩へは、薩邸内に怪敷もの有レ之に付、召捕之兵差向候ゆへ、自然發砲に可レ及も難レ計に付、其旨相心得候樣御達有レ之、右之勢幷幕之砲兵撤兵歩兵等追々出張、一昨明け方、薩上邸、三田小山邸、夫々四方取圍み、小山邸へ酒井の手井陸軍方、上邸へは酒井の手井陸軍方、上の山、鯖江勢等差向ふたりと、庄内家より薩邸の留守居へ及二應接一、上意之趣申聞候哉之處、決答も不レ致、稍一小時之間論談有レ之、其内邸内には一同接戰之覺悟に而、馬裝迄相整へ、却而邸内より大小砲打出し、寄手大に苦戰、乍レ去盛んに大小砲打込候處、既に三田邊角物見より出火、自燒とも申、又破裂彈とも申、續而邸内二三ヶ所より出火、時刻朝五時過、烈敷事に有レ之候趣、且馬場邊に而は、少しく刀槍之戰鬪も有レ之趣、双方死亡怪我等も有レ之候へ共、庄内手に而新徵組一二三四之組等なり三十五人召捕に相成候趣、本藩之者共は、無二異義一降伏いたしたりとも申、右生捕之者共評定所へ渡相成趣、

一浮浪三十人計隣家より阿州家なり、迯去しとの趣、是等之者共歟、高輪邊を四人連にて白采配を振り、疾く婦人共迯去るへしと呼はり馳行たる由、田町五町六町五丁目より六丁目にて止る、之火は、跡より落行きし者共火を放ちし由、

一小山之出火は、館中臺所より出火とも申、長屋向とも燒失、他へは不レ及、

一上邸之火は金杉濱迄延燒、爰に而止る、

一高輪薩邸へ、庄内勢幷陸軍之勢相向ひ發砲に及ひし由、内よりさして答砲も無レ之由、勿論此邸には人數多分は不二罷在一、精々十人位も居合せし由、此邸出火は、午後八時頃内長屋一棟、夜同刻比、表長屋幷向ふ町家一町計に而止る、

一品川橋向ふ之出火、是も薩人より火を放ちし趣、

一上の山勢討死七人計、怪我人餘程有レ之由、極々苦戰之由、

一鯖江も餘程之怪我人等有レ之趣、隨分に骨折候趣、

右之趣前後乍二恐文一、見分之儘書綴及二言上一候、

十二月廿六日

解題

森谷秀亮

一　再夢紀事

中根雪江（靭負、師質）手記の再夢紀事は、越前藩主松平慶永（春嶽、越前守）が幕譴を蒙り、安政五年七月五日、隠居急度慎を命ぜられた以後の情勢を序論の形式で略記し、やがて慶永が幕譴を解かれ、政事総裁職に起用されて幕政を総攬する文久二年四月二十五日から同年八月二十七日に至る前後四ケ月間の事件を本文として叙述したものである。雪江は昨夢紀事の叙言に「筆を執り初めたるは安政六年己未十一月七日にして、其稿を脱したるは万延元年庚申六月廿一日なりき」と記し、起稿脱稿の年月を明らかにしているが、再夢紀事では一向このことに触れておらない。しかし雪江は後年丁卯日記・戊辰日記を執筆するに当り、巻尾の附言で、

癸亥之春故ありて職を辞して、越国に帰らせ給う。師質亦駕に従ふて家郷に帰りしに、六月に至っ

て罪あって禁錮せられたり。幽閑之余業に再夢を記して、老公勤王佐幕之盛蹟を伝んことを念起す。今茲十月、老公又朝幕之命に走って俄に登京し給ふ。十一月七日、師質赦宥を得、徴辟之命を辱す。仍之再夢いまた脱稿を了するに遑あらずして、同九日途に就て帷幄に走り、勤職如故云々

（戊辰日記五八三頁）

と、再夢紀事編纂の由来を明らかにしている。

政事総裁職の重任を帯びた松平慶永は、文久三年二月四日、江戸から京都に上り、この前後に入京した京都守護職会津藩主松平容保（肥後守）・将軍後見職一橋慶喜・前宇和島藩主伊達宗城（伊予守）・前土佐藩主山内豊信（土佐守）・薩摩藩主島津茂久（忠義、修理大夫）の父久光等の公武合体派諸侯とともに、十四代将軍家茂の着京を迎え画策するところがあったが、尊攘派に妨げられて、局面は幕府に有利に進展しなかった。慶永は、菲才その職に堪えないと政事総裁職を免ぜられんことを請い、三月二十一日、許可されなかったにも拘らず退京して、帰藩の途に就いた。二十五日、幕府は慶永の総裁職を罷め、逼塞に処することとした（五月十四日逼塞を免ぜらる）。この時雪江また福井に帰ったが、執政本多飛弾・松平主馬等と意見が合わないで、六月十七日蟄居を命ぜられ、「老公勤王佐幕之盛蹟」を後世に伝える目的で、再夢紀事を執筆するに至ったのである。しかし間もなく京都では、尊攘派の勢力を廟堂から一掃する八月十八日の政変が起り、慶永は十月十三日、召命で上京の途に就いたため、雪江また十

一月七日に至り、蟄居を解かれて上京を命ぜられ、「仍之再夢いまた腹稿を了するに遑あらすして」、九日上国に赴いたのであった。

再夢紀事が、文久二年四月二十五日から同年八月二十七日に至るわずか四ケ月間の記事にとどまり、昨夢紀事をはじめ丁卯日記・戊辰日記に比べて未定稿の嫌いがあり、巻尾に至っては、

夜に入橋公ゟ御直書ニ而、横井対談、駿州ゟ申出候次第、一同感心、別而参勤等之義ハ早速被仰出度、右ニ付平四郎被召出度御評議も有之由ニ而、御相談被仰越候由、右ニ付

と記し、尻切とんぼに終っているのは、以上述べた事情によるのである。恐らく雪江としては、文久二年四月二十五日から翌三年三月二十五日に至るまで、慶永が朝旨奉承、幕政改革のため心血を注いだ全貌を記述して、後昆に伝えようとしたのであろう。

再夢紀事の史料価値はすこぶる高く、端を勅使大原重徳と島津久光の東下に発した文久度幕政改革を究明しようとする時は、必ず引用される文献である。しかし筆削再訂に至らない稿本であるため、繙読理解が容易でないとの評を聞くことがある。大正十一年六月発行の旧版には、目次さえもつけられていなかったが、今次の覆刊には新にこれを作成して巻頭に掲げ、内容を簡明に説明し、容易に理解し得られるようにと意を払った。また歴史叙述の慣例に従って敬称を用いなかったので、昨夢紀事の目次とは、体裁同一でないことを諒承されたい。

二　丁卯日記

丁卯日記は、前掲再夢紀事と同じように中根雪江の手記であり、賜暇帰国中であった松平慶永が、将軍大政奉還のことを聞いて京都に上り、維新回天の大業翼賛につくし、また朝廷と旧幕府との間にあって、辞官納地問題の解決に奔走した、慶応三年十月十三日から同年十二月晦日に至る三ケ月間の秘録である。雪江が参与に任ぜられて、新政府に在官したのは数ケ月に過ぎず、明治元年八月六日帰国して、優游自適に日を送ることとなった。やがて雪江は慶永から、維新前後における越前藩国事鞅掌の顚末を録上することを命ぜられ、「臣生来無学非才其撰に堪へすといへとも、他に譲るへきの人なく、且記伝は其宿志なるを以て、不及奉辞、御記に拠て、臣が見聞と経歴とを并せ裁成して七冊となせり」(戊辰日記附言五八八頁)と述べているように、明治四年十二月、全七巻から成る維新史籍の稿を終えて撰進した。七巻はすなわち丁卯日記二巻、戊辰日記五巻である。

雪江が執筆した越前藩活動に関する史書は、昨夢紀事にはじまり、再夢紀事・丁卯日記・戊辰日記とつづくが、丁卯日記のみは、日本史籍協会叢書に含まれていない。このことは、同書が史籍雑纂第四に収録され、明治四十五年三月、国書刊行会叢書第二期四十八冊の一部として、すでに発行されていたのによるのであろう。国書刊行会・日本史籍協会の代表者がともに早川純三郎氏であり、また史籍協会叢書をいっそう体裁の整ったものにしたいと考え、協会同人相協り、同書を再夢紀事と合せて覆刻することとした。ただ雪江の全手記は、村田氏寿執筆の続再夢紀事とともに、はじめ東京麻布松平慶民邸内の春嶽公記念文庫に秘蔵されていたが、大東亜戦争が激化すると、これを福井市の福井神社（祭神松平慶永）宝物館に疎開したため、かえって戦禍で焼失するという不運に見舞われ、覆刻に当り原本と対比することができなかった。再夢紀事と同じように、事件の内容を簡明に説明した目次を作成した労を多として頂ければ幸である。

昨夢紀事・再夢紀事・丁卯日記・戊辰日記が維新史研究者必見必備の貴重文献であることは再三繰返してきたが、四書には一貫するところの共通性があるので、そのことを最後に一言したいと思う。安政年間、将軍継嗣問題が幕府の内外で議せられ、政治問題にまで発展したが、その際率先して一橋慶喜を擁立しようとしたのは、三卿の一田安斉匡《まさ》の八男として生れ、家門の筆頭越前家を相続した松平慶永であり、昨夢紀事は、この間の経緯を語ること甚だ詳細である。文久に入り、慶喜が将軍後見職に、慶永が政事総裁職に起用される前後の事情を伝えたのが再夢紀事であって、以後両人は互に力を協せ、雪江や肥後藩から招聘した横井小楠を股肱として、幕政改革の業を進めていったのである。しかし変転極まりないのが幕末の歴史であり、丁卯日記では、慶喜は将軍の栄職に就いたが、やがて政権を返上するという英断を決意断行し、慶永また台慮に感激して報効を誓い、朝廷と徳川氏との間にあって、時態収拾に腐心した状を伝えて余蘊がない。たまたま鳥羽伏見の戦が勃発したので、慶永の苦衷は言語に絶するものがあり、慶喜を寛典に処し、宗家を存続させる方策を講じてやまなかった。これ戊辰日記の記述するところである。四書に共通するところのものは、慶喜・慶永両人の因縁深い関係にほかならないというべきであろう。

再《さい》夢《む》紀《き》事《じ》

日本史籍協会叢書 105

大正十一年六月二十五日 発行
昭和六十三年二月五日 覆刻再刊

編者 日本史籍協会
代表者 藤井貞文
東京都杉並区上井草三丁目四番十二号

発行者 財団法人 東京大学出版会
代表者 菅野卓雄
一一三 東京都文京区本郷七丁目三番一号
振替東京六・五九九六四電話（八一一）八八一四

印刷・株式会社 平文社
本文用紙・北越製紙株式会社
クロス・日本クロス工業株式会社
製函・株式会社 光陽紙器製作所
製本・誠製本株式会社

日本史籍協会叢書 105
再夢紀事・丁卯日記（オンデマンド版）

2015年1月15日　発行

編　者　日本史籍協会
発行所　一般財団法人　東京大学出版会
代表者　渡辺　浩
〒153-0041　東京都目黒区駒場4-5-29
TEL　03-6407-1069　FAX　03-6407-1991
URL　http://www.utp.or.jp

印刷・製本　株式会社 デジタルパブリッシングサービス
TEL　03-5225-6061
URL　http://www.d-pub.co.jp/

AJ004

ISBN978-4-13-009405-4　Printed in Japan